교사를 위한 교직실무

송선희 김항중 최청송 공저

신정

머리말

교직실무는 교원자격검정 실무편람에 의거하면 교직을 이수하려는 사람 중 2009년 이후 대학교 입학자부터 2011년도 이후 편입학자가 교직소양과목으로 반드시 이수해야 하는 교과목이다. 교직실무는 교사로서 직무를 수행하면서 학급운영 및 관리, 각종 인사 및 복무규정, 학생지도, 교직윤리, 학생문화 등 다양한 분야에서 필요한 지식과 기술을 습득하며 교직을 실질적으로 이해할 수 있도록 하기 위한 과목이다.

한국교육개발원(2012)에서 초중고 교사들을 대상으로 학교생활과 문화실태를 조사한 결과를 보면 학생상담, 생활 및 진로지도, 학교경영지원, 수업관련업무, 학급경영 및 학습환경 조성 등에 어려움을 느끼고 있는 것으로 나타났다. 실제로 대학교에서 운영되는 교직이수 과정 중 교생실습과정이 포함되어 있지만, 현행 교생 실습 과정은 실습기간이 매우 짧기 때문에 예비교사가 교실 내 상황을 파악하여 자신만의 지식을 구성하고 적용해 보는 데 한계가 있다. 따라서 교사가 발령을 받자마자 경력교사와 똑같은 일을 해야 하고, 자신이 맡은 학생들의 교육에 대해 전적으로 책임을 져야하므로 많은 어려움을 겪고 있어 이에 대한 지원들이 필요하다. 이 책은 이러한 문제의식을 가지고 집필되었다.

이를 위하여 이 책은 크게 세 부분으로 주제가 나뉘어 있는데 첫 번째 부분은 교사와 교육관, 교육과정과 평가, 교수-학습지도안 작성, 수업분석의 기법 및 평가, 생활지도와 진로지도라는 주제들로 교직실무의 기초와 미시적인 내용들을 다루고 있다. 두 번째 부분은 학사실무, 학교경영 및 학급경영, 학교교육계획이라는 주제들로 교직실무의 거시적인 내용들을 다루고 있다. 세 번째 부분은 장학활동, 인사

복무, 공문서 작성 및 관리, 교원복지라는 주제들로 교직실무의 부수적인 내용들을 다루고 있다. 송선희 교수가 1, 2, 5, 12장을, 김항중 교수가 3, 4, 7, 9장을 집필하였고 6, 8, 10, 11장을 최청송 교수가 집필하였다.

이 책은 교직경력이 많으신 분들이 주축이 되어 집필되었다. 따라서 기본적으로 교직을 이수하고자 하는 예비교사들을 위한 지침서로 사용될 수 있을 뿐 아니라 아직 교직경력이 짧은 현직교사에게도 실질적인 지침을 제공할 수 있을 것이다. 또한 교직에 관심이 많은 학부모를 포함한 일반인들에게도 도움이 될 것이라 판단된다.

교사를 위한 교직실무 책이 나오기 까지 편집과 교정을 보느라 애써준 신정출판사 편집부에게 감사한다. 이 책의 부족한 부분은 추후 더 수정 보완해 나갈 것을 약속한다. 끝으로 어려운 중에도 이 책의 출판을 흔쾌히 허락하신 신정출판사 사장님께 깊은 사의를 표한다.

2014년 8월

대표저자 송선희

차례

[Chapter 03] 교수-학습지도안 작성

[Chapter 04] 수업분석의 기법 및 평가

[Chapter 05] 생활지도와 진로지도

[Chapter 06] 학사실무

[Chapter 07] 학교경영 및 학급경영

[Chapter 08] 학교교육계획

[Chapter 09] 장학활동

[Chapter 10] 인사, 복무

Chapter | 01

교사와 교육관

1. 교사란 | 2. 교직의 전문성 | 3. 교직관

Chapter 01

교사와 교육관

| 개요 |

교사는 사람을 가르치는 전문가이다. 사람을 가르치는 교사는 학생을 가르치는 지적 전문가이며 동시에 인격적인 감화자이다. 또한 교사의 가장 중요한 권리는 자율적인 교수권이다. 이는 권리이자 동시에 적극적인 의무이기도 하다. 본 장에서는 교사에 대한 기본 개념과 역할을 살펴보고, 교사의 의무, 권리에 대해 알아볼 것이다. 또 세 가지 교직관에 대해서도 알아보고자 한다.

1. 교사란

1) 교사의 개념

교사는 특정 직업인으로서 교원자격증을 소지하고 정규학교에서 학생들을 대상으로 교육활동을 하는 자, 즉 학교에서 학생들의 행동을 계획적으로 변화시키는 일을 직업으로 삼고 있는 자를 가리킨다. 교원은 교사의 법적 용어이고 그 직업 명칭은 교직이다. 교직은 다른 직업과는 달리 다음과 같은 특수성을 가지고 있다.

- 교직은 인간을 대상으로 이루어지는 직업이다.
- 교직은 주로 인간의 정신생활을 대상으로 하는 직업이다.
- 교직은 미성숙자를 대상으로 하는 직업이다.
- 교직은 봉사직이다.
- 교직은 국가와 민족에 대하여 지대한 영향을 던져주는 공공적 성격이 있다.
- 교직은 사회 진보에 중대한 역할을 맡고 있는 직업이다.

2) 교원의 역할

교사에게는 다양한 역할이 요구된다. 교사의 역할을 몇 가지로 정리하면 다음과 같다.

- 피고용인의 역할: 상급자의 규칙준수, 규정된 절차와 교수방법 따르기, 애교심 소지
- 전문적인 역할: 문제 융통성 있게 처리, 전문적 지식으로 지도, 자율성 발휘, 학교의 목표결정에 참여
- 심리적 측면에서의 역할: 학습조력자로서의 교사, 인생의 안내자로서의 교사, 모델로서의 교사

(1) 교원의 자격

① 교장 · 원장 · 교감 및 원감은 별표의 자격 기준에 해당하는 자로서 대통령령이 정하는 바에 의하여 교육부장관이 검정 · 수여하는 자격증을 소지한 자이다(초 · 중등교육법 제21조 ①항).

② 교사는 정교사(1급 · 2급) · 준교사 · 전문상담교사 · 사서교사 · 보건교사(1급 · 2급) · 영양교사(1급 · 2급)로 나누되 별표의 자격 기준에 해당하는 자로서

대통령령이 정하는 바에 의하여 교육부장관이 검정 · 수여하는 자격증을 소지한 자이다(초 · 중등교육법 제21조 ②항).

(2) 교원의 자질

시대의 변천에 따라 교육이념과 교육목적의 재정립, 교육내용의 개편이 이루어짐에 따라 교사의 역할과 교사상도 변해 왔다. 그러나 교직이 인간의 바람직한 성장 발달을 도모하고, 국가와 민족의 번영과 인류사회의 발달을 이룩하는 직업이라는 점에서 시대를 초월하여 변할 수 없는 교사상도 있다. 21세기 탈산업화, 정보화, 세계화, 국제화, 다양화 사회가 요구하는 교사의 역할과 자질을 정리해 보면 다음과 같다.

- 도덕적인 품성이 더욱 요구된다.
- 겸손한 자세로 봉사하여 인간을 존중할 줄 알아야 한다.
- 학생을 바르게 이해하고 사랑할 수 있어야 한다.
- 자율성 보장을 위해 서로 이해하고 자신을 규율할 수 있어야 한다.
- 교과에 대한 넓고 깊은 지식을 가져야 한다.
- 교직에 대한 전문성과 능력을 꾸준히 발전시켜야 한다.
- 개방사회 지향의 시대적 · 사회적 요청을 수용하고 2세를 이끌 안목과 능력을 가져야 한다.
- 첨단 장비를 활용하고 정보처리 방법을 익혀 정보화 사회에 대처할 수 있어야 한다.

초임교사가 교직에 능동적으로 적응하고 유능한 교사로 발전하도록 지원하는 프로그램은 다양한데, 학교에서는 교장, 교감이 가장 중요한 역할을 한다. 초임교사를 위한 학교의 지원프로그램을 예시하면 다음과 같다(송기창 외, 2009).

- 학교적응을 위한 소개: 학교 연혁, 교직원 현황, 학교조직 구성 · 운영, 교과구성, 학교시설, 학생 및 학부모 현황, 지역사회 특색 등
- 초임교사와 면담: 교직생활의 고충, 주거문제 등에 관한 실제적 도움, 심리적 안정감 부여
- 선배교사의 수업 참관: 수업기술 및 적응도 향상
- 교장, 교감 혹은 동료의 초임교사 수업 참관: 임상장학, 동료장학, 자기장학 등
- 생활지도, 인성지도에 관한 연수
- 경력교사와 초임교사의 일대일 멘터링

시 · 도교육청에서도 초임교사를 위한 연수 프로그램을 계획하여 실시하고 있다. 중등학교 신규교사를 위해 한 교육청에서 실시하는 연수 내용을 보면, 임용 전 연수(2월 중 5일, 31시간), 당해연도 신규임용교사를 대상으로 하는 임용 후 연수(매년 1월 중, 2주간), 학교의 현장연수, 교육청의 체험연수, 장학지도 시 신규교사 현직연수 등으로 다양하다(충청북도 단재교육연수원 편, 2008).

3) 교육공무원법

교육공무원법(법률 제6400호 2001.1.29.) 제1조에는 교육공무원의 자격, 임용, 보수, 연수, 신분보장 등에 관하여 국가공무원법에 대한 특례를 규정하고 있다.

(1) 장학관 등의 임용(제29조)

- 교육부와 그 소속기관에 근무하는 장학관 및 교육연구관은 교육부장관의 제청으로 대통령이 임용한다.
- 교육감 소속 장학관 및 교육연구관 중 교육행정기관에 근무하는 시 · 도교육청

과장급 이상의 직위에 해당하는 자는 당해 교육감의 추천을 받아 교육부장관의 제청으로 대통령이 임용한다.

- 교육전문직원 외의 교육감 소속 장학관 및 교육연구관은 당해 교육감의 추천으로 교육부장관이 임용한다.
- 대통령이 임용하는 교육전문직원의 전보는 교육부장관이 행하고, 교육부장관이 임용하는 교육전문직원의 전보는 당해 교육감이 행한다.

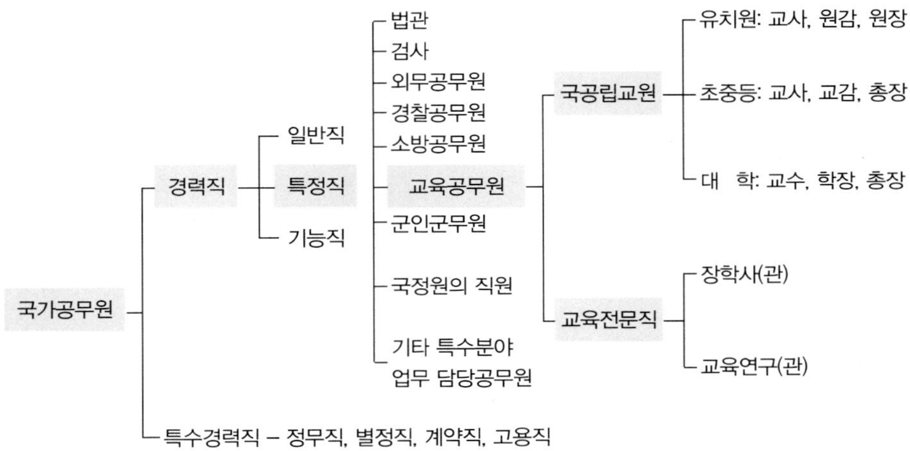

그림 1–1 | 교육공무원의 법적 위치

(2) 교장의 임용(제29조의 2)

- 교육부장관의 제청으로 대통령이 임용한다.
- 임기는 4년이고, 1차에 한하여 중임이 가능하다.
- 임기가 학기 도중에 만료되는 경우: 임기가 만료되는 날이 속하는 학기의 말일을 임기의 만료일로 한다.
- 정년 전에 임기가 만료되는 교장으로서 교사로 근무할 것을 희망하는 자에 대하여는 수업담당 능력 및 건강 등을 참작하여 교사로 임용한다.

(3) 교감 · 교사 · 장학사 등의 임용(제30조)

교원과 장학사 · 교육연구사는 교육부장관이 임용한다.

(4) 초빙교원(제31조)

- 교원으로 초빙하고자 하는 경우: 초빙하고자 하는 교원의 임용권자에게 초빙교장 · 교사로 임용하여 줄 것을 요청, 임용권자는 요청된 자 중에서 당해 학교의 초빙교장 · 교사를 임용한다.
- 초빙교원의 임용 · 보수 · 복무 등은 대통령령으로 정한다.

(5) 기간제교원의 임용(제32조)

다음에 해당하는 경우에 예산의 범위 안에서 기간을 정하여 임용한다.

- 교원이 휴직한 경우
- 교원이 파견 · 연수 · 정직 · 직위해제 등 대통령령이 정하는 사유로 직무를 이탈하게 되어 후임자의 보충이 불가피한 때
- 특정교과를 한시적으로 담당하도록 할 필요가 있을 때
- 교육공무원이었던 자의 지식이나 경험을 활용할 필요가 있을 때

4) 사립학교법

사립학교법에서는 사립학교의 설립, 학교법인의 구성 · 운영, 사립교원의 자격 · 임용 · 복무 · 징계 및 신분 보장 등에 관한 사항이 명시되어 있다.

① 사립교원의 자격은 국 · 공립학교 교원의 자격에 관한 규정에 의한다.
② 사립교원의 복무는 국 · 공립학교 교원의 복무에 관한 규정을 준용한다.
③ 학교장 등의 임면에 있어서 학교장은 학교법인 또는 사립학교 경영자가 임면

하고, 학교장이 아닌 교원은 학교장의 제청으로 학교법인이 임면한다.

④ 교원 임면사항의 관할청 보고는 임면권자가 교원을 임면한 때에는 임면한 날부터 7일 이내에 관할청에 보고하여야 한다.

⑤ 교원징계위원회의 설치는 임면권자의 구분에 따라 학교법인 · 사립학교경영자 및 당해 학교에 교원징계위원회를 설치한다.

2. 교직의 전문성

1) 교원의 의무와 윤리

교원은 교육공무원으로서의 신분과 전문가로서의 신분을 동시에 가지고 있으며 따라서 법적 의무와 전문직적 윤리 의식이 동시에 요구된다.

(1) 법적 의무

① 선서의 의무: 교원은 임용 시 '법의 준수와 명령에 복종하고, 창의적인 노력과 책임 완수, 정의의 실천자'가 될 것을 소속 기관장 앞에서 선서한다(국가공무원법 제55조).

참고

선 서

본인은 공직자로서 긍지와 보람을 가지고 국가와 국민을 위하여 신명을 바칠 것을 다짐하면서 다음과 같이 선서합니다.

1. 본인은 법령을 준수하고 상사의 직무상 명령에 복종한다.
1. 본인은 국민의 편에 서서 정직과 성실로 직무에 전념한다.
1. 본인은 창의적인 노력과 능동적인 자세로 소임을 완수한다.
1. 본인은 재직 중은 물론 퇴직 후에라도 직무상 알게 된 기밀을 절대로 누설하지 아니한다.
1. 본인은 정의의 실천자로서 부정의 발본에 앞장선다.

② 성실의 의무: 모든 공무원은 법령을 준수하며, 성실히 직무를 수행하여야 한다(헌법 제 7조, 국가공무원법 제56조). 교사는 주권자인 국민 전체에 대한 봉사자로서 국민에 대하여 책임을 지며, 공공복리를 위해 법령을 준수하며, 성실히 직무를 수행해야 한다.

③ 직무상의 의무: 공무원은 직무를 수행함에 있어 소속 상관의 직무상의 명령에 복종해야 하는 '복종의 의무'를 지니며(국가공무원법 제57조), 직무전념의 의무로 직무이탈금지 의무(국가공무원법 제58조), 영리업무 및 겸직금지 의무가 있다(국가공무원법 제64조).

④ 신분상의 의무: 비밀 엄수의 의무(국가공무원법 제60조), 청렴의 의무(국가공무원법 제61조), 품위유지의 의무(국가공무원법 제63조), 영예 등의 제한 의무–외국 정부로부터의 영예 · 증여를 받을 경우 대통령 허가 필요하다(국가공무원법 제62조).

⑤ 근무 규칙 준수의 의무: 근무 기강 준수, 출장 중 공무수행과 복명의 의무, 근무 중 품위 유지의 복장 및 복제의 의무, 근무시간 준수의 의무, 긴급 시 시간 외 및 공휴일 근무, 부단한 연수의 의무 등이 있다(국가공무원복무규정 제3조, 제6조, 제8조, 제9조, 제11조, 교육공무원법 제38조).

⑥ 교육 및 연구 활동의 의무: 교사는 항상 사표가 될 품성과 자질의 향상을 도모하고, 전문직자로서의 능력을 연마하도록 노력해야 한다(교육기본법 14조 제2항, 유네스코 교원의 지위에 관한 권고 제 4조, 6조).

⑦ 정치적 중립 의무: 교사는 정치적 중립을 지키고 정치활동을 금지한다(교육기본법 14조 제 4항). 교사에게 정치적 중립을 요구하는 것은 아직 미성숙한 학생에게 자칫하면 편향된 사고나 가치를 주입할 수 있기 때문이다.

(2) 교직 윤리

교사는 보통 직업의 사람에 비해 더 높은 수준의 도덕성을 갖출 것을 요구받는다. 그 이유는, 교사를 학식과 인격이 높아 세상의 사람의 모범이 되는 사람으로 여기고, 교사는 인간교육에 종사하는 사람으로서 학생은 물론 세상 여러 사람의 본보기가 되어야 하기 때문이다.

윤리는 '인간 사회의 결, 또는 길'이라고 풀이할 수 있다. 즉, 외견상 관례나 관습에 따른 행동, 더 심층적으로는 인간사회의 결이나 길에 부합하는 행동이라고 할 수 있다. 그러므로 교직 윤리는, 교직에 종사하는 사람이 마땅히 따라야 하는 길, 즉 규범이라고 할 수 있고, 교직에 종사하는 사람이 자신의 전문성을 실현하는 바탕을 형성한다. 교직 윤리는 비록 강제를 수반하는 법률적 성격을 갖지는 않지만, 교사가 교육활동을 수행하면서 사표로서 마땅히 지키고 실천하여야 할 행동규범, 또는 도덕적 의무라고 보는 것이다. 그러므로, 교직 윤리는 교사에 대한 법적 의무를 포함한 규범의 총체를 의미한다. 구체적인 교직 윤리를 제시하면 다음과 같다.

- 자기 자신에 대하여 책임을 져야 한다.
- 전문성을 갖고 학생의 필요와 욕구에 맞는 유익한 경험을 제공해야 한다.
- 학부모와 지역사회에 대한 신뢰와 책임을 가져야 한다.
- 동료 교직원과 민주적인 관계를 유지하고 협동해야 한다.

2) 교원의 권리

(1) 신분상의 권리

① 형의 선고 · 징계 처분 또는 이 법에서 정하는 사유에 의하지 아니하고는 의사에 반한 신분 조치를 당하지 아니할 권리를 갖는다(교육공무원법 제43조 2항).

② 권고 사직 당하지 아니할 권리를 갖는다(교육공무원법 제43조 3항).

③ 현행범인 경우를 제외하고는 소속 학교의 장의 동의 없이 학원 안에서 체포되지 않을 불체포특권을 갖는다(교원지위향상을위한특별법 제4조).

④ 재심 청구권과 후임자 보충 발령 유예를 갖는다(교원지위향상을위한특별법 제9조, 제10조).

(2) 재산상의 권리

다음과 같은 재산상의 권리를 갖는다.

- 강임시 등의 봉급 보전(공무원보수규정 제5조)
- 휴직 및 직위 해제 기간 중의 보수 지급 청구권(교육공무원법 제44조, 제45조, 공무원보수규정 제28조, 제29조, 제30조)
- 수당 청구권(공무원 수당 규정)
- 실비 변상 청구권(국가공무원법 제48조)
- 연금 청구권(공무원연금법)

(3) 교원의 지위향상을 위한 교섭 · 협의권

① 교육기본법 제15조 제1항의 규정에 의한 교원단체는 교원의 전문성 신장과 지위 향상을 위하여 교육감 또는 교육부장관과 교섭 협의할 수 있다(교원 지위향상을 위한 특별법 제11조).

② 교섭 · 협의는 교원의 처우 개선, 근무 조건 및 복지후생과 전문성 신장에 관한 사항을 그 대상으로 한다. 다만, 교육과정과 교육기관 및 교육행정기관의 관리 · 운영에 관한 사항은 교섭 · 협의의 대상이 될 수 없다(교원 지위향상을 위한 특별법 제12조).

3. 교직관

교직에 대한 인식은 사회문화적 환경의 영향을 받으며 변화되었으며, 시대적 흐름과 역사적 발전의 과정을 거치면서 새로운 교직관이 형성되는 과정을 거쳐왔다. 그 중에서 대표적인 교직관은 다음과 같다.

1) 성직관

- 교직을 성직으로 보는 입장인 전통적 교직관이다.
- 교직은 단순한 지식과 기술을 가르치는 직업이라기보다는 주로 인간의 인격형성을 돕는 고도의 정신적 봉사활동으로 목사나 승려와 같이 세속적인 직업과는 구분된다는 관점이다.

성직관은 성직자가 교사였다는 서양의 역사적 사실에 근거하고 있다. 그러나 동양사회에서는 신분을 근거로 본다면 성직관이 아닌 공직관으로 보는 관점이 타당하다고 볼 수 있다. 그러나 오늘날 성직관에 대한 실질적인 이해와 내용이 교사의 성직자와 같은 인격성에 중점을 두고 있다는 점에서 보면, 동서양 공히 같은 맥락에서 성직관을 이해할 수 있다. 흔히 동양에서 군사부일체라든가 사도를 강조하는 관점은 모두 스승의 사명과 역할의 중요성을 깊이 인식한 관점이다(김진한, 2009). 오늘날 비인간화되어 가는 사회에서는 성직관에 본질적으로 내재된 인격자, 곧 스승으로서 교사상은 시대와 사회를 초월하여 더욱 요구되어야 할 관점이다.

2) 노동직관

- 교사의 근로자로서의 법적 권리와 노동자로서의 교사의 계급성을 주요 관심사로 하고 있다.
- 교직이 정신적 노동을 위주로 하고 있지만 정신적 노동과 물질적 노동의 구분 자체가 부당하다고 본다.
- 교원도 노동의 대가로서 보수를 받고 처우개선과 근무조건개선을 위해 노동3권을 행사할 필요가 있으며 노동자로서 권리와 의무를 이행함으로써 교원의 지위향상을 도모할 수 있다고 보는 관점이다.

교직을 노동직으로 보는 관점은 교사 자신의 노동자로서의 지위인식과 사회일반의 노동자로서의 역할 기대에 기초하여 자생적으로 형성된 것이라고 할 수 없다. 오히려 노동직관은 자본주의 사회의 모순이 드러나게 되고 교사의 상대적 지위가 열악한 상황에서 허울 좋은 성직관의 굴레 타도를 표방한 교육노동운동의 부산물로 등장한 것이며, 교원노조 결성 과정에서 전문직관과 함께 갈등하면서 부각된 교직관이라고 할 수 있다(김진한, 2009).

3) 전문직관

- 교직은 지성적이고 정신적인 활동을 위주로 하는 애타성과 봉사성 및 고도의 자율성과 윤리성을 필요로 하는 직업인 한편, 교원의 자질향상과 사회경제적

지위향상 등을 위해 교직단체를 구성하여 적극적인 노력을 기울여야 한다고 주장한다.

- 성직관과 노동직관을 변증법적으로 통합한 관점이다.

전문직의 중요한 요건 중 하나는 전문성과 자율성이며 이를 인정받기 위해 필요한 장기간의 교육과 계속교육을 통한 전문능력의 유지와 발전이 요구된다. 또한 제도적으로는 전문양성기관과 자격증제도 및 전문직 단체, 윤리강령 등이 마련되어야 함을 알 수 있다. 그러나 이러한 일반적인 특성만을 준거로 한다면 형식적인 전문직에 불과하다. 비록 직업적인 면에서는 사회적 · 경제적 지위를 보장받지만 내용적인 면에서는 본질적으로 사회에 대한 봉사직이라는 점을 우선적으로 고려할 때 실질적으로 전문직으로서의 요건을 갖출 수 있다. 따라서 교직의 전문성은 자율적 특성을 가진 봉사직이라는 가치를 목적적 가치로 하고 일반적인 전문성의 특성을 수단적 가치로 할 때 교직의 전문성이 명료하게 드러날 수 있다(김진한, 2009).

Chapter | 02

교육과정과 평가

1. 2009년 개정 교육과정 | 2. 학교 교육평가

Chapter 02

교육과정과 평가

| 개요 |

기존 교과 교육과정 개선 요구 사항을 반영하여 2009년도 교육과정이 개정되었다. 개정교육과정은 사회적 변화에 따른 적합성을 검토하여 반영하였고, 내용선정의 타당성, 내용조직의 적절성, 교수학습 가능성 등을 재검토하여 이루어졌다. 주 개정내용으로는 교과 교육과정 내용 연계와 적정화, 국가 · 사회적 요구사항 반영, 고교 선택과목의 재구조화, 고등학교 '한국사' 필수 과목화 등이다. 본 장에서는 개정 교육과정과 이에 따른 학교 교육평가에 대해 다룰 것이다.

1. 2009년 개정 교육과정

이 교육과정은 초 · 중등 교육법 제23조 제2항에 의거하여 고시한 것으로 초 · 중등학교의 교육목적과 교육목표를 달성하기 위한 국가수준의 교육과정이며, 초 · 중등학교에서 편성, 운영하여야 할 학교 교육과정의 공통적, 일반적인 기준을 제시한 것이다. 이 교육과정의 성격은 다음과 같다(이하 교육과학기술부, 2011).

- 국가수준의 공통성과 지역, 학교, 개인수준의 다양성을 동시에 추구하는 교육과정이다.

- 학습자의 자율성과 창의성을 신장하기 위한 학생 중심의 교육과정이다.
- 교육청과 학교, 교원, 학생, 학부모가 함께 실현해 가는 교육과정이다.
- 학교 교육 체제를 교육과정 중심으로 개선하기 위한 교육과정이다.
- 교육의 과정과 결과의 질적 수준을 유지, 관리하기 위한 교육과정이다.

1) 교육과정 구성의 방향

(1) 추구하는 인간상

우리나라의 교육은 홍익인간의 이념 아래 모든 국민에게 인격을 도야하고, 자주적 생활능력과 민주시민으로서 필요한 자질을 갖추게 하여 인간다운 삶을 영위하게 하고, 민주국가의 발전과 인류공영의 이상을 실현하는 데 이바지하게 함을 목적으로 하고 있다. 이러한 교육이념을 바탕으로, 교육과정이 추구하는 인간상은 다음과 같다.

- 전인적 성장의 기반 위에 개성의 발달과 진로를 개척하는 사람
- 기초능력의 바탕 위에 새로운 발상과 도전으로 창의성을 발휘하는 사람
- 문화적 소양과 다원적 가치에 대한 이해를 바탕으로 품격 있는 삶을 영위하는 사람
- 세계와 소통하는 시민으로서 배려와 나눔의 정신으로 공동체 발전에 참여하는 사람

(2) 교육과정 구성의 방침

추구하는 인간상을 구현하기 위한 이 교육과정 구성의 방침은 다음과 같다.

- 배려와 나눔을 실천하는 창의적인 인재를 기를 수 있도록 교육과정을 구성한다.
- 초등학교 1학년부터 중학교 3학년까지의 공통교육과정과 고등학교 1학년부터

3학년까지의 선택 교육과정으로 편성한다.

- 교육과정 편성 · 운영의 경직성을 탈피하고, 학년 간 상호연계와 협력을 통한 학교교육과정 편성 · 운영의 유연성을 부여하기 위하여 학년군을 설정한다.
- 공통 교육과정의 교과는 교육 목적상의 근접성, 학문 탐구 대상 또는 방법상의 인접성, 생활양식에서의 연관성 등을 고려하여 교과군으로 재분류한다.
- 선택 교육과정에서는 학생들의 기초영역 학습강화와 진로 및 적성 등을 감안한 적정학습이 가능하도록 4개의 교과 영역으로 구분하고, 필수이수단위를 제시한다.
- 학기당 이수 교과목 수 축소를 통한 학습부담의 적정화와 의미 있는 학습활동이 전개될 수 있도록 집중이수를 확대한다.
- 기존의 재량활동과 특별활동을 통합하여 배려와 나눔의 실천을 위한 창의적 체험활동을 신설한다.
- 학교 교육과정 평가, 교과평가의 개선, 국가 수준의 학업성취도 평가 실시 등을 통해 교육과정 질 관리 체제를 강화한다.

2) 중학교 교육과정 편성과 운영

(1) 중학교 교육목표

중학교의 교육은 초등학교 교육의 성과를 바탕으로 학생의 학습과 일상생활에 필요한 기본능력을 배양하며 민주시민의 자질 함양에 중점을 둔다.

① 심신의 건강하고 조화로운 발달을 추구하며 다양한 분야의 경험과 지식을 익혀 적극적으로 진로를 탐색한다.

② 학습과 생활에 필요한 기초능력과 문제 해결력을 바탕으로 창의적 사고력을 기른다.

③ 자신을 둘러싼 세계에 대한 경험을 토대로 다양한 문화와 가치에 대한 이해를 넓힌다.

④ 다양한 소통능력을 기르고 민주시민으로서의 자질과 태도를 갖춘다.

(2) 중학교 교육과정 편제와 시간배당 기준

① 편제

중학교 교육과정은 교과(군)와 창의적 체험활동으로 편성한다.

- 교과(군)는 국어, 사회(역사포함)/도덕, 수학, 과학/기술 · 가정, 체육, 예술(음악/미술), 영어, 선택으로 한다. 선택은 한문, 정보, 환경과 녹색성장, 생활외국어(독일어, 프랑스어, 스페인어, 중국어, 일본어, 러시아어, 아랍어, 베트남어), 보건, 진로와 직업 등 선택과목으로 한다.
- 창의적 체험활동은 자율활동, 동아리활동, 봉사활동, 진로활동으로 한다.

② 시간배당 기준

■ 표 2-1 | 중학교 시간배당 기준

구분		1~3학년
교과(군)	국어	442
	사회(역사 포함)/도덕	510
	수학	374
	과학/기술 · 가정	646
	체육	272
	예술(음악/미술)	272
	영어	340
	선택	204
창의적 체험활동		306
총 수업시간의 수		3,366

- 〈표 2-1〉에서 1시간 수업은 45분을 원칙으로, 기후 및 계절, 학생의 발달정도, 학습내용의 성격 등과 학교 실정을 고려하여 탄력적으로 편성 · 운영할 수 있다.
- 학년군 및 교과(군)별 시간배당은 연간 34주를 기준으로 한 3년간의 기준 수업 시수를 나타낸 것이다.
- 총 수업시간 수는 3년간의 최소 수업 시수를 나타낸 것이다.

(3) 중학교 교육과정 편성 및 운영의 중점

① 학교는 학생들이 이수해야 할 3년간의 교과목을 학년별, 학기별로 편성하여 안내한다.

② 교과(군)의 이수 시기와 수업 시수는 학교가 자율적으로 결정할 수 있다.

③ 학교의 특성, 학생 · 교사 · 학부모의 요구 및 필요에 따라 학교가 자율적으로 교과(군)별 수업시수를 20% 범위 내에서 증감하여 운영할 수 있다.

④ 교육 효과를 높이기 위해 학생의 학기당 이수 교과목 수를 8개 이내로 편성하도록 한다.

⑤ 예술(음악/미술)은 음악과 미술 교과를 중심으로 편성 · 운영한다.

⑥ 선택과목을 개설할 경우, 학교는 2개 이상의 과목을 개설함으로써 학생들의 선택권이 보장되도록 한다.

⑦ 학교는 필요한 경우 새로운 선택 과목을 개설할 수 있다. 새로운 과목을 개설하여 운영하고자 할 경우에는 시 · 도 교육청의 편성 · 운영 지침에 의거하여 사전에 필요한 절차를 거쳐야 한다.

⑧ 학교는 학생의 직업 및 진로에 대한 탐색과 선택을 돕기 위해 진로 교육을 강화한 교육과정을 편성 · 운영한다.

⑨ 전입 학생이 특정 교과목을 이수하지 못할 경우, 교육청과 학교에서는 '보충

학습과정' 등을 통해 학습 결손이 발생하지 않도록 한다.

3) 고등학교 교육과정 편성과 운영

(1) 고등학교 교육목표

고등학교 교육은 중학교 교육의 성과를 바탕으로, 학생의 적성과 소질에 맞는 진로개척 능력과 세계 시민으로서의 자질을 함양하는 데 중점을 둔다.

① 성숙한 자아의식을 토대로 다양한 분야의 지식과 기능을 익혀 진로를 개척하며 평생학습의 기본 역량과 태도를 갖춘다.

② 학습과 생활에서 새로운 이해와 가치를 창출할 수 있는 비판적, 창의적 사고력과 태도를 익힌다.

③ 우리의 문화를 향유하고 다양한 문화와 가치를 수용할 수 있는 자질과 태도를 갖춘다.

④ 국가 공동체의 발전을 위해 노력하며, 세계 시민으로서의 자질과 태도를 기른다.

(2) 고등학교 교육과정 편제와 단위배당 기준

① 편제

- 고등학교 교육과정은 교과(군)와 창의적 체험활동으로 편성한다.
- 교과는 보통교과와 전문교과로 한다.

−보통교과는 기본과목과 일반과목 심화과목으로 구분한다. 보통교과 영역은 기초, 탐구, 체육 · 예술, 생활 · 교양으로 구성하며, 교과(군)는 국어, 수학, 영어, 사회(역사/도덕 포함), 과학, 체육, 예술(음악/미술), 기술 · 가정/제2외국어/한문/교양으로 한다.

–전문교과는 농생명 산업, 공업, 상업정보, 수산 · 해운, 가사 · 실업에 관한 교과로 한다.

• 창의적 체험활동은 자율활동, 동아리활동, 봉사활동, 진로활동으로 한다.

② 단위배당 기준

표 2–2 | 고등학교 단위배당 기준

<table>
<tr><th rowspan="2"></th><th rowspan="2">교과영역</th><th rowspan="2">교과(군)</th><th colspan="2">필수 이수 단위</th><th rowspan="2">학교자율과정</th></tr>
<tr><th>교과(군)</th><th>교과영역</th></tr>
<tr><td rowspan="10">교과(군)</td><td rowspan="3">기초</td><td>국어</td><td>15(10)</td><td rowspan="3">45(30)</td><td rowspan="9">학생의 적성과 진로를 고려하여 편성</td></tr>
<tr><td>수학</td><td>15(10)</td></tr>
<tr><td>영어</td><td>15(10)</td></tr>
<tr><td rowspan="2">탐구</td><td>사회(역사/도덕 포함)</td><td>15(10)</td><td rowspan="2">35(20)</td></tr>
<tr><td>과학</td><td>15(10)</td></tr>
<tr><td rowspan="2">체육 · 예술</td><td>체육</td><td>10(5)</td><td rowspan="2">20(10)</td></tr>
<tr><td>예술(음악/미술)</td><td>10(5)</td></tr>
<tr><td>생활 · 교양</td><td>기술 · 가정/제2외국어/한문/교양</td><td>16(12)</td><td>16(12)</td></tr>
<tr><td colspan="2">소계</td><td colspan="2">116(72)</td><td>64</td></tr>
<tr><td colspan="3">창의적 체험활동</td><td colspan="3">24(408시간)</td></tr>
<tr><td colspan="3">총 이수 단위</td><td colspan="3">204</td></tr>
</table>

• 1단위는 50분을 기준으로 하여 17회를 이수하는 수업량이다.

• 1시간의 수업은 50분을 원칙으로 하되, 기후 및 계절, 학생의 발달 정도, 학습 내용의 성격 등과 학교실정을 고려하여 탄력적으로 편성 · 운영할 수 있다.

• 필수 이수 단위의 교과(군) 및 교과 영역 단위 수는 해당 교과(군) 및 교과 영역의 '최소 이수 단위'를 가리킨다.

• 필수 이수 단위의 ( )안의 숫자는 특성화 고등학교, 특수 목적 고등학교 및 체육 · 예술 등 교육과정 편성 · 운영의 자율권을 인정받은 학교가 이수할 것을 권장한다.

• 창의적 체험활동의 단위는 최소 이수 단위이며 ( )안의 숫자는 이수 단위를 이수 시간 수로 환산한 것이다.

• 총 이수 단위 수는 고등학교 3년간 이수해야 할 '최소 이수 단위'를 가리킨다.

③ 보통교과

표 2-3 | 고등학교 보통교과

교과 영역	교과(군)	과목		
		기본	일반	심화
기초	국어		국어Ⅰ, 국어Ⅱ, 화법과 작문, 독서와 문법, 문학, 고전	
	수학	기초 수학	수학Ⅰ, 수학Ⅱ, 확률과 통계, 미적분Ⅰ, 미적분Ⅱ, 기하와 벡터	고급수학Ⅰ 고급수학Ⅱ
	영어	기초 영어	실용 영어Ⅰ, 실용 영어Ⅱ, 실용영어 회화, 실용 영어 독해와 작문, 영어Ⅰ, 영어Ⅱ, 영어 회화, 영어 독해와 작문	심화영어, 심화영어회화Ⅰ, 심화영어 회화Ⅱ, 심화영어독해Ⅰ,심화영어독해Ⅱ, 심화영어작문
탐구	사회(역사/도덕 포함)		한국지리, 세계지리, 한국사, 동아시아사, 세계사, 경제, 법과 정치, 사회 · 문화, 생활과 윤리, 윤리와 사상	국제 정치, 국제 경제, 국제 관계와 국제 기구, 세계 문제, 비교 문화, 사회과학 방법론, 한국의 사회와 문화, 국제 법, 지역 이해, 인류의 미래 사회, 과제 연구
	과학		과학, 물리Ⅰ, 물리Ⅱ, 화학Ⅰ, 화학Ⅱ, 생명 과학Ⅰ, 생명 과학Ⅱ, 지구 과학Ⅰ, 지구 과학Ⅱ	고급 물리, 물리 실험, 고급 화학, 화학 실험, 고급 생명 과학, 생명 과학 실험, 고급 지구 과학, 지구 과학 실험, 환경 과학, 과학사 및 과학 철학, 정보 과학, 과제 연구

체육·예술	체육		운동과 건강 생활, 스포츠 문화, 스포츠 과학	스포츠 개론, 체육과 진로 탐구, 육상 운동, 체조 운동, 수상 운동, 개인 및 대인 운동, 단체 운동, 체력 운동, 투기 운동, 빙상 및 설상 운동, 표현 및 창작 운동, 스포츠경기 체력, 스포츠경기 기술, 스포츠경기 실습, 코칭론, 스포츠경영·행정, 체육 전공 실기, 전공 지도 실습
	예술	예술(음악/미술)	음악과 생활, 음악과 진로 미술창작, 미술 문화	음악 이론, 음악사, 시창·청음, 음악 전공 실기, 합창·합주, 공연 실습, 음악과 매체, 교양 실기 드로잉, 미술이론, 미술사, 평면 조형, 입체 조형, 디자인·공예, 영상 미술, 미술 전공 실기 무용의 이해, 기초 한국 무용, 기초 발레, 기초 현대 무용, 기초 발레, 기초 현대 무용, 무용 전공 실기, 무용 음악, 무용 감상과 비평, 안무 문학 개론, 문장론, 고전 문학 감사, 현대 문학 감상, 시 창작 입문, 소설 창작 입문, 문예 창작 전공 실기 연극의 이해, 연기, 무대 기술, 연극 제작 실습, 연극 감상과 비평, 영화의 이해, 영화기술, 영화 창작과 표현, 영화 제작 실습, 영화 감상과 비평 사진의 이해, 기초 촬영, 중급 촬영, 암실 실기, 사진 편집, 디지털 사진 촬영, 디지털 사진 표현 기법, 사진 감상과 비평
생활·교양	기술·가정/제2외국어/한문/교양		기술·가정	농업 생명 과학, 공학 기술, 가정 과학, 경영 일반, 해양 과학, 정보
			독일어 I, 독일어 II	독일어 회화 I, 독일어 회화 II, 독일어독해 I, 독일어독해 II, 독일어작문, 독일어권 문화
			프랑스어 I, 프랑스어 II	프랑스어 회화 I, 프랑스어 회화 II, 프랑스어 독해 I, 프랑스어 독해 II, 프랑스어 작문, 프랑스어권 문화

생활·교양	기술·가정/제2외국어/한문/교양		스페인어Ⅰ, 스페인어Ⅱ	스페인어 회화Ⅰ, 스페인어 회화Ⅱ, 스페인어 독해Ⅰ, 스페인어 독해Ⅱ, 스페인어 작문, 스페인어권 문화
			중국어Ⅰ, 중국어Ⅱ	중국어 회화Ⅰ, 중국어 회화Ⅱ, 중국어 독해Ⅰ, 중국어 독해Ⅱ, 중국어 작문, 중국 문화
			일본어Ⅰ, 일본어Ⅱ	일본어 회화Ⅰ, 일본어 회화Ⅱ, 일본어 독해Ⅰ, 일본어 독해Ⅱ, 일본어 작문, 일본 문화
			러시아어Ⅰ, 러시아어Ⅱ	러시아어 회화Ⅰ, 러시아어 회화Ⅱ, 러시아어 독해Ⅰ, 러시아어 독해Ⅱ, 러시아어 작문, 러시아 문화
			아랍어Ⅰ, 아랍어Ⅱ	아랍어 회화Ⅰ, 아랍어 회화Ⅱ, 아랍어 독해Ⅰ, 아랍어 독해Ⅱ, 아랍어 작문, 아랍문화
			베트남어Ⅰ, 베트남어Ⅱ	베트남어 회화Ⅰ, 베트남어 회화Ⅱ, 베트남어 독해Ⅰ, 베트남어 독해Ⅱ, 베트남어 작문, 베트남 문화
			한문Ⅰ, 한문Ⅱ	
			철학, 논리학, 심리학, 교육학, 종교학, 진로와 직업, 보건, 환경과 녹색성장	

- 일반과목의 기본단위 수는 5단위이며, 각 과목별로 1단위 범위 내에서 증감 운영이 가능하며, 가능한 한 한 학기에 이수하도록 한다.
- 기본 과목과 심화과목의 이수 단위는 시 · 도 교육감이 정한다.
- 위 표에 제시된 과목 중 사회(역사/도덕 포함) 교과(군)의 '한국사'는 반드시 이수한다.
- 예술계열 고등학교 이외의 고등학교에서 예술(음악/미술)은 음악과 미술 교과를 중심으로 편성 · 운영한다.

④ **전문 교과**

- 전문교육을 주로 하는 특성화 고등학교에서는 다음 과목을 필수로 이수한다.

–농생명 산업 계열: 농업 이해, 농업 기초 기술

–공업 계열: 공업 일반, 기초 제도

–상업 정보 계열: 상업 경제, 회계 원리

–수산 · 해운 계열: 해양의 이해, 수산 · 해운 산업 기초

–가사 · 실업 계열: 인간 발달, 생활 서비스 산업의 이해

- 농생명 산업에 관한 교과의 '성공적인 직업생활'은 계열 공통 선택 과목으로 이수한다.
- 전문 교과의 각 과목에 대한 이수 단위는 시 · 도 교육감이 정한다.

(3) 고등학교 교육과정 편성 · 운영의 중점

① 공통지침

- 고등학교 교육과정의 총 이수 단위는 204단위이며 교과(군) 180단위, 창의적 체험활동 24단위(408시간)로 나누어 편성한다.
- 교과의 이수 시기와 단위는 학교에서 자율적으로 편성 · 운영할 수 있다.
- 교육 효과를 높이기 위해 학생의 학기당 이수 과목 수를 8개 이내로 편성하도록 한다.
- 선택과목 중에서 위계성을 갖는 과목의 경우 계열적 학습이 되도록 편성한다. 단, 학교의 실정 및 학생의 요구, 과목의 성격에 따라 탄력적으로 운영할 수 있다.
- 선택과목은 학교의 실정과 학생들의 요구를 반영하여 편성하되 학교는 필요에 따라 이 교육과정에 제시되어 있는 과목 외에 새로운 과목을 개설할 수 있다. 새로운 과목을 개설하여 운영하고자 할 경우에는 시 · 도 교육청의 교육과정 편성 · 운영 지침에 의거하여 사전에 필요한 절차를 거쳐야 한다.
- 일정 규모 이상의 학생이 이 교육과정의 편제에 있는 특정 선택과목의 개설을

요청할 경우, 학교는 이를 개설해야 한다.

- 학교에서 개설하지 않은 선택과목 이수를 희망하는 학생이 있을 경우 그 과목을 개설한 다른 학교에서의 이수를 인정하도록 한다.
- 학교 및 학생의 필요에 따라 지역사회의 학습장에서 행하는 학습을 이수 과목으로 인정할 수 있다. 다만 이 경우 시 · 도 교육청이 정하는 지침에 따른다.
- 학교는 필요에 따라 대학과목 선이수제의 과목을 개설할 수 있고, 국제적으로 공인받은 교육과정과 과목을 선택과목으로 인정할 수 있다. 다만, 이와 관련된 구체적인 사항은 시 · 도 교육청의 지침에 따른다.
- 학교는 필요에 따라 교과의 총 이수 단위를 증배 운영할 수 있다. 단, 특성화 고등학교와 산업수요 맞춤형 고등학교는 전문교과에서, 초 · 중등 교육법 시행령 제90조 제1항의 제5호 내지 제7호에 해당하는 특수 목적 고등학교는 보통교과의 심화과목에 한하여 증배 운영할 수 있다.
- 학교는 학생이 3년간 이수해야 할 학년별, 학기별 과목을 편성하여 안내해야 한다.

② 일반 고등학교(자율고등학교 포함)

- 교과(군)의 이수 단위 180단위 중 필수 이수 단위는 116단위 이상으로 한다.
- 초 · 중등교육법 시행령 제76조 2의 제1항과 제4항에서 규정하는 일반 고등학교와 자율 고등학교에서는 보통교과의 기본과목, 일반과목, 심화과목을 중심으로 개설한다.
- 학생의 진로과정을 고려하여 교과(군)별 최소필수 이수단위 수로 편성할 수 있으나, 교과 영역별로 제시된 단위 수를 편성 · 운영하여야 한다.
- 일반 고등학교에서 체육, 음악, 미술 등의 과정을 개설하거나 자율학교로 지정된 학교의 경우 교과(군) 최소 이수단위인 72단위로 편성 · 운영할 수 있다.
- 학교는 학생의 요구 및 흥미 적성 등을 고려하여 진로를 적절히 안내할 수 있

는 진로 집중 과정을 편성 · 운영 하도록 한다. 이를 위해 학교는 이 교육과정에 제시하는 '학교자율과정'에서 진로집중 과정과 관련된 과목의 심화학습이 이루어질 수 있도록 편성 · 운영 한다.

- 과학, 수학, 사회, 영어, 예술, 체육 등 교과를 중심으로 중점학교를 운영할 수 있으며, 이 경우 학교 자율과정의 50% 이상을 관련 교과목으로 편성할 수 있다.
- 체육, 음악, 미술 등의 과정을 개설하는 학교의 경우, 필요에 따라 지역 내 중점학교 및 지역사회 학습장 등을 활용할 수 있다.
- 일반 고등학교에서 직업에 관한 과정을 운영할 수 있으며, 이와 관련된 세부 지침은 시 · 도교육청에서 정한다.
- 학교에서 제2외국어 과목을 개설할 경우, 2개 이상의 과목을 동시에 개설하도록 노력해야 한다.

③ 특성화 고등학교 및 특수목적 고등학교

- 교과(군)의 이수 단위 180단위 중 보통교과 필수 이수 단위는 72단위 이상으로 편성하며, 특성화 고등학교와 산업수요 맞춤형 고등학교는 전문교과의 과목을 초 · 중등교육법 시행령 제90조 제1항의 제5호 내지 제7호에 해당하는 특수목적 고등학교는 보통교과의 심화과목을 80단위 이상 편성한다.
- 전문교과의 기초가 되는 과목을 선택하여 이수할 경우 이를 해당 보통교과의 이수로 간주할 수 있다.
- 내용이 유사하거나 관련되는 보통교과의 과목과 전문교과의 과목은 교체하여 편성 · 운영할 수 있다.
- 농생명 산업, 공업, 상업정보, 수산 · 해운, 가사 · 실업 계열의 고등학교는 다음과 같이 편성 · 운영할 수 있다.
  - 전문교과는 필요한 경우 다른 계열의 전문 과목을 선택하여 편성 · 운영할 수 있다.

-학과별 필수과목은 필요한 경우 학교장이 정할 수 있으며, 2개 이상의 계열을 운영하는 경우 해당학과가 속한 계열의 필수과목을 이수한다.

-교육과정 내용과 관련이 있는 현장실습을 운영하여야 한다. 이 경우 다양한 형태로 운영할 수 있으며, 이와 관련된 구체적인 사항은 시 · 도교육청이 정한 지침에 따른다.

- 국제 계열 고등학교는 전공 관련 보통교과의 심화과목과 영어 및 제2외국어 교과의 심화과목에서 80단위 이상 이수하되, 전공 관련 보통교과에서 50% 이상 편성한다.
- 외국어 계열 고등학교에서는 보통교과 심화과목 총 이수 단위의 60% 이상을 전공 외국어로 하고, 전공 외국어 포함 2개 외국어로 보통교과 심화과목을 편성해야 한다.
- 이 교육과정에 명시되지 아니한 계열의 교육과정은 유사 계열의 교육과정에 준한다. 부득이 새로운 계열의 설치 및 그에 따른 교육과정을 편성할 경우와 학교의 실정에 따라 새로운 과목을 설정하여 운영하고자 할 경우에는 시 · 도교육청의 교육과정 편성 · 운영 지침에 의거하여 사전에 필요한 절차를 거쳐야 한다.

2. 학교 교육평가

1) 교육평가의 개념

교육평가란 교육목표의 달성정도나 교육정도 및 교육과정의 효율성을 판단하기 위하여 학습자의 행동변화 및 학습과정에 관한 제반 정보를 수집하고 이용함으로써 교육적 의사결정을 하는 데 도움을 주거나 더 나아가 의사결정을 하는 과정을

Ralph W. Tyler

의미한다. 타일러(Tyler, R. W.)는 "평가의 과정이란 본질적으로 교육과정 및 수업 프로그램에 의하여 교육목표가 실제로 어느 정도가 실현되었는지를 밝히는 과정"이라고 규정하고 있다. 이러한 교육평가를 실시하는 이유를 몇 가지로 정리해 보면 다음과 같다.

- 교육평가는 교육목표의 달성도를 측정 파악한다.
- 교육평가는 학생들의 바람직한 행동 변화를 유도한다.
- 교육평가는 학습자를 이해하기 위한 수단으로 활용된다.
- 교육평가는 교육적 의사결정을 내리는 데 도움을 준다.

2) 평가의 절차

(1) 교육목표의 설정

① 교육목표는 평가의 기준이므로 좋은 검사 제작을 위해서는 교육목표를 확인하고 학습자가 성취해야 할 수준을 알아보아야 한다.

② 교육목표는 내용과 행동의 이원적 요소에 의해 규정된다. 내용이란 행동이 발현될 수 있는 원천으로서 학습경험 속에 포함된 것이고, 행동이란 그 내용을 통하여 얻게 되는 결과로서 교육의 궁극적 목표가 된다.

③ 이원분류표를 통해 검사가 측정하려는 교과내용과 목적하는 학습결과를 잘 대표할 수 있도록 구성할 수 있으며, 이를 통해 검사 전체를 검토 · 분석할 수 있다.

용어정리

이원분류표(二原分類表, two-way chart, table of specifications)

내용요소와 행동요소를 결합하여 구성한 교육목표를 나타낸 표를 말한다. 이를 교육의 계획단계에서 목표로 사용할 뿐만 아니라 평가의 기준으로 삼는다. 이와 같이 교육목표를 체계적으로 분류하는 것에 대하여 탐구하는 과학을 교육목표분류학이라 한다. 이원분류표는 교육목표분류학을 바탕으로 하는데, 널리 알려져 있는 이원분류표는 블룸(Bloom)의 인지적 영역 목표분류, 심슨(Simpson)의 심동적 영역 목표분류, 크래스홀(Krathwohl), 블룸(Bloom), 마시아(Masia)의 정의적 영역 목표분류 등이 있다.

(2) 평가장면의 선정

① 평가장면이란 학생들의 특정한 학습의 결과가 구체적으로 표시되고 행동의 증거로서 나타날 수 있는 여러 가지 조건이나 기회를 말한다.

② 타당하고 신뢰로운 평가결과를 얻기 위해서는 평가자가 측정하려고 하는 행동의 학습정도가 가장 잘 노출될 수 있는 검사장면을 설정하여야 한다.

(3) 평가도구의 제작 및 선정

① 평가도구의 제작이란 실제 행동증거를 수집할 수 있는 측정도구를 제작하는 일인데, 이때 가장 중요한 것은 평가도구의 내용 하나 하나가 교육목표를 제대로 측정할 수 있느냐의 합목적성의 문제라고 할 수 있다.

② 타당도, 신뢰도, 객관도, 실용도 등이 잘 갖추어진 최적의 평가도구를 제작하도록 해야 한다.

③ 좋은 검사도구를 제작하기 위해서는 검사문항의 제작 및 검사 구성에 관한 전문적인 지식과 경험을 갖추어야 한다.

(4) 평가의 실시 및 결과 처리

① 검사의 종류에 따라 검사의 실시 횟수 및 시기를 결정한다.

② 통풍, 채광, 소음 등과 같은 검사장의 물리적 조건을 통제한다.

③ 검사결과를 채점하고 점수를 기록하는 단계에서는 측정의 오차를 줄이고 검사의 객관성과 신뢰성을 높이기 위한 채점 방안들이 강구되어야 한다.

(5) 결과의 해석 및 활용

① 학생들의 학습결손을 진단하고 이에 대한 교정 자료로 사용할 수 있다.

② 학생들의 학습곤란을 극복하고 학습지도방법을 개선하는 데 활용할 수 있다.

③ 학생들의 생활지도 자료로 활용할 수 있다.

④ 학생 개개인의 성적을 평정하는 자료가 된다.

⑤ 교육평가활동의 결과는 교육적 정치를 위한 자료로 활용할 수 있다.

3) 평가문항 제작

(1) 평가문항 제작 시 고려사항

① 다양한 학습목표를 평가하기 위해 다양한 평가문항을 제작하여야 한다.

② 문항 수는 평가목적 등에 따라 사전에 결정되어야 한다.

③ 평가시기 및 횟수는 교수-학습과정의 한 단계로 고려되어야 한다.

④ 문항유형은 내용에 따라 결정되어야 한다.

⑤ 학생수준에 알맞은 평가문항을 제작하여야 한다.

⑥ 수업과정의 내용 사실을 중심으로 평가문항을 구성하여야 한다.

⑦ 문항은 쉬운 문항부터 어려운 문항의 순으로 배치하여야 한다.

(2) 문항의 유형

① 답지 제시 유무 혹은 응답 방식에 따른 분류

- 선택형: 진위형, 연결형(배합형), 선다형
- 서답형: 단답형, 완성형, 논술형

② 채점 시 채점자의 주관성 개입 정도에 따른 분류

선다형 연결형(배합형) 진위형		완성형 단답형		논술형
객관형	←	(유동적)	→	주관형

■ 그림 2-1 | 채점자의 주관성 개입 정도에 따른 분류

가. 진위형

- 추측요인이 가장 크다.
- 가급적 오답과 정답의 길이가 비슷하게 한다.
- 검사문항은 절대적인 사실을 근거로 작성되어야 한다.
- 하나의 문장에 단일한 내용이 포함되어야 한다.
- 가급적 긍정문으로 서술하여야 한다.
- 정답의 단서를 주지 말아야 한다.

나. 연결형(배합형)

- 연결형은 전제와 답지, 그리고 지시문으로 구성된다.
- 전제나 답지는 동질성이 있는 것으로 묶어야 한다.
- 답지의 수는 전제의 수 보다 많아야 한다.
- 답지나 전제의 수와 길이는 적절히 제한해야 한다.

다. 선다형

- 선다형은 문두와 답지로 구성되어 있으며, 선택형 중에서 비교적 널리 사용되고 있다.
- 답지의 수에 따라 사지선다형, 오지선다형 등으로 구분하며 답지수가 늘어나면 추측에 의해 답을 맞힐 수 있는 가능성이 줄어든다.
- 선다형 문항에서 답지들은 동질성을 가지고 있어야 한다.
- 가급적 부정 질문이나 이중부정 등은 쓰지 않도록 한다.
- 좋은 문항을 제작하는 데는 시간과 노력과 경비가 많이 든다.
- 문항의 표집성이 좋고 채점의 신뢰도와 객관도가 유지되므로 선발상황에서 유용하게 사용될 수 있다.

라. 단답형

- 간단한 단어, 문장, 숫자 등의 제한된 형태로 대답하게 하는 형식이다.
- 질문은 간단명료해야 한다.
- 정답은 될 수 있는 대로 한 개 혹은 몇 개 이내가 되도록 한정해야 한다.

마. 완성형

- 진술문의 일부분을 비워 놓고 이에 들어갈 적합한 어구를 기입함으로써 문장 자체를 완성시키는 형식이다.
- 문장 중 의의 있고 중요한 부분을 채워 넣게 해야 한다.
- 문장 속에 답을 암시하는 내용이 없어야 한다.

바. 논술형

- 자신의 견해나 생각을 조리 있게 체계적으로 표시하는 방법이다.
- 논문형을 사용할 때는 지식보다 고등정신기능을 측정하도록 해야 한다.
- 여러 문항 중에서 선택하도록 해서는 안 된다.

- 채점기준을 미리 정해야 한다.
- 논술형 문항의 채점 방식에는 분석적 채점, 총체적채점, 절충적 채점을 사용할 수 있다.

(3) 문항유형 선택의 준거

문항을 선택할 때는 측정하고자 하는 평가목표와의 부합성, 수험자 특성 및 능력 수준과의 부합성, 검사 목적과 활용도와의 부합성, 검사 제작 및 실시 여건과의 부합성을 살펴보아야 한다.

표 2-4 | 문항 선택 준거

선택형	서답형(주로 논술형)
• 검사를 받을 대상 집단의 수가 많은 때 • 보다 신뢰로운 검사를 원할 때 • 검사의 공정성과 객관성이 보다 강조될 때 • 문항 제작자가 답안지를 정확하게 판단하는 것 보다 선택형 문항을 제작하는 데 더 자신이 있을 때 • 문항을 채점할 시간 보다 제작할 시간이 더 많을 때	• 검사를 받을 대상 집단의 수가 적을 때 • 글에 의한 표현 능력을 강조하고 이를 배양하고자 할 때 • 수험자의 학업성취도 보다는 그의 태도와 의견에 더 많은 관심이 있을 때 • 문항 제작자가 선택형 문항을 만드는 것 보다 답안을 비판적으로 읽는 데 더 자신이 있을 때 • 문항을 제작할 시간보다 채점할 시간이 더 많을 때

4) 수행평가

(1) 수행평가의 개념

표준화 학력검사를 중심으로 한 전통적인 교육평가의 문제점을 지적하면서 이에 대한 대안적 평가로 주장되는 평가의 일종이다. 수행평가는 학생이 배우고자 하는 지식이나 기능을 평가함에 있어서 선택형 검사와 같이 정답을 선택할 수 있는 능력이 곧 '지식을 안다'거나 '기능을 습득했다'고 가정하는 것을 부정하고, 학생이 답안을 작성하거나 실제와 가까운 상황에서 행동으로 나타내는 것을 통해 지식이나 기능을 직접적으로 측정, 평가하고자 한다. 이러한 특성 때문에 실제적 평가, 참평가, 직접적 평가, 상황지향적 평가라고도 한다. 수행평가의 방법에는 실기, 실험 및 실습, 관찰, 면접, 구두시험, 자기평가 및 동료평가, 포트폴리오 등이 있는데, 실기평가라도 전통적 상황에서 이루어지던 것과는 다른 의미를 지닌다. 즉 전통적 평가에서는 실기평가의 상황을 인위적으로 구성하고 통제하였으나 수행평가에서의 실기평가는 평가 대상이 되는 그 기능이 실제로 발휘되는 자연스런 상황에서 평가하는 것을 일컫는다. 다시 말해 수행평가는 학생들의 작품이나 활동을 직접 관찰하고, 관찰된 과정과 결과를 전문적으로 판단함으로써 이루어지는 평가이며, 학생 개개인이 처한 '상황'이라는 요인을 고려하여 과제수행 과정과 결과에 대해 포괄적인 과제를 수집하여 평가하는 방식이다.

유사용어

- **대안적 평가**: 한 시대의 주류를 이루는 평가체제와 성질을 달리하는 평가체제임을 강조할 때 사용하는 용어이다.
- **실제적 평가**: 평가 상황이 실제상황과 동일해야 함을 강조하는 평가이다.
- **실기평가**: 지필식 시험보다 실기시험을 중시하는 평가이다.
- **포트폴리오 평가**: 학생이 쓰거나 만든 작품집이나 서류철 등을 통해 지속적인 변화를 평가하는 방법이다.

(2) 수행평가의 필요성

① 21세기에는 지식 정보화 사회가 요구하는 고등정신 능력의 강조하고 있다.

② 교육본질에 대한 직접평가가 강조되고 있다.

③ 교육상황을 개선하고자 하는 것과 암기위주의 교육을 해소하고자 한다.

④ "아는 것"과 "행하는 것"의 차이에 대한 인식이 높아지고 있다.

⑤ 진리관, 지식관, 학습관의 변화에 따른 새로운 교육과정관이 강조되고 있다.

(3) 수행평가의 일반적인 특징

① 수행평가는 학생이 문제의 정답을 선택하게 하는 것이 아니라, 자기 스스로 정답을 작성하거나 행동으로 나타내도록 하는 평가방식이다.

② 수행평가는 추구하고자 하는 교육목표의 달성여부를 가능한 한 실제 상황하에서 파악하고자 하는 평가방식이다.

③ 수행평가는 교수학습의 결과뿐만 아니라 교수학습의 과정도 함께 지시하는 평가방식이다.

④ 수행평가는 단편적인 영역에 대해 일회적으로 평가하기보다는, 학생 개개인의 변화 발달과정을 종합적으로 평가하기 위해 전체적이면서도 지속적으로 이루어지는 것을 강조하는 방식이다.

⑤ 수행평가는 개개인을 단위로 해서 평가하기도 하지만, 집단에 대한 평가도 중시한다.

⑥ 수행평가는 학생의 인지적 영역뿐만 아니라, 학생 개개인의 행동발달 상황이나 흥미, 태도 등 정의적인 영역, 그리고 체격이나 심동적인 영역에 대한 종합적이고 전인적인 평가를 중시하는 평가방식이다.

⑦ 수행평가는 기억, 이해와 같은 낮은 사고능력보다는 창의, 비판, 종합과 같은 고등 사고능력의 측정을 중히 여기는 평가방식이다.

■ 표 2-5 | 전통적 평가체제와 새로운 평가체제의 비교

구분	전통적 평가체제(선택형)	새로운 평가체제(수행검사)
지식관	절대주의적 진리관	상대주의적 진리관
학습관	• 직선적 · 위계적 과정 • 일반적 · 객관적 상황 중시 • 학습자의 기억 재생산 중시	• 인지구조의 계속적 변화 • 구체적 · 주관적 상황 중시 • 학습자의 이해 성장 중시
학습자관	• 수동적 존재 • 지식의 단순 재생산자	• 능동적 존재 • 지식의 창조자
교사관	지식의 전달자	학습의 안내자 · 촉진자
교육의 책임소재	• 학습자에게 있음 • 학습자의 능력이나 특성에 따른 차이 강조	• 교사에게 있음 • 학습자의 학습목표달성에 필요한 교수방법 강조
교수 학습활동	• 교사중심 • 인지적 영역, 암기 위주 • 기본 학습능력 강조	• 학생중심 • 지 · 정 · 체 모두 강조 • 창의성 등 고등사고 강조
평가체제	• 선발주의적 관점 • 상대평가, 양적평가	• 발달주의적 관점 • 절대평가, 질적평가
평가목적	• 선발분류배치 • 설명예언통제	• 지도 · 조언 · 개선 • 이해 · 재구성
평가내용	• 명제적 지식(내용적 지식) • 학습의 결과 중시	• 절차적 지식(방법적 지식) • 학습의 과정 중시
평가방법	• 선택형 지필평가 위주의 간접평가(검사) 중시 • 일회적 · 부분적 평가 • 신뢰도 · 객관도 · 공정성 강조	• 다양한 평가방법의 활용 강조 • 직접평가(관찰) 위주 • 지속적 · 종합적인 평가 • 타당도 · 상황적합성 강조
평가시기	학습활동이 종료되는 시점	학습활동의 모든 과정

(4) 수행평가의 방법

① 논문형: 개인의 생각이나 주장을 창의적이고 논리적이면서 설득력 있게 조직하여 작성한다.

② 포트폴리오법: 학생의 경험과 성취를 포함한 다양한 정보를 기록한 자료들로서 성취기록의 요약, 공식기록, 일지, 성과물 등을 포함한다. 따라서 포트폴리오법은 학생이 수행한 일련의 과제를 통해 교사나 평가자가 누적적이고 연

속적인 변화를 평가하는 방법이다.

③ 관찰법: 관찰을 통해 일련의 정보를 수집하는 방법이다.

④ 면접법: 일정한 조건하에서 질문을 하여 응답을 얻어 내는 언어적 상호작용 과정을 통하여 피면접자가 내적으로 가지고 있는 무엇인가를 알아내는 평가 방식이다(구조화된 면접/비 구조화된 면접).

⑤ 구술시험: 학생에게 특정 교육 내용이나 주제에 대하여 자신의 의견이나 생각을 발표하도록 하여 학생의 준비도, 이해력, 표현력, 판단력, 의사소통능력 등을 직접적으로 평가하는 방식이다.

⑥ 연구 보고서법: 각 교과별로나 범교과적으로 여러 가지 연구주제 중에서 학생의 능력이나 흥미에 적합한 주제를 선택하되, 그 주제에 대해서 자기 나름대로 자료를 수집하고 분석 종합하여 연구보고서를 작성 제출하도록 하여 평가하는 방식이다.

⑦ 토론법: 교수학습활동과 평가활동이 통합된 것으로 보통 토의식 수업에서 학생들을 평가하는 것이다. 즉 교사와 학생, 학생과 학생 간의 토론의 장을 마련하여 각자의 입장에서 자신의 주장을 논리적이고 설득력 있게 표현하도록 하며 동시에 학생의 토론 준비도, 의사소통능력, 사고력, 토론태도 등을 평가하는 방법이다.

⑧ 실기시험: 예 · 체능 교과에서 주로 활용되어 온 평가방법이나 이전의 실기시험과 수행평가에서 강조하는 실기시험과는 약간의 차이가 있다. 즉 이전의 실기시험이 강요된 인위적 상황에서 주로 이루어진 반면, 수행평가에서의 실기시험은 실제 문제 상황에서 요구되는 능력을 평가하는 데 초점을 맞춘다.

⑨ 실험 실습법: 어떤 과제에 대해서 학생들로 하여금 직접 실험이나 실습을 하게 한 후 그 결과보고서를 제출하도록 하는 것으로 이를 통해 기자재 조작능력뿐만 아니라 지식을 적용하는 문제해결 과정을 포괄적이면 종합적으로 평가한다.

⑩ 컴퓨터 시뮬레이션: 컴퓨터 보조수업(CAT)의 시뮬레이션 기법을 이용한 것으로 시간적, 공간적, 경제적 제한으로 실제 조작해 볼 수 없는 상황을 컴퓨터로 모의하여 실제와 유사한 상황을 제공하는 평가이다.

■ 표 2-6 | 평가방식의 비교

비교측면	기존의 평가방식	수행평가 방식
평가대상 (사고능력)	암기하고 있는 지식의 양 (암기, 지식, 이해력)	비판적, 창의적 사고력 (고등정신능력)
평가방법	선택형 지필검사	다양한 방법
평가상황	인위적인 시험 상황	실제 상황이나 유사 모의 상황
평가방법의 성격	간접적(검사위주)	직접적(관찰위주)

(5) 수행평가의 제한점

① 현대사회가 요구하는 경제성과 간결함을 추구하지 못한다.

② 평가의 상황이 교육의 상황과 분리되지 않을 때 객관성과 신뢰성에 문제가 발생할 수 있다.

③ 전통적 평가관을 가지고 있는 평가자들의 인식 전환의 문제는 우선적으로 극복되어야 한다.

④ 개별화 혹은 소인수 학급이 아닌 현재의 과밀 학급 상황에서는 현실적으로 적용하는 데 어려움이 있다.

5) 2009년 개정 교육과정에서의 평가활동

2009년 개정 교육과정에서는 중고등학교의 평가활동에 대해 언급하고 있다. 학교는 학교 교육과정 편성과 운영의 적합성, 타당성, 효과성을 자체 평가하여 문제점과 개선점을 추출하고 다음 학년도의 교육과정 편성 · 운영에 그 결과를 반영한다. 또 학교에서 실시하는 평가활동은 다음과 같은 사항을 고려해서 이루어지도록 한다.

- 평가는 모든 학생들이 교육목표를 성공적으로 달성하기 위한 교육의 과정으로 실시한다.
- 학교는 다양한 평가도구와 방법으로 성취도를 평가하여 학생의 목표 도달도를 확인하고, 수업의 질 개선을 위한 자료로 활용한다.
- 교과의 평가는 선택형 평가보다는 서술형이나 논술형 평가 그리고 수행평가의 비중을 늘려서 교과별 특성에 적합한 평가를 실시하도록 한다.
- 실험 · 실습의 평가는 교과목의 성격을 고려하여 합리적인 세부 평가기준을 마련하여 실시한다.
- 정의적, 기능적, 창의적인 면이 특히 중시되는 교과의 평가는 타당한 평정기준과 척도에 의거하여 실시한다.
- 학교와 교사는 학교에서 가르친 내용과 기능을 평가하도록 한다. 학생이 학교에서 배울 기회를 마련해 주지 않고, 학교 밖의 교육수단을 통해서 익힐 수밖에 없는 내용과 기능은 평가하지 않도록 유의한다.
- 창의적 체험활동에 대한 평가는 창의적 체험활동의 내용과 특성을 감안하여 평가의 주안점을 학교에서 작성, 활용한다.

Chapter | 03

교수-학습지도안 작성

1. 수업계획의 수립 | 2. 교수-학습지도안의 작성

Chapter 03

교수–학습지도안 작성

| 개요 |

교육의 질은 곧 교사의 질을 말하며 수업의 질은 교사의 질에 달려 있다. 따라서 자신의 전공 교과를 잘 가르친다는 것은 대단히 중요한 일이다. 수업을 잘 하려면 수업계획 단계에서부터 철저해야 한다. 즉 교재 내용을 정확하게 분석하고, 수업목표를 여러 이론에 맞게 진술해야 실제 수업에서 시행착오를 겪지 않게 된다. 끝으로 교수–학습 과정안을 실제로 작성해 봐야 성공적인 수업을 할 수 있다.

1. 수업계획의 수립

1) 수업계획의 정의

수업에서 일차적 과제는 수업을 계획하는 일이다. 건물을 지을 때 설계도가 필요하듯 복잡하고 변화무쌍한 수업에도 설계도(계획)가 필요하다. 수업계획이 필요하다는 입장은 Corey의 수업 정의에 잘 나타나 있다.

Corey(1971)에 의하면 “수업이란 학습자가 특정한 조건하에서 특정하게 행동하는 것을 배울 수 있도록 학습자 개인을 둘러싸고 있는 환경을 계획적으로 조작하는 과정"이라 하였다. 이 정의에서 보면 수업에는 의도가 있고 이러한 의도는 계획적인 조작을 통해서 성취된다는 것이다. 따라서 계획이 비체계적이어서 그냥 되는 대로 수업이 이루어진다면 소기의 성취를 거둘 수 없는 것이고, 보다 체계적으로 철저하게 수업이 이루어지면 수업은 소기의 성과를 거둘 수 있다. 반면에 체계적인 수업이 오히려 수업의 효과에 방해가 된다는 입장은 수업이 계획대로만 이루어지면 너무 기계적이고 또 결과도 너무 제한적이므로 수업과정과 그 결과의 다양성이 저해된다는 것이다. 따라서 수업계획에는 지나치게 분석적이고 체계적이기보다는 유연하고 개방적이며 수정가능성을 내포하고 있어야 한다고 주장한다. 그러나 지나치게 수정의 여지가 많은 계획도 좋지 않다. 결국 이 두 입장을 절충하는 것이 좋은 수업계획이다. 즉, 수업계획은 체계적이면서 동시에 유연하여 수정의 가능성을 갖고 있어야 한다.

수업계획에는 연간계획, 월간계획, 주간계획, 단원계획, 일일계획, 차시계획 등이 있다. 여기서는 주로 차시계획을 중심으로 논의하고자 한다. 우선 수업계획의 절차부터 알아보자.

2) 수업계획의 절차

수업계획의 절차는 학자들마다 관점에 따라 다양하게 제시하고 있다. 그 가운데 대표적인 하나는 Moore(2005)의 수업계획 절차이다. 그는 수업계획 절차를 다음과 같이 7단계로 나누어 제시하고 있다([그림 3-1]참조).

1단계는 가르칠 내용을 결정하는 단계인데, 주로 교과서와 교육과정 지침, 학습자들의 요구분석 등을 통하여 내용을 결정한다. 통상 학생의 요구는 6단계의 평가결과와 과거 수업의 관찰결과에 의하여 결정된다. 일단 내용이 결정되면 2단계의 내용과 관련하여 학습자들에게 기를 지식, 기능, 태도 등을 결정하여야 한다.

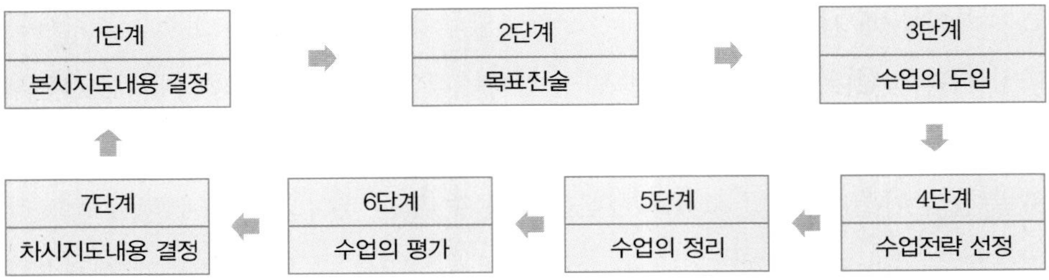

그림 3-1 | 수업계획의 절차

다시 말하면 수업목표를 결정해야 한다. 목표란 수업이 끝난 후에 학생들이 행할 수 있는 바를 정확히 표현한 것이어야 한다. 3단계는 수업의 도입 단계를, 이 단계의 목적은 학생들의 주의를 집중시키는 것이다. 4단계는 수업전략 단계로 학습과제, 학생들의 학습양식, 발달특징, 교실환경 등을 고려하여 최적의 수업전략을 선정하여야 한다. 5단계는 정리단계로 학생들이 학습내용을 충분히 이해하도록 수업을 마무리하여야 한다. 6단계는 마지막 단계로 평가의 단계이다. 교사는 학생들이 주어진 목표에 도달했는지를 결정해야 한다. 그렇다고 평가가 수업의 종결을 의미하는 것은 아니며 그 다음 수업계획의 출발점이 되는 것이다. 다시말하면 6단계의 평가결과에 기초하여 7단계의 새로운 내용을 결정하게 된다는 사실이다.

3) 내용의 분석

수업을 계획하려면 제일 먼저 해야 할 일은 수업목표를 설정하는 일이다. 그런데 수업목표를 선정하기 위해서는 교과내용부터 분석하여야 한다. 내용분석에 관하여 Price와 Nelson은 교과내용의 개요, 과제분석 또는 개념분석, 원리진술, 핵심용어와 어휘정의, 선수학습기능과 지식으로 나누고 있다(권낙원 외, 2010).

교과내용 개요란 수업에서 다룰 구체적 내용의 개요를 말하며, 이것은 선언적 지식을 가르치기 위하여 조직된다. 과제분석이란 절차나 전략을 가르칠 목적으로 수업을 계획할 때 사용되는 것이다. 일반적으로 절차나 전략은 학생들이 구체적으로 무엇인가를 행하기를 바라는 것으로 과제분석을 통하여 잘 나타날 수 있다. 절차란 말 그대로 과제를 완수하게 하는 일련의 단계라고 볼 수 있다. 이것은 학문적 내용이 될 수도 있고, 사회적 내용이 될 수도 있으며, 어떠한 학급의 일상을 나타날 수도 있다. 전략이란 절차의 하위 유목으로 볼 수 있다. 전략은 학생들의 학습하는 방법을 돕는 하나의 기법으로, 예를 들면 어떻게 노트정리를 하는 지를 돕는 일 또는 어떻게 기억하는 지를 돕는 일이 이에 포함된다. 과제분석은 어떻게 보면 가르칠 내용에 따라 방법이 달라지는데 어느 경우는 일반적으로 따라야 할 일련의 단계로 기술될 수도 있고 또 어느 경우에는 꼭 순서를 지킬 필요는 없으나 여러 하위기능을 분석하는 경우도 있다.

개념분석은 주로 개념을 가르치기 이전에 시도되는 내용분석 방법이다. 개념분석에는 ① 개념의 정의, ② 모든 본보기에서 발견되는 특징적인 결정적 속성 목록, ③ 모든 본보기에서 찾아볼 수 없는 비 특징적이고 비 결정적인 속성 목록, ④ 본보기의 목록, ⑤ 비 본보기의 목록, ⑥ 관련개념 목록이 포함된다.

원리진술은 원리를 가르치기 위하여 시도된다. 원리란 두 개념 또는 그 이상의 개념들 간의 관계를 규정하는 규칙인 셈이다. 이들은 대체로 인과형태 같은 형태를 띤다. 예를 들면, '물은 화씨 32°F에서 언다'든가 '효과적인 기억전략을 사용한다면 정보의 파지가 더 잘 된다'와 같은 경우이다. 모든 교과내용 영역에는 단순하거나 복잡한 원리가 있다.

핵심용어와 어휘분석은 핵심적인 용어나 어휘를 찾아 이를 정의하는 일이다. 이 정의는 학생들이 이해할 수 있는 단어로 진술되어야 한다. 대부분 이러한 분석을 쉽게 생각하여 사전이나 용어집 등을 사용하여 정의를 그대로 사용할 수 있으나, 학생들은 이를 잘 이해하지 못할 수 있다. 따라서 학생들이 이해 가능하도록 용어나 어휘를 검토하여 재진술하여야 한다.

선수학습기능과 지식은 학생들이 본시 과제학습에 들어가기 이전에 꼭 습득하여야 하는 것이다. 어느 경우에는 그 기능이 보다 일반적이고 광범위한 기능이 될 수도 있지만 어느 경우에는 구체적인 기능이 될 수도 있다. 그렇다고 모든 선수학습 기능과 지식을 모두 열거하는 것은 필요하지 않을지 모르나, 이들 요소들을 고려하는 것은 중요하다 하겠다.

이상의 설명을 요약해 본다면, 개념을 가르칠 때는 개념분석을, 전략을 가르칠 때는 과제분석을, 주제를 가르칠 때는 교과내용의 개요를, 원리를 가르칠 때는 원리진술을 하여야 하며, 모든 일반 수업에서는 핵심용어와 어휘정의를 주어진 내용이 주어진 학생들에게 적합한지를 알려면 선수학습기능과 지식을 분석하는 것이 바람직하다. 다음은 학습과제 분석에 대하여 좀 더 자세히 알아보고자 한다.

(1) 학습과제 분석

학습과제 분석에 대한 이론을 체계화한 것은 Gagné이다. 그는 어떤 단원의 최종적인 목표를 달성하기 위한 하위의 지적 기능은 서로 관련되어 위계적 관계가 성립되는데, 이를 추출하여 체계화하는 것을 학습과제의 분석이라고 하고 있다. 즉 "학습과제라 함은 학습해야 할 요소와 항목이 어떤 계층에 따라 배열되어 있는 전체"를 말하며 이는 학습요소의 상호위계적 관계를 표시한 수업지도(instructional map)이다. 우리가 학습계획을 세울 때 학습내용을 구성하는 어떤 개념, 법칙, 원리를 가르칠 것인지를 구상하게 된다. 이를 학습요소라 하는데, 이러한 학습요소들의 배열을 한 눈에 볼 수 있도록 체계화하고 시각화한 수업지도를 작성하는 것을 학습과제의 분석이라고 한다. 이상에서 서술한 바와 같이 학습과제 분석은 학습요소 간의 상호관련성을 찾아내는 작업이지만 모든 학습요소들이 위계적으로 관련되어 있는 것은 아니다. 물론 학습과제를 분석할 때는 학습요소들의 위계적 상호관련성을 가정하지만 분석을 해 보면 학습요소 하나하나가 아무 관련 없이 독립적으로 존재하는 수가 있음을 알 수 있다. 낱낱의 사실이나 용어의 정의 같은 것이 이에 해당하는 경우가 많다. 이런 경우라 하여도 상호관련성이 없다는 자체를 밝히는 일이 수업계획을 수립함에 있어서 큰 구실을 하게 된다. 그리고 이러한 학습요소들도 수업목표와의 관련성을 생각할 때 하위적인 지적 기능에 해당된다. 실제로 학습과제를 분석하여 보면 이런 경우는 극히 드물고 대부분은 학습요소가 상호관련성을 가지고 있음을 알 수 있다.

학습과제의 분석은 해당 교과에 익숙한 사람은 쉽게 할 수 있다. Bloom(1976)은 "교과내용에 익숙한 두 사람의 판정자가 최소한의 훈련을 거친 뒤에 어떤 학습과제 속에서 학습해야 할 요소들을 90% 이상의 합치율을 보이면서 독자적으로 찾아낼 수 있다는 점이 발견되었다."라고 말하고 있다. 우리나라에서도 학습과제의 분석은 널리 적용되고 있으며 교과내용에 익숙한 교사들은 비교적 정확하게 학습과제의 분석을 하고 있다. 이러한 학습과제의 필요성은 지금까지의 설명에서 어느 정도 명백해졌으리라고 보고 다음과 같이 정리할 수 있다.

첫째, 단원에서 가르칠 학습요소가 무엇인지를 명백히 한다. 한 단원 안에 있는 학습요소의 수는 일정하지 않으나 대개의 경우는 10~20 정도이다. 이와 같은 학습요소를 추출함으로써 가르칠 내용을 분명히 한다.

둘째, 학습요소 상호 간의 관련성을 밝힌다. 특수한 경우는 학습요소들이 상호관련을 맺지 않고 독립적으로 단원의 목표에 종속되어 있지만 이런 경우는 드물고 대부분의 경우는 상호 밀접히 관련되어 있으면서 위계성을 이루고 있다. 학습과제를 분석해 보면 무엇을 가르칠 것인지를 체계적으로 파악할 수 있다.

셋째, 학습의 순서를 밝혀낼 수 있다. 학습위계를 밝히면 상위지적 기능과 하위지적 기능의 관계를 알 수 있다. 즉 어떤 학습요소를 먼저 가르치고 어떤 학습요소를 나중에 가르칠지가 분명해진다. 그러기 때문에 대부분의 "학습과제 분석표"에는 학습의 순서를 표시하고 있다.

넷째, 학습요소의 누락이나 중복을 찾아낼 수 있다. 교재가 주어진 경우 교재에 포함된 학습과제를 분석하여 보면, 그 학습과제의 내용을 구성하는 중요한 학습요소가 빠져있거나 또는 중복되어 있음을 찾아낼 수 있다. 이런 경우에 교사는 반드시 이를 보완 또는 통합하여 가르칠 계획을 세워야 한다.

다섯째, 형성평가실시의 기준이 된다. 형성평가의 목적은 학습성취도를 기록하고, 보고하고, 보관하는 데 있는 것이 아니라 학습과제의 숙달정도를 결정하고 미숙달된 요소를 찾아내어 이를 재지도하는 데 있다. 즉 하나 또는 두 개의 학습과제를 가르친 후에 과연 이 학습과제의 어느 요소가 학생들에게 미숙달되었는지를 파악한 후, 즉각적으로 수업을 교정하거나 재지도하는 목적을 위하여 실시되는 평가이다. 따라서 절대평가이며 종래 생각하던 평가와는 그 성격이 다르고 수업의 일부이다. 이와 같은 형성평가를 실시함에 있어서는 반드시 과제분석을 해야 한다.

여섯째, 필요한 선수학습능력이 무엇인지를 밝히기 위하여 과제분석은 필요하다. 새로운 과제를 학습하는 데 필요한 선수학습능력이 무엇인지를 밝히고 이를 어느 정도 갖추고 있는지를 확인하고 처치하는 것은 수업과정의 첫단계에서 해야 할 일이다. 만일 이러한 확인과 처치 없이 수업을 진행시키면 학습결손이 더욱 누적될 가능성이 있다.

(2) 학습과제 분석의 절차

학습과제를 분석하려면 먼저 학습과제에는 어떤 구조가 있는지를 알아야 한다. 이 구조는 학습과제 분석결과에 따라 분명히 밝혀지지만 분석자의 마음속에 몇 가지 유형의 구조가 있음을 간직하고 분석에 착수하면 능률적 분석을 할 수 있다.

학습과제는 다음과 같은 네 가지 유형으로 분류하고 있다(변영계 외, 2010).

① **수평적 구조도**

그림 3–2 | 수평적 구조

이 그림의 특징은 각 하위 학습과제가 같은 유형 혹은 같은 수준의 학습과제로 서로 수평적인 관계만을 갖고 있을 때 제시될 수 있는 것이다. 그러므로 한 학습과제의 학습은 나머지 다른 학습과제를 학습하는 데 별다른 영향을 주지 않는 경우이고, 따라서 각기 독립적인 성질을 가지고 있다고 보겠다. 도덕과, 역사과 등에서 흔히 볼 수 있다.

② **수직적 구조도**

이 그림의 특징은 각 하위 학습과제가 각기 다른 수준의 학습과제로 서로 수직적인 관계 속에 있음을 알 수 있다. 즉, 학습과제는 서로 학습의 전이를 이루는 위계적 관계 속에 배열되어 있다. 기능을 요구하는 교과나 어떤 특수한 기능을 학습하는 때에 이와 같은 경우가 있다.

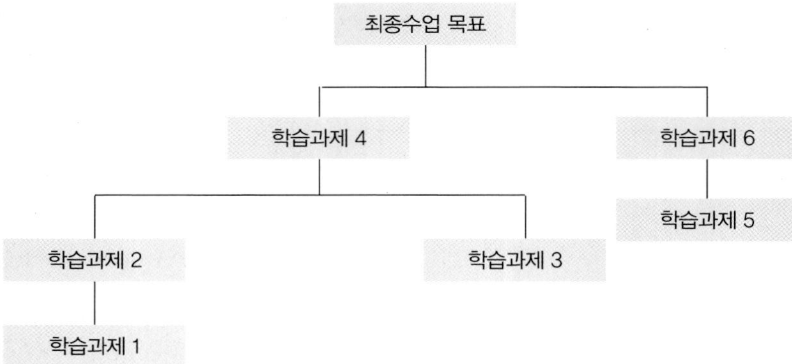

그림 3-3 | **수직적 구조도**

③ **위계적 구조도**

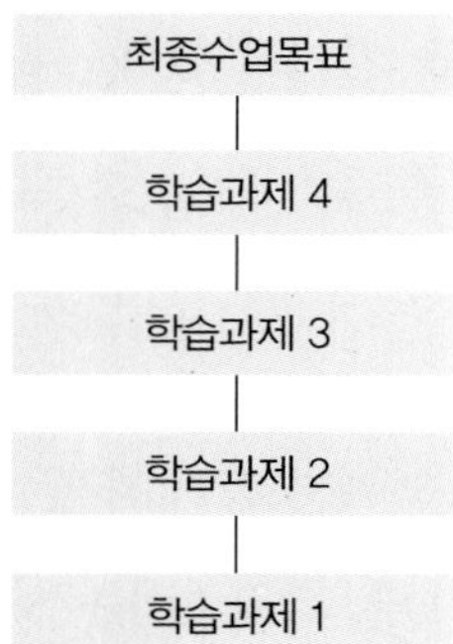

그림 3-4 | **위계적 구조도**

이 구조도는 학습위계적 분석표의 대표적인 것으로 많은 교과의 단원에서 이 모양으로 분석될 수 있다.

④ 혼합적 구조도

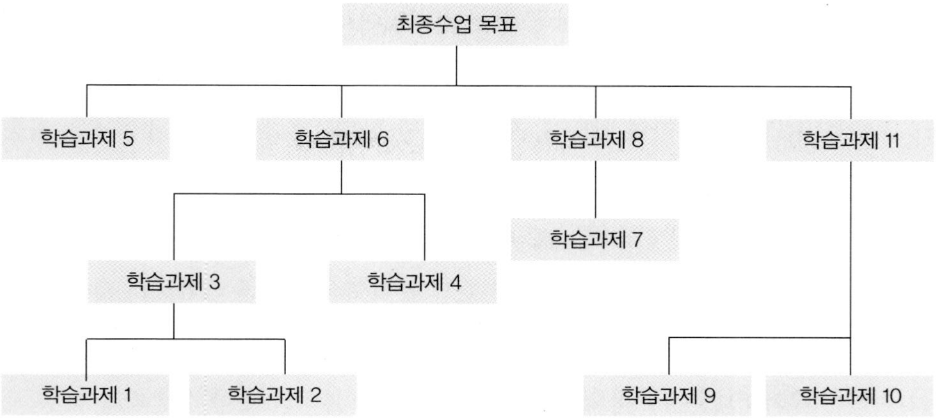

그림 3-5 | **혼합적 구조도**

이 구조도는 학습 위계적 분석표의 대표적인 것으로 많은 교과의 단원에서 이 모양으로 분석될 수 있다. 이는 앞에서 제시한 세 가지의 특징이 섞여져 있는 것으로, 어떤 학습과제들은 단순한 수평적 관계 속에 놓여 있고, 어떤 경우에는 수직적, 위계적인 관계 속에 있는 경우이다.

위에서 학습과제 유형을 예시하였거니와 특정학습과제가 어떤 구조를 가지느냐 하는 것은 교과 및 단원에 따라서 달라진다. 이러한 구조들이 있다는 개념망에 따라 학습과제를 분석하게 되는데 그 절차는 다음과 같다.

첫째, 최종 수업목표를 확인하고 진술한다. 학습과제는 앞에서 Gagne의 말을 인용한 바와 같이 특정단원의 최종목표를 달성하기 위한 위계성을 이루는 하위지적 기능이기 때문에 학습과제 분석에서 먼저 해야 할 일이 최종목표를 확인하도록 이를 문장화 하는 일이다. 이때의 목표는 가능한 한 세분화된 목표로 진술함이 좋다. 즉 특정단원의 학습이 끝난 후 학습자는 무엇을 할 수 있을지를 제3자에게 보일 수 있을 정도로 명백할수록 학습과제 분석에 도움이 된다.

둘째, 학습요소를 추출한다. 수업의 최종목표가 확인이 되면 이 목표를 달성하기 위하여 학습해야 할 요소나 항목에는 어떤 것이 있는지를 찾아낸다. 먼저 수업의 최종목표달성을 위하여 반드시 알아야 할 직접적 요소가 무엇인지를 찾아내고, 그 요소를 학습하기 위하여 반드시 학습해야 할 하위요소에는 어떤 것이 있는지를 추출한다. 이와 같이 학습요소는 위에서 밑으로 내려가며 추출하는 형식을 취한다. 이때 유의할 점은 '완전성'과 '상세화 정도'의 문제이다. 완전성이라 함은 최종목표 달성에 필요한 모든 학습요소나 항목이 모두 포함되어야 하며 누락이나 중복이 있어서는 안 됨을 의미한다. '상세화의 정도'는 학습요소의 단위를 어느 정도 작게 잡느냐 하는 문제이다. 단위를 너무 크게 잡으면 과제분석의 뜻이 상실되고 너무 작게 잡으면 수업을 단편화시킬 우려가 있다. 따라서 '적절한 크기'라고 말할 수밖에 없는데, 일반적으로 말하면 우리나라 초등학교 이행교과서의 단원을 중심으로 생각할 때 학습요소는 10~20정도로 추출하는 것 같다.

셋째, 학습요소의 구조도, 즉 수업지도를 작성한다. 학습요소가 어떻게 상호 관련되어 있있으며 어떤 위계성을 가졌는지를 시각화한다. 학습과제는 학습요소들이 상호관련되어 위계성을 지니고 있는 유형들도 있고 학습요소 하나하나가 독립적으로 최종목표와 연결되어 있는 유형도 있음은 이미 언급하였지만 학습과제를 분석하면서는 일단 상호연관성과 위계성이 있음을 가정해야 한다. 그리하여 전 단계에서 추출한 학습요소들을 상호 관련하며 위계적 관계로 배열을 하여 '수업지도'를 작성하도록 한다.

넷째, 학습요소들의 수업순서를 정한다. 수업지도가 작성되면 학습요소들의 수업순서는 대강 정해진다. 즉 최종목표에 근접한 학습요소일수록 먼저 가르쳐야 한다. 그러나 동열의 학습요소는 어떤 것을 먼저 가르쳐야 할지 막연할 수가 있다. 그러기 때문에 학습지도에 포함된 학습요소 하나하나에 대하여 수업의 순서를 번호로 표시하여 둔다.

이상에서 학습요소 분석의 절차를 밝혔고 이와 같은 학습요소분석 작업은 2인 이상의 공동 작업에 의하는 것이 바람직하다. 그래야만 타당도, 신뢰도, 객관도를 높일 수 있기 때문이다. 학교는 가능하면 학년별 교과별로 분담하여 학습과제 분석의 작업이 있어야 한다.

(3) 학습과제 분석의 실예

학습과제 분석은 교과의 내용에 대해서 전문적인 식견을 가지고 있는 교과전문가의 도움과 실제로 학습자가 최종수업목표를 수행하기 위해서 어떠한 단계를 밟는지를 관찰하는 일이 중요하다.

그리고 앞에서 제시한 학습과제 분석의 절차는 일종의 사고과정이며, 이러한 절차를 밟아서 마지막으로 산출해 내어야 할 것은 한 단원 혹은 주어진 최종수업목표에 대한 학습과제 분석표이다.

그럼 한 단원을 중심으로 학습과제를 분석할 실예를 제시해 본다.

① 국어과의 예(한국교육개발원, 수업지침서, 국어)

[그림 3-6]은 초등학교 국어 수업에 나오는 한 전기문의 과제분석표이다. 이 학습과제 분석표는 어떤 학문적인 내용을 체계화시켜 놓은 표가 아님을 알 수 있다. 그리고 학습자들이 최종수업목표의 성취를 위해서 무엇 무엇을 어떠한 순서로 학습해야 하는지가 비교적 명확하게 제시되어 있다. 이 분석표에 제시된 학습과제들을 볼 때 이는 학습 위계성을 강조하여 학습단계별 분석법을 고려하여 만들어진 것이라고 볼 수 있다.

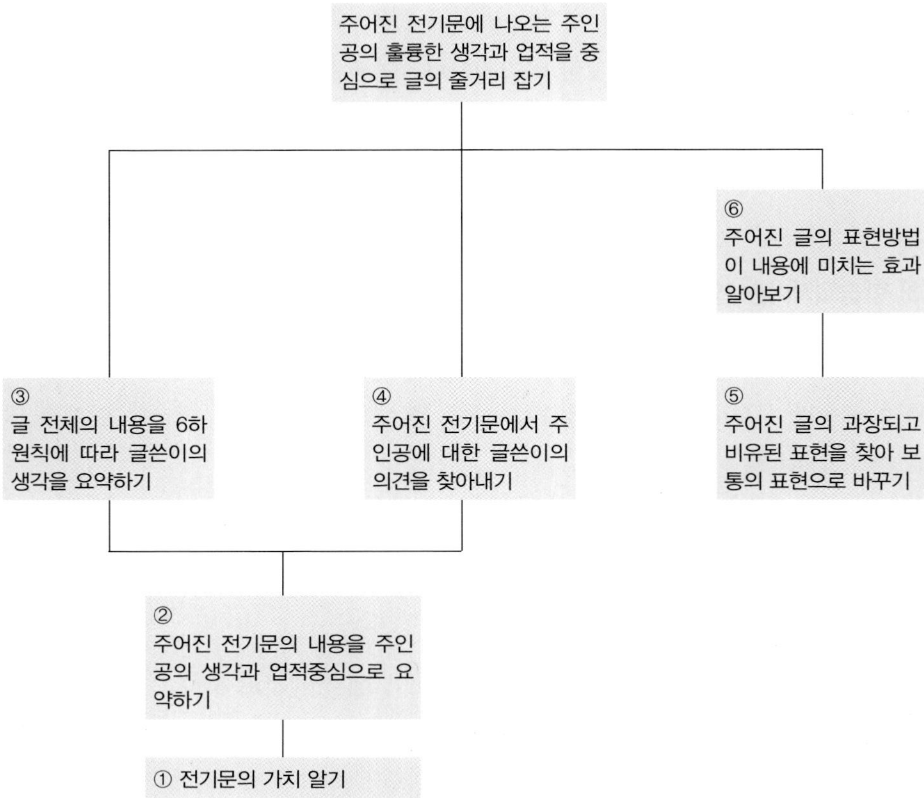

그림 3-6 | 전기문의 학습과제 분석표

이단원의 최종수업목표인 “주어진 전기문에 나오는 주인공의 훌륭한 생각과 업적을 중심으로 글의 줄거리 잡기”를 달성하기 위해서 모두 6개의 하위학습과제를 성공적으로 학습했을 때 최종수업목표의 획득이 가능함을 알 수 있다. 그리고 이 6가지의 하위학습과제가 무엇이며, 이 6가지를 어떤 차례로 학습시키도록 해야 하는 지가 제시되고 있다. 즉 맨 밑에 있는 “전기문의 가치 알기”는 이 과제분석표에서 가장 단순한 학습과제로 가장 먼저 학습되어야 하며 그 다음에 “주어진 전기문의 내용을 주인공의 생각과 업적 중심으로 요약하기”란 학습과제를 학습해야 함을 암시하고 있다. 각 하위 학습과제의 왼쪽에 붙여 놓은 번호가 학습의 순서를 의미하는 것이다. 그리고 이 학습과제 분석표에는 선수학습능력이 제시되지 않았는데, 이 이유는 국어과의 학습과제들은 일반적으로 그 위계성이라고 하는 것이 분명하지 않아서 몇 가지의 선수학습능력을 찾아내기가 거의 불가능하기 때문이다. 그러나 관련 단원이나 내용을 밝혀 두는 일은 단원의 수업전략을 수립하는 데 크게 도움이 된다.

4) 수업목표

수업목표는 세분화된 교육목표이다. 따라서 수업목표를 진술하려면 이에 앞서 교육의 일반목표와 교과목표를 잘 알고 있어야 한다. 특히 교과목표는 단원목표 설정의 직접적인 기준이 되기 때문에 이를 숙지해야 하며 단원목표가 설정이 되면 최종적인 수업목표를 설정하게 된다. 따라서 이 장에서는 교육의 일반목표와 단원목표를 간단히 살펴보고 수업목표 설정에 대하여 설명하고자 한다.

(1) 교육의 일반목표

교육의 일반목표는 국가나 사회가 지향하는 교육의 이념이나 방향을 제시한 것이라고 볼 수 있다. 따라서 교육의 일반목표에는 국가의 요청, 문화적 전통, 국민의 가치관, 발전에 대한 통찰 같은 것이 반영된다. 교육의 일반목표는 얼핏 생각하면 교육실제에 직접적으로 도움이 안 된다고 생각할 수 있을지 모르나 이것은 교육이 나가야 할 큰 줄기이기 때문에 교사는 이를 내면화하여 수업목표 설정의 기준으로 삼아야 할 것이다.

일반적으로 교육의 일반목표는 많은 나라에서 법령이나 국가의 공식적인 문서에 이를 수록하고 있다. 우리나라의 경우도 교육법규의 기본원리는 헌법 31조에, 교육기본법과 교육부 고시로 되어 있는 「교육과정」에 교육의 일반목표가 제시되어 있다. 특히 헌법 제31조는 교육에 관한 직접조항으로서 교육의 기회균등, 취학의무 및 무상 의무교육, 교육의 자주성 · 전문성 · 정치적 중립성 및 대학의 자율성 보장, 평생교육 진흥, 교육제도 및 행정의 법정주의 등의 정신이 명시되어 있다.

교육기본법은 교육에 관한 국민의 권리 · 의무 및 국가 · 지방자치단체의 책임을 정하고 교육제도와 그 운영에 관한 기본적 사항을 규정함을 목적으로 하고 있으며, 초 · 중등교육법은 교육기본법 제9조의 규정에 따라 초 · 중등교육에 관한 사항을 정하고 있다. 그리고 교과부 고시로 되어 있는 교육과정은 학교 급별 교육목표와 편제와 시간 배당 기준 그리고 교과별 지도목표 등이 상세히 기술되어 있다. 따라서 교사들은 수업목표 설정시 「교육과정」을 항상 가까이 두고 참고해야 한다.

(2) 교과목표

교과는 교육과정 개념의 변천에 따라 그 해석의 관점은 달라져 왔지만 중요성은 조금도 퇴색되지 않았다. 교과중심의 교육과정에서는 일반적인 지식체계의 학습을 중시하였고 경험중심 교육과정에서는 생활상의 문제해결에 교과지식을 어떻게 이용하느냐에 중점을 두었으며, 학문중심 교육과정에서는 지식의 구조를 교과로 보는 경향이 있다. 즉, 교과중심 교육과정에서는 지식의 논리적 체계가 중시되었고, 경험중심 교육과정에서는 생활에 필요한 지식이 중시되었으며 학문중심 교육과정에서는 지식의 기본 개념에 중점을 두었다.

오늘날의 교육과정은 학문 중심적 교육과정의 경향과 인간중심적 교육과정, 구성주의적 교육과정이 혼재되어 있기 때문에 교과의 성격도 이러한 관점에 따라 규정지을 수 밖에 없다. 따라서 교과의 목적도 전이가가 높은 기본적인 개념과 풍부한 인간성의 함양에 중점을 두어야 한다.

교과의 목표는 이를 세 가지 수준에서 생각해야 한다. 그 하나는 교과의 일반 목표이며, 다음은 학교급별 교과의 목표이고, 끝으로 학년수준별 교과의 목표이다.

이러한 목표들은 위계성을 지니고 있으며 하위의 목표일수록 구체적으로 세분화되어 있다.

(3) 수업목표의 진술

수업목표의 진술을 위해서는 다양한 접근법이 있을 수 있다. '피다고라스의 정리를 증명하기' 등과 같이 교사가 해야 할 활동을 목표로 삼는 경우나 '뉴톤의 법칙'과 같이 교과내용 자체를 열거하는 경우도 있고, '문제해결력'과 같이 내용에 대한 명백한 규정 없이 일반 행동형만 표사하는 입장도 있다. 그러나 위와 같은 목표 진술은 구체적인 학습경험을 선정 · 조직하고, 나아가 무엇을 평가할지에 대한 구체적 지침이 되지 못하고 있다.

수업의 전 과정에 충분한 기준으로서의 역할을 다하려면 구체적이고, 학생에게 기대되는 행동의 변화가 무엇인지가 명확히 밝혀져야만 한다. 이런 뜻에서 수업목표를 학습결과로 보는 입장이 설득력을 얻게 된다. 따라서 여기서는 수업목표란 일련의 수업과정을 통해 이루고자하는 의도하고 기대하는 학습결과로 정의한다(권낙원 외, 2010).

수업목표는 단지 수업계획 단계에서만 도움이 되는 것이 아니다. 수업목표는 수업의 전 과정의 지침이 된다. 수업 중 교사와 학생의 모든 상호작용의 근거는 곧 수업목표가 된다. 수업목표에 따라 그 상호작용의 양태는 달라지는 것이다. 어떤 자료를 쓸 것인가? 어떠한 방법을 사용할 것인가? 어떠한 발문을 사용할 것인가? 어떠한 강화를 쓸 것인가? 등 이 모든 활동의 준거는 바로 수업목표가 된다.

수업목표는 또한 평가의 준거가 된다. 평가란 수업목표의 실현정도를 판단하는 과정이기 때문이다. 이러한 수업목표의 기능 때문에 결국 수업은 효과적이게 되며, 아울러 학생들의 학습효과도 증대된다는 것이다. 결국 수업목표는 수업을 효과적으로 이끌고 학생들의 학습을 증진시키는 데 도움이 된다.

(4) 수업목표의 진술방법

수업목표는 가능한 한 명확하게 진술되어야만 수업자나 학습자에게 유리하다는 것은 자명한 사실이다. 그러나 수업목표를 어느 정도까지 세분화하며, 어떻게 진술해야 하는지에 대해서는 여러 주장들이 있다. 그 대표적인 것으로는 Tyler, Mager, Briggs, Gagné, Bloom 등이 있다.

이들의 생각을 중심으로 우선 세 가지의 진술 방법을 살펴보면, 첫째, Bloom (1976), Tyler(1970)에 의하면 수업목표는 구체적인 내용과 행동이 포괄되어 한 진술문 속에 제시되어야 한다는 것이다.

수업목표는 학습자가 수업이 끝난 후에 할 수 있어야 할 것이 무엇인지 혹은 어떻게 느껴야 하고 어떻게 생각해야 하는 지에 관한 행동명이 진술되어야 하고, 또 무엇에 대하여 느껴야 하고 생각 하는지에 관한 내용이 진술문 속에 표시되어야 한다. 즉 수업목표는 분명한 행동면과 그 행동이 무엇에 관한 행동인지를 규정지어 주는 내용이 동시에 진술되어야 한다는 것이다. 예를 들어 중학교 3학년 과학교과에 "전해질과 비전해질 구분하기"라는 수업목표가 있다고 할 때, '전해질과 비전해질'은 내용에 해당하고 '구분하기'는 행동에 해당하겠다. 여기에서 만일 내용만이 제시되었으면 어떠한 수업목표인지를 짐작하기가 어려울 것이며, 또 행동만 제시되어도 수업목표가 무엇인지 알기 어려울 것이다. 그러므로 내용과 행동이 한 진술문 속에 명료하게 제시되어야만 누가 보더라도 같은 생각을 가질 수 있는 수업목표가 될 것이다.

그러나 한 진술문 속에 행동과 내용이 진술되었다고 해서 만족할 수준의 세부수업목표가 된 것은 아니다. 특히 행동을 규정하는 동사가 '이해한다', '안다', '느낀다', '추측한다' 등일 경우에는 학습된 결과를 알기가 무척 어려우므로 세부적 수업목표에서는 사용하지 않는 것이 좋고, 학습된 행동을 대표해서 나타낼 수 있는 구체적인 동사를 택해서 사용한다. 예를 들면, '시계를 보고 분 단위까지의 시각을 정확하게 말하기', '주어진 역사적 인물의 이름과 사건을 짝지우기' 등은 명료한 내용과 행동이 동시에 한 진술문 속에 나타난 세부적 수업목표의 예이다.

둘째, Briggs(1970), Mager(1972)에 의하면 수업목표는 수업과정에서 의도하고 있는 행동명, 그 행동을 수행하게 될 조건 그리고 학습결과로 받아들일 수 있는 도달기준의 세 가지 요소가 포함되어 진술되어야 한다는 것이다.

이 방법도 어떻게 하면 수업목표를 명료하게 진술할 수 있을까에 대하여 관심을 갖고 학습자가 학습된 행동을 수행할 수 있는 조건이 어떠한 상태인지, 어떻게 해야 주어진 수업목표에 달성했다고 수락할 수 있을 것인지에 강조를 두고 있다. 따라서 수업목표는 행동명(어떠한 행동), 조건(어떠한 상태 속에서), 수락기준(얼마나 잘)에 대한 명확한 대답이 주어져서 진술되기를 요구하고 있다.

여기서 행동명은 무엇에 대한 어떠한 행동, 즉 구체적이고 관찰 · 측정 가능한 행동을 의미한다. 다음 조건은 성취된 행동을 시연해 보일 수 있는 장면과 그때의 조건을 말하고 있다. '지도와 나침반을 주었을 때', '참고서나 남의 도움을 받지 않고' 등은 의도한 행동을 일으키게 될 상황이나 조건을 의미한다. 끝으로 도달기준이란 학습된 행동을 얼마나 잘 해야 수업목표에 달성되었다고 볼 수 있는지의 수락기준을 의미한다. 즉, '20문제 중 18문제를', '15초 이내에' 등은 도달기준을 의미한다.

셋째, Mager(1972)는 수업목표는 성취 행동명 · 조건 · 달성기준의 세 가지 요소를 포함하여 진술되어야 한다는 것이다.

성취행동명의 진술은 최종수업목표나 세부수업목표를 진술할 때, 학습자가 성취하기를 기대하는 행동은 학습자에 의하여 시연될 수 있어야 하고, 이 시연된 행동은 수업자가 관찰할 수 있고 측정할 수 있어야 한다. 따라서, 흔히 사용하는 '이해한다', '안다' 등은 그 행동이 규정하는 범위나 의미를 분명히 파악하기가 곤란하다. 예를 들어 "학습자는 원의 면적을 산출하는 공식을 안다"와 "학습자는 원의 면적을 산출하는 공식을 쓸 수 있다"에 있어서 이 두 개의 목표는 다 같이 원의 면적을 산출하는 능력에 대하여 학습해야 할 것을 의미하고 있지만, 앞의 목표보다는 뒤의 것이 훨씬 더 분명하여 학습된 결과를 알아보기가 용이하다.

그럼 다음의 세 가지 세부수업목표 중에 어느 것이 보다 명료한 행동을 진술하고 있는지를 살펴보면,

① 학습자는 2위수의 덧셈을 계산하는 방식을 이해할 것이다.
② 학습자는 닿소리를 순서대로 쓸 수 있을 것이다.
③ 학습자는 원과 사각형을 구별할 수 있을 것이다.

이 세 개의 세부수업목표 중에서 수업자가 학습자의 학습성취 결과를 쉽게 그리고 직접적으로 관찰 가능한 것은 ②와 ③일 것이다. 수업목표 ①은 '이해한다'로 되어 있는데, 이 이해한다는 것은 이해한 것이 학습자의 두뇌 속에서 이루어졌을 뿐이다. 따라서 학습되었는지 여부를 알아보기 위해서는 또 다른 행동을 요구해야 할 것이다.

그러므로 성취 행동명을 진술하기 위해서는 첫째로 학습될 내용이 아니라 학습된 결과물, 둘째로 여러 가지 행동이 아니라 한 가지 대표적인 행동명을, 마지막으로 성취행동을 수업자가 측정가능하고 파악이 가능한 행동명으로 진술되도록 해야 한다.

조건의 진술은 세부수업목표의 진술에 있어서 조건이란 의도한 수업목표를 학습자가 시연할 때 있어야 하거나 혹은 제거해야 하는 자료 · 보조물 · 제한사항 등을 말한다. 어떻게 보면 이 조건이란 학습자가 학습된 행동을 평가받을 때 제공되는 상황과도 같다고 하겠다. 우선 조건에 해당하는 몇 가지 예를 들어 보면, '한 장의 그림이 주어졌을 때', '세 사람이 짝을 지어서', '수표와 전산기를 가지고' 이러한 것들이 조건에 해당한다.

그럼 다음의 예에서 조건에 해당하는 것은 어떠한 것인지를 가려 보면,

① 그리스의 위치를 지적하기

② 30초 이내에

③ a+b=c의 공식이 주어졌을 때

④ 집단토의를 통하여

⑤ 10개 중에 8개를

⑥ 닿소리만을 지적하기

⑦ 대한민국 지도를 사용하여

위의 7가지 진술에 있어서 ②③④⑦은 세부수업목표의 조건에 해당하는 사항을 기술하고 있다. 그러나 ①⑥은 성취행동명을 이야기하고 있다. 그리고 ⑤는 도달기준을 의미하고 있다.

그러므로 세부수업목표 진술의 조건을 첫째로 학습자에게 어떠한 자료 · 비품 등이 주어질 것이냐와 둘째로 어떠한 제한 사항이나 제약조건을 제공할 것이냐를 나타내어야 할 것이다. 제공될 것으로는 학습자료 · 통계자료 · 보조자료 · 시설물 등을 들 수 있을 것이고, 제약조건으로는 시각적 제약 · 타인의 도움 등에 관한 것이 분명히 규정되어야 할 것이다.

끝으로 도달기준의 진술은 지금까지는 세부수업목표 진술을 위한 성취행동명과 조건에 관하여 이야기했다. 세부수업목표는 위의 두 가지 요소 외에 도달기준을 분명히 규정해야만 한다. 즉 학습자가 어떠한 목표를 학습했다고 할 때, 얼마나 그 행동을 잘 수행할 수 있기를 요구하는지 또 다른 차원이라고 하겠다.

대개 수업목표를 만들었을 때, 수업자의 의도는 학습자들이 그 수업목표를 완전하게 달성할 수 있기를 전제로 하고 있다. 그러나 모든 수업목표가 완전하게 성취되기는 어렵다. 경우에 따라서는 거의 완벽하기를 요구하지만 목표에 따라서는 최소한의 기준을 미리 설정하여 그 수준에 도달만 하면 성취한 것으로 판단할 수 있는 기준이 수업 전에 정해져 있어야 한다. 예를 들어, "학습자는 낙하산을 낙하할 때 펴질 수 있도록 정확하게 접을 수 있어야 한다."라는 수업목표가 있다고 할 경우, 이 목표의 달성은 아주 완벽해야 할 것이다. 그러니 낙하산이 낙하할 때 펴지지 않으면 큰일이므로 99.9999%가 펴질 수 있어야지 그저 접는 요령만을 아는 수준으로는 곤란할 것이다.

흔히 학교의 수업을 통해서 성취시키려고 하는 수업목표는 그 달성의 기준이나 성취행동이 규정하는 폭이 다양하다. 어느 정도 잘 할 수 있어야 수업자가 만족할지는 이 달성기준이 없는 한 수업자의 기분에 따라서 결정되게 된다.

이 달성기준을 표시하는 방법은 다양하다. 즉 성취하기를 요구하는 행동이 어떠한 것이냐에 따라 시각적 기준으로 표시되기도 하고, 정답률로 나타내기도 한다.

① 학습자는 100M의 트랙을 14초 이내에 달릴 수 있다.
② 학습자는 교사가 불러주는 낱말 10개 중 8개를 받아 쓸 수 있다.

위의 두 세부수업목표에 있어서 '14초 이내에'는 달성기준의 시간적 기준을 표시하고 있으며, '10개 중 8개' 는 정답률을 나타내고 있다. 그럼 다음 보기에서 달성기준을 의미하고 있는 것은 어느 것인지를 찾아보도록 하자.

① 줄자를 이용하여
② 최소한 90%를
③ 도청소재지를 지적한다.
④ 30분 이내에
⑤ 20명의 시인 이름을 제시하였을 때
⑥ 한 번의 실수도 없이
⑦ 새 목표를 작성한다.
⑧ 100% 정확하게

위의 8개 중에서 ②④⑥⑧은 달성기준을 규정하는 진술이고, ①⑤은 조건을 규정하고 있다. 그리고 ③과 ⑦은 성취행동을 규정하고 있다. 그러므로 세부수업목표의 진술에 있어서 달성기준은 첫째로 시간적 기준 둘째로 수락할 수 있는 최소한의 정답수, 셋째로 수락할 수 있는 정확률, 마지막으로 수락할 수 있는 행동의 특성이 규정되어야 할 것이다.

이와 같이 수업목표를 세부적으로 진술하는 방법은 수업계획이나 평가를 위해서 대단히 많은 도움을 줄 수 있다. 그러나 너무 세부적으로 수업목표를 쪼개다 보면 중요한 교육목표를 누락해 버릴 가능성이 있으며, 도달기준을 결정하는 문제에 있어서도 그 기준을 정하기가 극히 어려운 상황에 직면하기도 한다.

(5) 수업목표 진술의 실제

첫째, 수업목표는 수업 후 나타나는 학생의 행동 또는 학습결과로서 진술하여야 한다. 그리고 '안다' '이해한다' 등과 같은 암시적 동사보다 '비교한다' '계산한다' 등과 같은 직접 관찰될 수 있는 명시적 동사로 진술해야 한다.

수업목표 진술 시 대체로 범하기 쉬운 오류의 예를 찾아 이를 바르게 진술해 보면 다음과 같다.

① 교사의 수업활동으로 진술하는 경우

(예) 현미경으로 양파껍질을 관찰시킨다. (교사의 수업활동진술)

(개선) 관찰시킨 결과로서

→ 양파껍질의 생김새를 그림으로 나타낼 수 있다. (학습결과 학생의 행동)

② 학습과정으로 진술하는 오류

(예) 지도에서 기호의 표식을 배우게 한다. (수업과정진술)

(개선) 배우게 한 결과로서

→ 지도에서 기호의 이름을 지적할 수 있다. (학습의 결과행동)

③ 교과의 가르칠 내용을 세분화하여 나열하는 오류

(예) 빛의 세가지 성질

우리나라의 평야지대 (가르칠 내용 진술)

(개선) 수업목표 진술은

→ 우리나라 지도를 보고 평야를 지적해 낼 수 있다. (학습결과행동)

④ 두 개 이상의 학습결과를 포함하여 진술하는 오류

(예) 우리고장에 있는 공공시설물을 알고, 이를 바르게 이용할 수 있다. (2개의 행동진술 포함)

(개선) 이를 나누어 진술하면

→ 우리 고장에 있는 공공시설물을 예를 들어 지적할 수 있다.

공공시설물을 바르게 이용하는 방법을 설명할 수 있다.

둘째, 수업목표는 수업과정에서 의도되고 있는 성취행동(A)과 그 행동을 수행하게 될 조건(B), 그리고 학습결과를 받아들일 수 있는 도달기준(C)의 세가지 요소가 포함되도록 진술되어야 한다.

- 받아 올림이 있는 (두 자리 수)+(두 자리 수)의 계산문제를(B) 10분 이내에(C) 5문제 이상 풀 수 있다.(A)

- 평평한 운동장에서 100m를(B) 15초 이내에(C) 뛸 수 있다.(A)

(6) 수업목표 진술상의 주의할 점

어떤 방식의 진술형태를 택하든 세부수업목표는 두 사람 이상이 보아서 같은 생각을 가질 수 있는 수준의 것으로 진술되지 않으면 안 된다. 이를 위해서 '구체적 내용'과 '구체적 행동'이 한 진술문 속에 나타나기를 요구하기도 했고 또 '성취행동명', '조건', '달성기준'이 명시되기를 요구하기도 했다. 그런데 세부수업목표의 진술방법은 여러 가지가 있지만 간편하면서도 애매성 없는 진술이 가능하면 충분하다. 특히 우리가 사용하는 구체적인 내용과 구체적인 행동이 동시에 나타날 수 있는 것이면 최소한 세부수업목표의 진술로는 괜찮다.

그럼 학교 현장에서 우리들이 세부수업목표를 진술할 때, 흔히 범하기 쉬운 몇 가지 사항을 살펴보기로 한다(변영계 외, 2010).

첫째로 교사의 수업행동이나 수업 중에 할 교사의 활동을 수업목표로 진술하는 오류이다. 수업과정에서 수업자가 항상 관심을 가지고 있어야 할 것은 주어진 시간의 수업이 끝난 후, 학습자가 해내야 할 능력이 무엇인지에 두어야 한다. 그러므로 수업목표는 교사가 수업중에 할 활동을 말하는 것이 아니라 학습자에게 변화되기를, 혹은 획득하기를 바라는 것이 무엇인가를 염두해 두고 이를 수업목표로 진술해야 하는 것이다. 예를 들어 "학생들에게 현미경을 통하여 미생물을 관찰시킨다.", 또는 "실험기구를 조작하는 방법을 시범한다." 등은 학습 후에 나타나는 학생의 행동이 아니라 교사의 활동에 강조를 둔 것이다. 앞의 첫째 예에서 미생물을 관찰시킨 결과로 학습자들이 학습한 것에는 여러 가지가 있을 수 있다. 즉, 다음 중 어느 한 가지나 혹은 몇 가지를 학습했을지도 모른다.

① 관찰된 미생물의 종류를 열거할 수 있다.

② 미생물의 그림을 보고 그 이름을 찾아낼 수 있다.

③ 현미경을 조작하는 단계를 열거할 수 있다.

④ 미생물과 고등생물과의 차이점을 지적할 수 있다.

교사의 수업활동을 통해서 학습자가 성취하기를 기대하는 것이 분명하지 않으면 위의 예처럼 학습자는 그 시간에 무엇을 학습해야 하는지가 불분명해진다. 그러나 세부수업목표가 분명할 때, 교사는 무엇을 가르치고 무엇을 평가해야 하는지가 명료해진다. 그러므로 세부수업목표의 진술은 수업자의 행동을 기술할 것이 아니라 학습자에게 기대하는 행동의 변화가 무엇인지를 기술해야 한다.

둘째로 흔히 범하는 오류로는 학습결과로 변화될 행동을 기술하는 것이 아니라 학습의 과정을 기술하는 일이다. 예를 들면 "신라의 삼국통일에 관하여 토론한다." 나 "물의 전기분해 실험을 한다."의 경우에 이 두 가지는 수업목표라고 하기 보다는 수업시간 중에 학습자가 하는 학습행동의 하나이다. 그리고 이 학습행동은 어떤 수업 목표의 성취를 위해서 요구되는 수단으로서의 일을 의미하고 있지, 수업 결과로 산출되어야 할 행동을 의미하지는 않는다. 신라의 삼국통일에 관해서 학습자들이 토론함으로써 얻어지기를 기대하는 것이 무엇인지가 바로 세부수업목표가 될 것이다. 즉 "신라가 삼국을 통일하게 된 원인을 설명할 수 있다."와 같은 것이어야 할 것이다. 그러나 요새 와서 학습하는 방법을 학습한다는 생각이나 탐구능력을 길러 준다는 생각을 강하게 하기 때문에 이 점에서는 어느 정도 수긍은 가지만 학습하는 방법과 탐구능력을 길러 준다고 할 경우에도 그 수업시간에 구체적으로 길러 줄 것이 무엇인지를 명시하지 않으면 막연하게 되어 버린다.

셋째로 세부수업목표 진술에서 흔히 범하기 쉬운 오류로는 가르칠 교과목의 내용이나 주요 제목을 세부수업목표라고 열거하는 일이다. 예를 들면 '문예부흥', '삼일운동이 일어난 원인', '뉴턴의 법칙' 등으로 한 교과목의 주요 내용이나 제목을 기술해 놓고, 그것을 수업목표로 착각하고 있는 경우는 흔히 볼 수 있다. 그러나 세부수업목표는 그 시간에 학생들이 획득할 능력 · 태도 · 기능 · 등에 관심을 두어야 한다. 문예부흥에 대하여 학습자들이 무엇을 학습해야 하는지는 문예부흥만으로는 어느 누구도 대답하기 어려울 것이다. 이러한 경우는 흔히 상급학교로 올라갈수록 많이 볼 수 있는 예이다.

넷째로는 세부수업목표의 한 목표 속에 두 가지 이상의 학습결과를 포함시키는 오류이다. 예를 들면 "과학적 방법을 이해하고 이를 효과적으로 적용할 수 있다." 라고 진술한 경우이 '이해한다'와 '적용한다'라는 두 가지 학습결과를 포함하고 있다. 이때 학습자는 이해는 하지만 적용은 못하는 경우도 있을 수 있으므로 학습된 결과를 확인하기도 어렵지만, 수업매체의 선정과 수업활동을 제공한 경우에도 어느 것에 초점을 맞추어야 할지 애매모호하게 된다.

다섯째로는 세부수업목표를 명확하게 진술하면 할수록 좋다는 생각 때문에 너무나 지나치게 세분화시켜 한 시간의 수업목표가 4~5개 정도가 될 수 있다. 이러한 경우를 면밀하게 검토해 보면, 대개의 경우 수단으로 학습할 활동을 수업목표로 진술하였기 때문에 이러한 오류를 범하는 수가 많다. 한 시간의 세부수업목표는 일반적으로 한 개 내지 두 개 정도이면 적당할 것이다. 그 이상이 되면 시간의 부족하여 어느 한 가지도 제대로 성취시키지 못하게 될 것이다. 흔히 수업설계를 위해 학습과제를 분석하는 단계에서 너무 학습과제를 세분화시켜 많은 개수의 세부수업목표가 나오게 되는데, 이는 분석-통합의 사고를 다시 거쳐 조정해야 한다.

2. 교수-학습지도안의 작성

1) 교수-학습지도안의 개념 및 필요성

교수-학습지도안은 교수자가 한 시간, 혹은 몇 시간에 걸쳐 학습자와 함께 설정된 학습목표 아래 선정된 교과내용을 언제, 어떻게 어떤 조건에서 활동할 것인가를 계획해 놓은 일종의 청사진이다. 교수활동 계획안, 교수-학습과정안, 학습지도안, 수업지도안, 수업안 등 다양한 명칭으로 불리고 있으나, 학교 현장에서 교수활동과 학습활동은 상호 관련되어 행해지는 활동이기 때문에 여기서는 교수-학습지도안이라고 명명한다(이경희, 2004).

교수-학습지도안을 작성할 때 어떤 형식을 갖추어야 하는가에 대해서는 일정한 답이 없다. 흔히 약안(略案)으로 작성되는 월안(月案), 주안(週案)뿐만 아니라, 세안(細案)으로 작성되는 일안(日案), 시안(時案) 등의 형식도 어떤 정형화된 형식이 존재하지 않는다. 특히 최근의 학교 현장에서는 실제 수업에서 잘 활용되지 않고 있으며, 세밀한 계획이 오히려 교수자의 창의성과 융통성을 방해한다는 인식이 팽배해 있다. 더구나, 교수-학습지도안의 작성 자체를 시간 낭비라고 생각하는 경향이 있으며 일부 교직단체에 소속된 교사들은 이것의 작성 자체에 대하여 강한 거부감을 나타내고 있다.

그러나 교사들이 그들의 수업을 위해서 교재를 분석하고 이를 실제 교수-학습활동과정에 어떻게 적용·활용할 것인가를 연구·계획하는 것은 매우 중요하다. 시대에 따라 교육내용과 교육환경, 그리고 학습자 특성이 변화하고 있고 사회적 요고 또한 변화하기 때문에 교수가 자신의 경험이나 관례에 의한 교수-학습활동은 더 이상 바람직하지 않다. 특히 초보 교사에게 교수-학습지도안의 작성은 교재에 대한 철저한 연구와 함께 자신의 수업을 치밀하게 계획, 실행, 평가하는 기준으로서 작용할 수 있다.

교수-학습지도안의 정형화된 틀은 존재할 수 없지만, 대개의 교수-학습지도안은 몇 가지 묵시적인 약속 속에서 작성되고 있다.

첫째, 단원의 지도계획을 먼저 작성하고, 그 다음에 매 수업시간별 활동계획을 작성한다.

둘째, 매 수업시간별로 계획을 세운 교수-학습과정이 제대로 이루어지면 그 결과는 단원의 수업목표를 달성할 수 있도록 계획되어야 한다.

셋째, 초보교사나 특별한 경우(수업연구나 공개수업 등)를 제외하고는 약안의 형식으로 작성해도 무방하다. 이때, 약안이라도 교재연구 과정을 거쳐야 한다. 다만 문서상으로 작성하지 않을 따름이다.

2) 교수-학습지도안의 양식

교수-학습지도안의 일반적인 사용양식은 다음과 같다

교수-학습 지도안의 일반 양식

1. 과　목: ○○과 2. 일　시: 20○○년 ○월 ○○일(○요일) ○교시 3. 대　상: ○학년 ○반(남: ○○, 여: ○○, 계: ○○) 4. 장　소: ○학년 ○반 교실 5. 지도교사: ○○○

(1) 단원명

단원명은 교과에 따라 소단원, 중단원, 대단원명을 기입한다. 대단원의 지도 시수가 많지 않을 경우에는 일반적으로 대단원명을 기입하고 있으나, 학습지도시간이 너무 많은 경우에는 중단원이나 소단원명을 기입하는 것이 바람직하다.

(2) 단원의 개관

단원의 개관에는 학습자 측면, 사회적 요구 측면, 교과의 특성 측면의 3가지 측면에서 이 단원의 정당성을 찾아서 작성한다. 즉 단원이 학생의 어떠한 필요나 흥미에 의한 것인지, 단원이 사회적으로 어떠한 의의와 가치가 있는지, 단원이 교육과정의 내용상의 범위와 계열에서 어떠한 위치에 있는지를 기술하여야 한다.

(3) 단원의 목표

① 학생관

학생관은 단원의 목표가 단원지도 후에 학습자가 성취해야 할 행동으로, 단원의 주요 내용과 그 내용에 대하여 학생들이 어떤 행동을 성취하기를 바라는지를 분명하게 진술하는 것이 바람직하다. 또한 이 단원에 대한 학생들의 선수학습 정도나 적용 상태를 진단한다.

② **교사관**

단원의 목표는 교사용 지도서에 상세하게 기술되어 있으나 학교나 학생의 특성과 수준에 맞게 조정해야 한다. 즉 단원의 목표는 중요한 내용의 영역과 그 내용을 다룸으로써 달성될 것으로 기대되는 행동의 양자를 포함하여 진술되어야 한다. 여기에는 교사가 학생들에게 적용하려는 지식, 태도, 기능이 골고루 뽑혀서 진술되어야 한다. 단원의 목표는 차시별 수업목표에 비하여 상대적으로 포괄적이고 종합적이다.

(4) 지도상의 유의점

해당단원을 지도하기 위해서는 교사용 지도서에 기록되어 있는 지도상의 유의점을 살펴보고, 각 학습과제별 지도상의 유의점에 관심을 두어 지도계획을 세우고, 실제 수업에 임해야 한다. 그러나 교사용 지도서에 나타난 내용은 학생과 학교의 특성을 전부 고려하였다고 볼 수 없기 때문에 교사용 지도서를 참고로 하되 교사 자신은 본 단원 학습내용을 분석하여 지도상의 유의점을 찾아내야 한다. 특히 발견학습, 탐구학습, 토의학습이 강조되는 단원에서는 그 단원을 처음부터 어떻게 이끌어 나갈지에 관하여 수업이론이나 모형을 참조하여 지도방법을 탐색하고 구체적 지도방법을 선택해서 진술한다.

(5) 학습과제의 분석

가르칠 학습내용은 위계적인 위치, 단계적인 관련성 등의 측면에서 분석하고, 그것을 기초로 학습요소, 학습요소 간의 관련성, 학습 순서 등을 결정한다. 철저한 학습과제 분석을 위해서는 교과의 학문적 체계에 대한 이해와 함께 교과내용의 조직 원리를 알고 있어야 한다.

(6) 단원지도계획

① 차시별 단원 지도계획

대단원의 단원구성을 소개하고, 차시별 학습목표를 제시하고 시간배정과 각 차시에 필요한 학습자료를 제시하며, 본시가 단원의 어디에 위치하는가를 표시해 준다.

표 3-1 | 차시별 단원 지도계획

차시	차시별 학습목표	시간	학습자료	비고
1				
2				본시
3				
4				
5				

② 교수-학습전략 수립과 교수방법 선정

단원의 학습을 위해서 배정된 시간에 따라 어떤 전략과 어떤 교수방법을 사용하여 교수-학습과정을 진행할 것인지 결정한다. 교수-학습전략으로는 설명식 접근전략인지, 발견식 접근전략인지, 토의식 접근전략인지에 따라 수업의 구성방법과 전개양식이 다르다. 교수방법에 있어서도 교수자 중심, 내용 중심, 지적개발 위주의 학습자 중심, 정의적 개발 위주의 학습자 중심(Hardy) 중 어떤 유형인지에 따라 중심인물의 행동이나 교수-학습의 목적, 그리고 교수 절차 등이 모두 다르다는 것을 명심해야 한다.

③ **교수매체의 선정**

교수-학습목표의 달성에 가장 적합한 매체를 선정한다. 그외 경제성, 현실성, 안정성, 용이성, 이동 가능성 등을 고려한다. 적절한 교수매체 선정을 위해서는 이미 개발된 다양한 체크리스트나 모형 등을 이용할 수 있다.

④ **평가계획의 수립**

본시에 실시할 평가계획을 제시한다. 평가의 종류에는 수업전에 수업을 효과적으로 진행하기 위해서 학습자에 대한 정보를 수집 · 파악하는 진단평가, 수업이 진행 중일 때 수업내용에 대한 학생의 이해 정도를 극대화하기 위해서 수업 중에 실시하는 형성평가, 수업이 모두 끝난 뒤 학습자의 학업성취도를 평가하기 위해 실시하는 총괄평가가 있다.

(7) 본시 교수-학습지도안의 작성

본시 교수-학습지도안은 일반적으로 한 시간 분량의 교수-학습활동에 대한 계획안으로서, 초등학교 40분, 중학교 45분, 고등학교 50분씩 배정되어 있다. 본시 교수-학습지도안은 단원의 교수-학습지도안보다 더 구체적이고 치밀한 계획이 요구된다.

본시 교수-학습지도안에 반드시 포함되어야 할 요소로는 ① 단원명, ② 지도대상, ③ 차시, ④ 학습목표, ⑤ 주요 지도단계(도입-전개-정리), ⑥ 학습내용, ⑦ 교수-학습활동, ⑧ 교수매체, ⑨ 시간계획, ⑩ 판서계획, ⑪ 형성평가계획 등이다.

지도안의 양식은 정해진 것이 없으며, 교과 특성과 교사에 따라 융통성 있게 작성할 수 있다. 효과적인 교수-학습활동이 되기 위해서는 단원의 교수-학습지도안을 토대로 구체적인 본시 학습지도안을 작성해야 한다.

① 단원명: 대단원, 중단원, 소단원명을 기입한다.

② 지도대상: 지도학년과 학급을 적는다.

③ 차시: 단원수업에 소요되는 전체 차시에 대한 본 수업의 해당 차시를 사선으로 기입한다. 즉 사선 윗부분에는 본시의 차시를, 아랫부분에는 전체 차시를 숫자로 기입한다(예: 3/6).

④ 학습목표: 본시 수업 후 학습자가 나타내는 학생의 행동 또는 학습 결과로서 진술하여야 한다. 그리고 '안다', '이해한다' 등과 같은 암시적 동사 보다는 '비교한다', '계산한다' 등과 같은 직접 관찰될 수 있는 명시적 동사로 진술해야 한다.

⑤ 주요 지도단계: 교과 · 내용중심의 교수-학습과정은 일반적으로 도입, 전개, 정리의 단계를 따르고, 탐구활동 중심 · 학습자 중심 교수-학습과정은 문제제기 및 인식, 가설설정, 관련자료 탐색활동, 가설 검증 및 전이의 절차로 진행된다.

⑥ 학습내용: 본시 수업에서 다룰 학습내용을 위계와 단계, 범위에 따라 분석하여 주요 개념과 활동 등을 중심으로 소규모로 나누어 제시한다.

⑦ 교수-학습활동: 각 지도단계에 따른 교수-학습활동을 계획한다. 이때, 교수자 활동과 학습자 활동으로 나누기도 하나, 약안의 경우에는 통합하여 학습내용만을 간략하게 제시하기도 한다.

⑧ 교수매체: 교수-학습활동 동안 활용될 교수매체나 URL 주소 등을 명시한다. 되도록 새로운 매체자료를 제작하기 보다는 기존의 자료를 이용하거나 수정 · 보완하여 활용할 수 있는지를 검토한다. 또 교수자 간의 공동 이용 시스템을 적극 활용한다.

⑨ 시간계획: 학교 급별에 따라 한 시간의 수업 시간이 다르므로, 이를 교수-학습 활동별로 적절히 배분한다. 너무 꽉 짜인 시간계획보다는 다소 여유가 있고 융통성이 있는 시간계획이 되도록 한다.

⑩ 판서계획: 판서는 학생들에게 학습내용을 전달하기 위하여 사용하는 중요한 수단중의 하나이며, 수업에서 상당히 많은 시간이 할애되는 활동이다. 따라서 판서를 아무 계획 없이 즉흥적으로 해서는 안되며 판서의 내용, 판서의 양, 판서의 구조화 등을 현대 감각에 맞게 연구개발해야 한다.

⑪ 형성평가: 본시 수업에서 다루었던 중요 개념이나 내용을 중심으로 본시 학습 목표에 준거하여 평가함으로써 교수-학습활동을 마무리 짓고, 본시 교수-학습활동을 평가해 보는 활동이다. 2~3개의 간단한 질문이나 문항을 제작하여 학생 전체에게 물어보는 형식이 대부분이며, 필요한 경우 심화과정이나 보충과정의 문항을 제작하여 학습자들에게 유인물로 나누어 줄 수도 있다.

⑫ 기타 참고자료: 본시 수업내용과 관련되는 기타 참고자료나 읽을거리 등을 동기유발 목적이나 탐색활동의 기초로써 준비할 수도 있다.

⑬ 지도상의 유의점: 본시 교수-학습과정에서 교사의 입장에서 유의하여야 할 사항을 명시한다. 기자재의 준비, 학습 분위기, 소집단 팀 구성 등 여러 가지가 해당될 수 있다.

○○과 교수 · 학습과정안

1. 단원명:
2. 단원의 학습목표:
3. 학습의 계열:
4. 지도 계획:
5. 실태분석:
6. 수업자 의도:
7. 수업모형:
8. 본시 교수 · 학습 과정안:

날짜		**대상**		**지도 교사**		**장소**	
단원명				차시	/	교과서 쪽수	
학습 목표	♠						
학습 자료				학습 형태		수업 모형	

단계	주요 학습요소	교수 · 학습 활동		시간	자료(*) 및 유의점(▷)
		(교사의 발문과 조언)	(학생 활동과 예상 반응)		
도입		○ • –	○ • –		
전					
개					
정리					

9. 판서계획:
10. 형성평가계획:

8) 본시 교수-학습 지도안(예시)

대상	00중 3학년 0반	일시	2012년 5월 17일 (목) 7교시	장소	실험실
본시 주제	3. 물질의 구성 2. 원소를 기호로 어떻게 나타낼까? 탐구 9. 원소 카드 만들기				
수업 목표	1. 다양한 종류의 원소기호와 원소의 용도를 설명할 수 있다. 2. 원소의 용도를 일상생활에 적용하여 설명할 수 있다.				
본시 수업 구조도	도입 • 선수학습 확인 • 수업목표 제시	–	전개 • 실험(원소카드 만들기, 생활에 필요한 원소 정하기) • 실험결과 발표	–	정리 • 형성평가 • 차시예고
수업 매체	교사			학생	
	교과서, 컴퓨터, 파워포인트자료, 실험 보고서, 실험세트			교과서, 실험 보고서, 실험세트	

수업 단계	수업 진행	교수 · 학습 활동		수업 매체	시간	유의점 및 도달점
		교사	학생			
도입	시작 ⇩	▶(인사) ▶(출석확인) ▶계단박수로 팀웍을 활성화한다.	▶(인사) ▶(출석확인) ▶계단박수를 실시한다.			수업 분위기를 조성한다.
	전시학습 확인 ⇩	▶지난 시간에 배운 내용을 질문으로내용을 확인한다. 〈질문 1〉 원소기호는 어떻게 나타내는가? 〈질문 2〉 다음 원소이름에 대한 원소기호는 무엇인가? – H: Li: He:	▶배운 것을 상기하여 질문에 답을 한다. – 원소명의 알파벳 첫 글자를 대문자, 중간 글자를 소문자로 나타낸다.	ppt	5분 (5분)	짧게 진행하고 학습자의 주의 집중에 유의한다.
	학습동기 유발 ⇩	▶학습동기유발 자료 제시	– 원소기호를 말한다. H: 수소, Li: 리튬 He: 헬륨	VOD		
	학습목표 제시 ⇩	▶학습목표를 큰 소리로 따라 읽힌다. – 다양한 종류의 원소기호와 원소의 용도를 설명할 수 있다. – 원소의 용도를 일상생활에 적용하여 설명할 수 있다.	▶(생각해 본다.) ▶큰 소리로 학습 목표를 읽는다.	ppt ppt 칠판 판서		

<table>
<tr><td rowspan="3">전
개</td><td>탐구과제
제시 및
안내
⇩</td><td>▶탐구과제를 제시한다.
- 과제 1. 원소카드 만들기

▶탐구 준비물을 확인한다.
- 그림카드 12매, 원소설명카드 12매, 흰색종이 12매, 클립 1통, 실

▶탐구학습 안내
• 조장 주도로 토의하여 팀원들과 과제를 수행한다.
• 그림카드와 연관된 설명카드를 찾아서 맞춘다
• 흰색종이에 그림카드는 왼쪽, 설명카드는 오른쪽에 클립으로 고정시킨다.
• 원소기호 옆에 있는 번호(원자번호)순으로 책상위에 배열한다.</td><td>▶경청한다.

▶모둠별 실험준비물을 확인한다.

▶경청한다.
• 팀별로 토의하여 과제를 수행한다.</td><td>ppt

ppt</td><td>5분
(10분)</td><td>학습자의
주의
집중에
유의한다.</td></tr>
<tr><td>탐구활동</td><td>▶탐구활동 순회지도
• 조별로 탐구활동을 지도하고, 탐구활동에 대한 질문과 답변을 해준다.
• 조별로 자유로운 토론을 통하여 탐구를 수행하도록 지도한다.
• 탐구활동지를 정리하도록 지도한다.</td><td>▶탐구활동 실시
• 탐구활동에 대한 질문과 답변을 경청한다.
• 토론을 통하여 조별 과제를 수행한다.
• 각자의 탐구활동지에 결과를 기록한다.</td><td>탐구
활동지</td><td>7분
(17분)</td><td>안전사고에 주의하여 실험을 진행한다.</td></tr>
<tr><td>탐구과제
토의 및
발표</td><td>▶결과토의 및 발표
• 그림카드를 제시하여 그 카드의 용도를 자유롭게 발표시킨다.
• 적극적으로 참여할 수 있도록 지도한다.

▶학습정리
-조별로 발표된 카드의 용도에 대한 설명을 한다.</td><td>▶조별로 발표한다.
• 제시된 그림카드의 용도를 손을 들어 발표한다.

▶경청한다.
• 탐구활동지에 기록한다.</td><td>ppt</td><td>8분
(25분)</td><td>학생들이
적극적으로
참여할
수 있도록
유도한다.</td></tr>
</table>

<table>
<tr>
<td rowspan="3">전
개</td>
<td>탐구과제
제시 및
안내
⇩</td>
<td>▶탐구과제를 제시한다.
–과제 2. 우리 생활에 가장 필요한 원소 정하기

▶탐구학습안내
• 조장 주도로 토의하여 팀원들과 과제를 수행한다.
• 우리 생활에 가장 필요한 원소 카드를 3가지를 조별 토론에 의해 정한다.
• 선정된 카드를 실에 매단다.
• 선정한 이유를 탐구활동지에 작성한다.
• 조별 발표자를 정한다.</td>
<td>▶경청한다.

▶경청한다.
• 팀별로 토의하여 과제를 수행한다.</td>
<td>ppt

ppt</td>
<td>2분
(27분)</td>
<td>학습자의 주의 집중에 유의한다.</td>
</tr>
<tr>
<td>탐구활동
⇩</td>
<td>▶탐구활동 순회지도
• 조별로 탐구활동을 지도하고, 탐구활동에 대한 질문과 답변을 해준다.
• 조별로 자유로운 토론을 통하여 탐구를 수행하도록 지도한다.
• 탐구활동지를 정리하도록 지도한다.</td>
<td>▶탐구활동 실시
• 탐구활동에 대한 질문과 답변을 경청한다.
• 토론을 통하여 조별 과제를 수행한다.
• 각자의 탐구활동지에 결과를 기록한다.</td>
<td>탐구
활동지</td>
<td>5분
(35분)</td>
<td>안전사고에 주의하여 실험을 진행한다.</td>
</tr>
<tr>
<td>탐구과제
토의 및
발표
⇩</td>
<td>▶결과토의 및 발표
• 우리 생활에 가장 필요한 원소 3가지와 선정 이유를 발표시킨다.

▶우수조 선정
–수업에 적극적으로 참여한 우수조를 선정한다.
–선정된 우수조에게 칭찬과 격려를 해준다.

▶학습정리
–조별로 가장 많이 선정한 원소를 정하고 용도를 다시 확인시켜준다.</td>
<td>▶팀별로 발표한다.
• 우리 생활에 가장 필요한 원소 3가지와 선정 이유를 발표한다.

▶우수조 선정
–우수조 선정 투표에 손을 들어 참여한다.
–우수조에게 축하해준다.

▶경청한다.
• 탐구활동지에 기록한다.</td>
<td>ppt</td>
<td>6분
(41분)</td>
<td>학생들이 적극적으로 참여할 수 있도록 유도한다.</td>
</tr>
</table>

<table>
<tr><td rowspan="7">정
리</td><td>형성평가</td><td>▶이제 오늘 배운 내용을 얼마나 잘 이해했는지 확인한다.

▶학습목표를 다시한번 제시한다.

▶서술형 문제를 제시한다.</td><td>▶제시된 문제를 푼다.

▶학습목표에 대한 이해 여부를 확인한다.

▶제시된 문제를 풀어본다.</td><td>ppt</td><td></td><td>형성평가 문항을 학급 전체가 같이 할 수 있도록 유도한다.</td></tr>
<tr><td>⇩</td><td>▶성취도 확인 후 성취도에 따른 보충, 심화과제를 제시한다.</td><td>▶보충, 심화과제를 풀어온다.</td><td>ppt</td><td>4분
(45분)</td><td rowspan="5">차시예고를 통해 학생들의 예습을 유도한다.</td></tr>
<tr><td>차시예고</td><td>▶ 차시예고
2. 물질속에서 원자는 어떻게 배열하고 있을까?</td><td>▶경청한다.</td><td></td><td></td></tr>
<tr><td>⇩</td><td>▶계단박수로 팀웍을 재확인한다.</td><td>▶계단박수를 힘차게 실시한다.</td><td></td><td></td></tr>
<tr><td>끝</td><td>▶(인사)</td><td>▶(인사)</td><td></td><td></td></tr>
</table>

Chapter | 04

수업분석의 기법 및 평가

1. 수업분석의 개념 | 2. 수업분석의 절차 | 3. 수업분석의 제 기법 | 4. 수업평가

Chapter 04

수업분석의 기법 및 평가

| 개요 |

수업에는 왕도가 없다고 한다. 따라서 나름대로 수업을 위하여 철저히 준비를 하고, 수업이 끝난 후에는 그러한 수업이 성공적이었는지 되돌아볼 수 있어야 한다. 다시 말하면 수업이 끝난 다음에 목표의 도달 여부를 확인해야만 한다. 이러한 일을 일반적으로 수업분석 및 평가라고 할 수 있다. 최근 교원 평가 도입으로 학교 현장에서 수업에 대한 평가가 더욱 중시되고 있다. 본 장을 통해 수업에 자신감을 가지고 학교 현장의 교원 평가를 철저하게 대비해야 할 것이다.

1. 수업분석의 개념

1) 수업분석의 특성

수업이란 복잡하고 다양한 의미를 지닌 활동이기 때문에, 수업을 분석한다는 것도 다양한 변인들이 복합적으로 작용하는 매우 복잡하고 다양한 특성을 지닌 활동이라고 말할 수 있다. 수업분석은 다양한 목적과 필요성에 의해 시도된다는 점, 수업분석을 위한 준거나 기준이 다양하다는 점, 수업에 관한 분석자료가 많다는 점,

분석방법이 여러 종류인 점, 그리고 수업분석의 결과를 해석하고 활용하는 방법도 다양하다는 점 등 여러 요인들이 역동적으로 작용하는 독특한 특성을 지니고 있다. 이와 같은 특성들을 몇 가지로 분류하여 요약하면 다음과 같다.

첫째로, 수업분석이란 매우 다양한 목적과 필요성에 의해 이루어진다는 점이다.

수업은 어떤 목적을 추구하기 위해 실시되는 복잡한 활동이기 때문에 이를 분석하려면 어떤 목적으로, 왜 필요한가를 먼저 고려해야만 그 의미를 구체화할 수 있다.

둘째로, 수업이 복잡한 특성을 포괄하고 있는 개념이므로 이를 분석하는 준거도 다양하다는 점이다. 수업활동이 복잡하고 다양한 상호작용으로 이루어지고 있기 때문에, 이를 분석하기 위한 준거도 필연적으로 복잡하고 다양하다는 특성을 지닌다. 수업을 분석하기 위한 준거가 분석자, 분석목적, 분석상황에 따라 다르게 설정할 수 있기 때문에 일관성 있고 통일된 준거가 설정되어 있지 못하다는 점이 또 하나의 특징이다.

셋째로, 이처럼 분석준거가 상황에 따라 다르기 때문에 분석지표나 분석자료가 각기 다를 수밖에 없다는 점도 하나의 특성이 될 수 있다. 말하자면 분석자마다 각기 다른 분석자료를 수집하여 분석할 수 있는 동시에, 같은 자료를 가지고도 분석목적이나 강조점마다 각기 다른 지표를 설정할 수 있다는 점이다.

넷째로, 분석준거가 다양한 것처럼 분석기준도 다양하게 설정할 수 있다는 점이다. 하나의 분석준거에 대해서도 분석자마다 각기 다른 분석기준을 설정할 수 있고, 또한 각기 다른 판단을 내릴 수 있다는 점이다.

다섯째, 수업분석 결과가 여러 각도로 해석될 수 있고 여러 목적으로 활용될 수 있다는 점이다. 즉 분석의 결과가 그 목적하는 바에 따라 각기 다른 각도로 활용될 수 있다는 점은 그만큼 활용 가치가 많다는 점을 말해 준다.

2) 수업분석의 목적

수업분석은 누가, 어떤 필요로, 어떤 목적을 달성하기 위해서, 어떤 점에 초점을 두고 실시하느냐에 따라 그 의미나 양태 및 특성이 달라지게 된다. 즉 교사 자신이 수업활동 자체를 연구하여 바람직한 수업모형을 탐색할 필요성에 입각하여 수업분석을 하였다면, 수업준거와 교과 간의 관계라든가, 수업패턴의 탐색, 수업모형의 효율적 적용, 교수자료의 활용과 검증 등에 초점을 두게 될 것이고, 교사가 수업목표를 어느 정도 달성하였는가를 분석할 목적으로 시도하였다면 수업목표 달성도 평가에 초점을 두게 될 것이다.

이와 같이 수업분석의 필요성은 그 분석이 어떤 목적을 달성하기 위해서 시도되는가에 의해서 결정된다고 할 수 있다. 그러므로 수업분석의 목적을 명찰하고 구체화해야 하는 데 대개 주된 목적을 정리하면 다음과 같다.

- 수업의 질을 개선하기 위한 목적
- 수업목표의 달성정도를 파악하기 위한 목적
- 수업효과를 탐색하기 위한 목적
- 교육과정 및 교육과정 자료를 개선하기 위한 목적
- 교원 인사행정에 필요한 자료를 수집하기 위한 목적
- 학생지도를 위한 목적
- 교육연구를 위한 목적

일반적으로 수업분석은 단일 목적만을 추구하는 경우보다는 여러 목적을 복합적으로 추구하는 경우가 많다. 그러나 대체로 수업개선에 목적이 있으므로 기본적인 수업 전개능력, 학습활동의 관리능력, 필수적인 수업기술, 수업계획 및 수행능력, 자료의 선택 및 활용능력, 수업활동의 열성 정도, 수업목표의 달성도 등에 초점을 두어 분석하는 것이 바람직하다.

3) 수업의 질 관리

한 나라의 교육의 질은 그 나라의 교사들의 질에 달려있다고 한다. 교사의 질은 무었인가? 그것은 교사의 수업능력 혹은 수업활동력을 가리킨다. 교사의 수업활동은 가르치는 '내용'과 가르치는 '방법'으로 구분하여 접근할 수 있다. 그것은 교과라는 내용을 가르치는 일이되 반드시 어떠한 방법을 동원하기 마련이므로, 일단 수업능력은 교과내용의 이해와 수업방법의 숙달로 이루어진다고 볼 수 있을 것이다.

'내용과 방법'에 관한 문제를 탐구하는 데에는 C. E. Beeby의 유명한 논의가 도움이 된다. 그는 한 사람의 교사가 받은 전체 일반교육의 정도와 교사가 되기 위하여 받은 전문훈련의 정도를 기준으로 교사의 질을 규정하고 있다.

Beeby는 일반교육의 정도와 교사훈련의 정도를 기준으로 교사의 질을 네 수준으로 나누고 있다.

- 제1단계 수준: 보잘것없는 일반교육을 받았고 전문훈련을 거의 받은바 없어 교사들은 알고 있는 교과내용을 학생에게 힘겹게 전달할 뿐이다.
- 제2단계 수준: 보잘것없는 일반교육을 받았으나 전문훈련은 제법 받은 교사이다. 지적으로 자신이 없어서 내적 안정을 기하기 어렵고 엄격한 외적 훈육, 고도로 조직된 통제, 빡빡한 시험, 세밀한 검열 분위기가 특징이다. 또, 새로운 교수법을 받아드리지 못하고 전통적인 교수법으로 일관하기 쉽다.
- 제3단계 수준: 이 수준의 교사들은 일반교육과 전문훈련을 어느 정도 받은 상태이므로 지적으로 자신감이 생기고 만족하지는 않지만 교육활동도 무난하다. 즉, 제4단계의 과도기 단계이다. 아직 "교사철학"의 변화는 이루지 못한 단계이다.
- 제4단계 수준: 이 수준에 속하는 교사들은 일반교육과 전문훈련을 충분히 받은 사람으로 규정한다. 이 수준은 학생들의 창의적인 직업과 신체활동 및 탐구가 활발하고 정서적 · 심미적 분위기가 연출된다.

Beeby의 네 단계의 수준에서 보듯이 "교사의 질"이 "수업의 질"을 좌우한다는 것을 알 수 있다. 우수한 교사의 질은 우수한 수업의 질을 보장한다. 따라서 교사는 각 교과의 교재연구를 철저히 하여 가르쳐야 할 목표와 내용을 상세히 파악하고, 수업방법의 기술을 향상시키는 수업분석활동을 강화하여 "수업의 질"을 높여 나가야 할 것이다.

2. 수업분석의 절차

수업을 분석하는 활동 및 절차를 다음과 같이 개념화 하여 제시할 수 있다.

1) 준비 및 설계단계

(1) 수업분석 목적 및 근거의 확인

수업분석의 최초단계는 수업분석을 '누가' '어떤 필요'에 의해서 '어떤 목적'으로 실시하고자 하는가를 확인하는 일이 된다. 수업을 분석하기 위해서는 먼저 '왜' 수업을 분석하고자 하는가를 파악해야만 하는데 이것은 분석의 목적을 확인하고, 분석에서 특히 강조해야 할 점과 초점으로 삼아야할 점이 무엇인가를 명료화하는 데 필요한 조건이 되기 때문이다.

이 단계에서 특히 생각해야 할 점은 수업분석의 근본목적과 '분석에서 강조해야 할 점'이 무엇인가를 확인하는 일이라고 할 수 있다.

(2) 수업분석 활동의 설계

수업분석의 근거와 목적을 확인하는 단계에 이어, 어떤 목적으로 수업을 분석하고자 하는가와 어떤 여건과 제한하에서 어떤 수업을 분석할 것인가를 확인하는 일이 거의 동시에 이루어진다. 이와 같은 확인이 이루어져야만 구체적인 분석활동을 설계할 수 있다.

분석자는 어떤 관점 및 분석모형을 선정할 것인가를 고려하는 동시에, 어떤 일정에 의거, 누구를 대상으로, 언제, 어떤 도구를 이용하여 누가 분석자료를 수집할 것인가를 고려하며, 수집된 자료를 근거로 한 판단을 언제, 어떻게 내리고, 그 결과를 어떻게 보고하고 협의할 것인가 등 전반적인 분석활동 및 일정을 설계해야 한다.

2) 판단근거 수집 단계

(1) 수업분석 준거의 설정

이 단계에서는 구체적으로 수업의 어떤 점을 분석해야할 것인가를 확인하는 일로서 수업분석 준거를 설정하는 일이 요구된다.

일반적으로 분석준거는 수업활동의 여러 측면과 특성, 그로 인하여 추구하고 성취하고자 하는 목적과 산출 결과 등을 의미한다. 즉 수업을 통하여 달성하고자 하는 것, 학생들로 하여금 성취하도록 의도하는 것, 수업을 통하여 산출되어야할 것, 수업활동의 주요 특성, 수업의 주요기능, 그리고 수업의 주요 영역, 범위, 내용 등이 수업분석에서 준거가 될 수 있다.

그러나 어떤 점을 분석준거로 삼아야할 것인가는 분석자에 따라, 분석목적과 강조점에 따라, 그리고 분석방법 및 접근에 따라 각기 다를 수 있다.

보다 타당하고 효율적인 분석을 위하여 세분화하고 구체화한 준거를 설정하는 것이 바람직하다. 예를 들면 교사의 수업효과를 준거로 삼는다고 할 때 이를 의사소통의 효과, 수업내용의 구조화 효과, 학생의 학습시간 및 기회 활용면에서의 효과, 학습활동의 관리면에서의 효과 등으로 세분화할 수 있다는 것이다.

(2) 수업분석 자료의 수집

이 단계에서는 설정된 분석준거에 입각하여 준거마다의 증거자료인 분석자료를 수집한다. 여기서는 각 준거마다의 특성을 고려하여 각 준거의 관점에서 실천된 상황과 사실을 바탕으로 수업을 통하여 영향을 받고, 성취하거나, 변화한 점 또는 수업으로 인하여 자극되거나 산출된 점 등을 나타내거나 증거하는 근거자료들을 관찰하고 기술하며 측정하는 활동이 요구된다.

분석자는 이 단계에서 적용하는 분석방법이나 분석모형을 고려하여 보다 적합한 측정방법을 정해야하는 동시에 관련 자료를 수집하는 데 필요한 측정도구를 선정하거나 개발해야 한다. 측정방법은 대개 관찰법, 검사법, 면접법, 기록물 분석법, 평정법, 질문지법 등이 있으며 주요 자료원으로는 수업담당교사, 동료교사, 교장 및 교감, 학생, 교직원, 각종기록물 등이 있다.

(3) 수업분석 기준의 결정

이 단계에서는 분석준거와 측정자료(지표)를 바탕으로 하여 분석기준을 결정하는 일이 이루어진다. 어떤 준거를 중심으로 수집된 자료를 이용하여 그 수업이 준거 측면에서 어느 정도 만족스럽게 달성되고 있는가를 판단하기 위해서는 그 판단기준이 필요하므로 이러한 판단을 위한 기준으로 삼을 수 있도록 바람직한 수준이나 정도를 정하는 일이 곧 분석기준을 결정하는 일이 된다.

예를 들면, 수업목표를 학생이 어느 정도 달성하였는가를 중점적으로 분석하는 경우 "수업목표의 달성"이 하나의 분석준거가 될 수 있으며, 학력검사 실시결과로서 검사점수가 하나의 측정자료(지표)가 될 수 있다. 이 경우에 교사가 의도했던 바람직한 상태의 수업목표 달성 정도(예: 통과율 90% 이상)가 하나의 분석기준이 될 수 있다.

3) 판단 및 정리 단계

(1) 분석에 의한 판단의 실시

이 단계는 설정된 분석준거와 수집된 분석자료, 그리고 분석기준을 분석근거로 삼아 총괄적인 판단을 내리는 것이다. 이 단계의 활동에서는 일반적으로 분석대상인 수업의 가치를 확인하고 발견하는 일, 전반적인 성취와 달성면에서의 추세나 패턴을 파악하고 발견하는 일, 기준에 비추어 결과로서의 자료를 비교하는 일 등이 중심이 되는데, 이러한 비교활동을 통하여 수업의 가치와 장점, 그리고 수업의 효과와 영향, 수업자체의 문제점과 개선할 점을 파악하고 발견할 수 있다.

(2) 수업분석 결과의 보고 및 활용

이 단계에서는 분석결과를 분석 요구자에게 보고하는 활동이 이루어진다. 이 때는 보고 대상자를 확인 결정하고, 보고할 시기, 보고방법 및 형태, 보고한 내용 등을 체계적이고 효율적으로 보고하게 되도록 해야 한다. 이 보고가 형식적으로 끝나게 해서는 안되며, 분석결과는 실제로 활용이 되도록 돕는 일도 분석의 중요한 기능 중의 하나이다. 수업분석의 필요성과 목적에 적합하도록 수업분석이 이루어지고 그 결과를 분석 요구자가 유용하게 활용할 수 있도록 보고되고 협의되어야만 본질적인 수업분석활동이 종료되었다고 인정할 수 있다. 예를 들어, 수업과정을 개선하는 데 목적을 두고 분석을 하였다면 분석결과 보고 및 협의가 수업의 질 개선, 수업효과 증대를 위하여 직접 활용하도록 하는 데 모든 활동의 초점이 맞추어져야 한다는 것이다.

이와 같이 수업분석 활동을 몇 가지 절차 행동으로 분류하고 그 절차를 체계화할 수 있다. 이같은 계열화된 중심 기능은 크게 판단 활동과 그 판단을 위한 근거를 수집하는 일이라고 할 수 있다.

3. 수업분석의 제 기법

1) 수업분위기 분석법

수업분위기가 어떠하냐에 따라 그 학급에서 학습하는 학생들의 학업성취는 다르게 나타난다. 예를 들어 수업의 분위기가 온화하고, 화기애애하며 민주적인 경우와 그와는 정반대로 냉랭하고 엄격하며 전제적인 수업이 진행될 때, 그 수업에 참여하는 학생들의 활동모습과 그로 인한 학업성취는 달라질 것이다. 많은 연구들에 의하면 수업의 분위기가 민주적인 경우가 전제적인 경우보다 학업성취가 높게 나타난다고 밝히고 있다.

(1) 수업분위기 분석법의 특징

수업분위기는 교사의 언행 즉, 수업 중에 나타내 보이는 수업행위에 따라서 많이 달라진다고 한다. Tuckman(1976)은 학업성취와 관련이 있는 수업분위기를 크게 네 가지로 나누고, 그 각각의 특징을 다음과 같이 밝히고 있다.

① 창의성: 독창성, 창의적, 개방적, 융통성, 자율성, 모험성, 대담성

② 활기성: 능동성, 진취적, 활기성, 자신감, 적극적, 활동적, 외향적

③ 치밀성: 체계적, 계획적, 객관적, 일관적

④ 온화성: 수용성, 공정함, 우호적

이와 같이 수업분위기 중 수업에 긍정적인 효과를 유발시킬 수 있는 특성을 뽑아 네 가지 유형으로 나타내었다. 따라서 이러한 네 가지 특징별로 얼마나 긍정적으로 수업이 이루어지고 있느냐의 정도에 따라 그 수업이 더 효과적 또는 덜 효과적이라고 판별하려고 했다.

(2) 수업분위기 분석방법

① 수업분위기를 알아보기 위해 28쌍의 상반된 형용사로 짝지워진 각 문항을 만들었다.

② 각 문항은 상반된 형용사를 좌우로 놓고 그 정도를 5단계로 나누어 관찰 · 분석된 결과는 특별한 공식에 대입시켜 네 가지 수업분위기 유형별로 수업자의 특징을 알아보도록 했다.

③ 관찰 · 분석된 결과는 특별한 공식에 대입시켜 네 가지 수업분위기 유형별로 수업자의 특징을 알아보도록 했다.

④ 수업의 관찰은 한 시간 정도면 충분하다.

(3) 수업분위기 관찰지

	5	4	3	2	1	
① 독창적인						상투적인
② 참을성 있는						성미가 급한
③ 온화한						냉정한
④ 상냥한						권위적인
⑤ 창의적인						모방적인
⑥ 자율성이 많은						통제가 많은
⑦ 개방적인						폐쇄적인
⑧ 부드러운						딱딱한
⑨ 공정한						불공정한
⑩ 일관성 있는						변덕스러운
⑪ 모험적인						겁이 많은
⑫ 치밀한						엉성한
⑬ 우호적인						고립적인
⑭ 확실한						애매한
⑮ 적극적인						소극적인
⑯ 융통적인						획일적인
⑰ 체계적인						산만한
⑱ 능동적인						수동적인
⑲ 수용적인						비판적인
⑳ 조용한						시끄러운
㉑ 진취적인						보수적인
㉒ 계획적인						즉흥적인
㉓ 신중한						경솔한
㉔ 활기찬						무기력한
㉕ 객관적인						주관적인
㉖ 외향적인						내성적인
㉗ 자신감 있는						망설이는
㉘ 대담한						소심한

그림 4-1 | 수업분위기 관찰지

수업분위기 관찰지는 수업분위기를 관찰하고 기술하기 위한 도구로서 [그림 4-1]에 제시된 것과 같다. 수업분위기 관찰지는 28개 쌍의 형용사들로 이루어져 있는데, 각 쌍의 형용사는 상반된 의미를 가진다. 그리고 28쌍을 네 개의 범주로 구분하여 각 범주에 창의성, 활기성, 치밀성, 온화성이라고 명명하였다. 이 도구에서 28쌍의 형용사들은 긍정적인 것과 부정적인 것들로 짝지어져 있는데, 어떤 쌍은 왼쪽에 또 어떤 쌍은 오른쪽에 긍정적인 형용사를 배치해 두었다.

즉, 형용사 쌍들 중 긍정적인 형용사(예: 독창적인, 참을성 있는, 온화한, 상냥한, 창의적인, 자율성이 많은 등) 몇몇은 왼쪽에 배치했고, 나머지 쌍의 경우는 연속선상의 오른쪽에 배정했다. 이것은 형용사 쌍들에 대하여 반응할 때 선입견을 최소화하고 신중하게 반응하도록 하기 위해서이다. 따라서 점수로 환산할 때는 균형을 잡기 위해, 점수 환산의 과정에 일정한 숫자를 더하거나 빼도록 되어 있다. 그리고 각 쌍들에 점수를 부여할 때 1 – 2 – 3 – 4 – 5라고 매기지 않고 5 – 4 – 3 – 2 – 1이라고 평정척을 만들어 두었다.

(4) 수업분위기 분석 (범주별 점수 환산)

① 창의적 문항 (1+5+7+16) – (6+11+28)+11

② 활기성 문항 (18+21+24+27) – (15+20+26)+11

③ 치밀성 문항 (14+22+25) – (10+12+17+23)+17

④ 온화성 문항 (2+8+19) – (3+4+9+13)+17

2) Flanders의 언어 상호작용 분석법

(1) Flanders의 언어 상호작용 분석법의 특징

이 분석방법은 교사와 학생의 언어 상호작용에 초점을 두는 것으로, 수업의 주요

변인인 교사와 학생의 언어적 행동에 초점을 맞추었다는 것과 일정한 분류체계에 따라 기록하고 분석하는 객관적 분석법이라는 점에서 과학적인 수업도구로 인정받고 있으며 그 특징은 다음과 같다.

① 형태분석 방법이다.
② 언어 상호작용 분석이다.
③ 정의적 영역 분석이다.
④ 수업결과가 수업자에게 확인되고 스스로의 행동을 고치는 데 도움이 되는 방법이다.
⑤ 과학적인 방법으로 정리된다.
⑥ 학생들의 학업성취와 민주적, 창의적, 태도 함양에 도움을 준다.

(2) 언어 상호작용 분류항목

① 수업형태의 분류

Flanders 수업의 형태를 크게 두 가지로 보고 있으며 그 하나는 지시적 영향이며, 다른 하나는 비지시적 영향이다. 지시적 영향은 지배적, 전제적, 교사 중심, 배제적, 제한적인 의사소통이 하나의 개념을 형성하고, 비지시적 영향은 통합적, 민주적, 학생중심, 포괄적, 권장적 의사소통의 개념이다.

② 언어 상호작용의 분류항목

수업형태 분류의 10항목을 요약하면 다음과 같다.

Flanders의 언어 상호작용 분석법은 언어의 특성에 따라 10개의 카테고리를 가지고 있으며, 이는 교사가 학생들에게 어느 정도 표현의 자유를 부여하느냐에 주안점을 두고 있다. 즉, 수업형태에서 교사는 학생들의 활동을 제한하는 지시적 방법을 쓸 것인지, 또는 학생들의 반응을 최대한 보장하는 방법을 쓸 것인지를 선택할 수 있다. 이에 대해 다음의 Flanders 상호작용 분석 카테고리에 나타난 것처럼 교사가 반응적 논평을 취한 경우(1, 2, 3번)는 '비지시적' 교수 스타일로, 언어적 상호교환을 주도한 경우(5, 6, 7번)는 '지시적' 교수 스타일로 나누어 놓고 있다. 또한 질문(4번)은 지시적인 것도 비지시적인 것도 아닌 중립적 형태라고 할 수 있다.

표 4-1 | 수업형태 분류항목표

교사의 발언	비지시적 발언	1. 느낌을 받아 들이는 것: 공포가 없는 상태에서 학생들의 느낌을 받아들이고 명백히 한다. 느낌은 긍적적일 수도 있고 부정적일 수도 있다. 예언이나 회상의 느낌도 포함 2. 칭찬 혹은 권장: 학생 행동을 칭찬하거나 권장하는 것: 다른 학생을 희생시키는 일이 없는 긴장을 풀기 위한 농담. 고개를 끄덕이면서 "으흥, 으흥"하거나 "계속해" 따위도 포함 3. 학생의 생각을 받아들이거나 이를 이용하는 것: 학생이 말한 생각을 명백히 하거나 도와주거나 발전시키는 것. 교사자 자기의 생각을 보충할 때는 제5항목으로 간추림 4. 질문: 학생이 답변할 것을 기대하는 내용이나 절차에 대한 질문
	지시적 발언	5. 강의: 내용이나 절차에 대한 사실이나 의견을 말하는 것. 자기 자신의 생각을 표현하는 것 6. 지시: 학생이 복종하는 것을 요구하는 지시나 명령 7. 비난 혹은 권위를 부리는 것: 좋지 못한 학생의 행동을 좋은 행동으로 바꾸기 위한 교사들의 말. 꾸짖는 것. 교사가 왜 그렇게 해야만 하는가에 대한 이유 설명 극단적인 자기자랑
학생의 발언		8. 학생의 단순 반응적인 말: 교사의 단순한 질문에 대한 학생의 단순답변. 학생이 답변하도록 교사가 먼저 유도함. 9. 학생의 질문이나 넓은 답변: 학생이 자진하여 말하는 것. 교사의 폭넓은 질문에 대하여 학생이 여러 가지 생각, 의견, 이유 등을 말하는 것
기타		10. 작업, 침묵, 혼동: 실험, 실습, 토론, 책읽기, 머뭇거리는 것, 잠시 동안의 침묵 및 관찰자가 학생들의 의사소통 과정을 이해할 수 없는 혼동의 과정

※ 위의 각 숫자들은 분류 번호이며 어떤 특정한 의사소통의 행동 특징을 표시하는 것이다. 수업을 관찰하면서 위의 숫자들을 3초마다 기록하게 되는데 이것은 어떤 분류 번호가 얼마나 되는지를 세기 위한 것이다 통계상의 용어로는 명명척도이다.

③ 언어상호작용 분류의 기본준칙

〈표 4-1〉의 10가지 분류항목에 따라 교실에서 이루어지는 교사와 학생의 언어

를 분류하게 되는데 보통 3초 단위로 표시하게 되어 있다. 그러나 실제로 기록하다 보면 애매한 경우가 생기게 되는데 그럴 경우 다음과 같은 기본 준칙을 적용하도록 한다.

- 제1준칙: 교사가 학생의 언어가 둘 이상의 분류항목 중 어느 것으로 하면 좋을지가 확실치 않고 망설여질 때는 제5항목으로부터 멀리 떨어진 항목을 선택한다. 단 10항목은 이 준칙에 해당되지 않는다.
  (예) 제2항목으로 할지 제3항목으로 할지 망설여질 때는 제2항목으로, 제5항목과 제7항목의 둘 중 애매할 때는 제7항목으로 한다.
- 제2준칙: 만일 기본적인 교사행동의 어조가 계속적으로 지시적이거나 계속적으로 비지시적이면, 교사의 어조의 명백한 전환을 확인함이 없이는 반대 분류로 옮기는 것을 삼가야 한다.
- 제3준칙: 관찰자는 그 자신의 편견이나 교사의 의향에 좌우되지 말아야 한다. 교사의향보다 결과적으로 나타난 학생들의 행동을 보고 분류하는 것이 중요하다.
- 제4준칙: 교사와 학생의 언어를 분류하는 것은 3초마다 한 번씩 하기로 되어 있는데, 만일 3초 동안에 하나의 분류항목 이상이 나타나면 나타난 모든 분류항목을 기록하도록 해야 한다. 즉 분류항목이 변할 때 마다 기록하도록 해야 한다. 만일 하나의 분류항목이 3초 이상 계속되면 그 분류항목 번호를 계속해서 기록하도록 한다.
  (예) 3초 이내에 교사가 질문하고 학생이 이에 답하고 이 답변을 교사가 칭찬하였다면 4, 8, 2를 모두 기록한다.
- 제5준칙: 3초 이내에 두 가지 이상의 분류항목이 나타나는 경우에, 그 다음 3초는 다르게 나타난 분류항목을 기준으로 하여서 생각한다.
- 제6준칙: 제6항목4의 제시는 그 제시가 결과적으로 학생들의 어떤 행동을 유발하는 것을 관찰할 수 있거나 또는 예견될 수 있는 교사의 말이어야 한다.

(예) – 언어 이외의 행동으로 학생의 복종을 요구하는 발언
"일어서라" "앉아라" "책을 펴라" 등
– 읽기 및 작업에 관한 지시
"각자 한번 읽어 보아라." "철수가 읽어라." 등
– 긴장감을 수반하는 단순한 학생의 언어적인 반응을 요구하는 교사의 발언
– 부드럽게 "철수가 발표해요." : 질문 (4) 표시
강한 어조로 "철수가 발표해!" : 지시 (6) 표시

- 제7준칙: 어떤 질문을 하고 이 질문에 답변할 학생을 지명하면 대부분의 경우에 제4항목으로 분류한다.
- 제8준칙: 교사가 책을 읽어가면서 설명을 하면 이는 강의의 일부로 보고 교사의 책 읽는 행동까지도 합쳐서 5를 기록하나 교사가 범독을 하면 작업의 시범과 마찬가지로 취급하여 10을 기록한다.
  – 학생이 책을 틀리게 읽은 부분을 교사가 교정해주면: 강의(5)
  – 학생이 책을 틀리게 읽은 부분을 학생이 교정해 주면: 9표시
- 제9준칙: 만일 3초 이상에 걸쳐서 침묵이 계속되거나 웃거나 또는 혼동된 상태하에 교사 와 학생의 언어상호작용이 분명치 않으면 각 3초마다 10을 기록한다.
- 제10준칙: 판서를 오래하거나 토론, 실험, 작업 등이 오래 계속되어서 10을 계속적으로 기록해야 할 경우는 관찰기록부에 비고를 문장으로 부기하여 둔다.
- 제11준칙: 교사가 학생의 맞은 답변을 반복하면 이것은 하나의 칭찬으로 보고 제2항목으로 분류한다.
- 제12준칙: 교사가 학생이 말한 것을(맞았든, 틀렸든) 반복하되 반복에 그치는 것이 아니라, 강의를 계속하거나 토론에 이용된다면, 이 반복부분은 제3항목으로 분류한다.
  – 지금 교사가 말하는 것이 '교사자신의 생각이냐, 학생자신의 생각이냐?'가

기준

- 제13준칙: 만일 한 학생이 이야기하고 이어서 딴 학생이 이야기하면 9와 9, 8과 9, 또는 8과 8사이에 10을 기록한다. 이것은 학생이 바꾸었음을 나타내는 것이다.
- 제14준칙: 제9항목이 3초 이상 계속되는 동안에 교사가 "으흥, 으흥, 그래서"와 같은 말을 하면 9와 9 사이에 2를 기록한다.
- 제15준칙: 학생에게 창피를 주거나 학생을 비꼬는 것이 아닌 교사의 농담은 제2항목으로 분류한다.
  - 만일 농담이 어떤 한 학생을 웃음거리로 만드는 결과를 가져온다면 제7항목으로 분류한다.
- 제16준칙: 수식적인 질문은 진짜 질문이 아니며 강의는 기술의 하나이기 때문에 제5항목으로 분류한다.
  - 수식적인 질문은 대부분 교사의 자문자답의 자문에 해당한다.
- 제17준칙: 교사의 좁은 질문은 그 다음에 8을 기록하는 전조이다.
- 제18준칙: 교사의 질문에 대하여 여러 학생이 한꺼번에 답변을 하면 이 답변은 8에 해당한다.

  (예) "알았지?"라는 교사의 질문에 "네"라는 학생답변: 8기록

(3) 수업의 관찰기록 및 신뢰도계수의 산출

① 관찰기록의 유의점

- 수업이 시작되기 5분 전에 교실에 들어가서 자리를 잡는다.
- 사전에 플랜더즈의 언어상호작용 분류항목에 익숙해야 한다.
- 분류의 제4기본 준칙과 제5기본 준칙을 명심한다.
- 40분 수업에서는 900개 정도의 숫자가 기록되어 있으면 그 속도가 어느 정도

정확하다고 본다.

- 교사와 학생의 언어상호작용을 관찰기록 하면서 언어상호작용 이외의 수업의 전체적인 흐름도 파악하도록 한다.
- 관찰기록표에는 관찰자, 관찰일시, 수업자, 관찰된 학년 과목, 단원명, 관찰시의 학습단계 등이 기록되어야 한다.

② 관찰기록

관찰기록은 분류항목에 익숙하여야 하며 일정시간 훈련을 쌓아야 한다. 그리고 실제 수업에서는 교사와 학생의 언어상호작용을 반복해서 들을 수 없으므로 녹음테이프를 사용하거나 녹화테이프를 사용한다. 이것을 반복하여 듣고 보면서 기록의 반복연습을 하도록 한다.

③ 신뢰도계수의 산출

플랜더즈분석법에서는 관찰기록이 잘못되어 있으면 그 해석을 믿을 수 없기 때문에 같은 수업을 2인이 관찰하고 분류항목별 빈도수의 일치도 즉 관찰기록의 신뢰도계수를 높이도록 한다.

관찰자 신뢰도계수를 스콧의 계수(Scott's coefficient)라고 한다. 스콧계수가 0.85 이상이 되면 2인이 관찰기록을 모두 믿을 수 있다고 본다. 0.85이하가 되면 믿기 어렵다는 전제이다.

표 4-2 | 스콧신뢰계수 산출방법 예

분류항목	관찰자A	관찰자B	%A	%B	D%	M²
1	12	9	3.3	2.1	1.2	0.073
2	3	4	0.8	0.9	0.1	0.007
3	24	34	6.5	8.1	1.6	0.533
·	·	·	·	·	·	·
·	·	·	·	·	·	·
·	·	·	·	·	·	·
·	·	·	·	·	·	·
·	·	·	·	·	·	·
·	·	·	·	·	·	·
10	·	·	·	·	·	·
계	367	421	100.2	100.1	11.0	24.76

- 분류항목: 플랜더즈의 1~10번 항목
- 관찰자A: 분류항목 1번 빈도수는 12, 2번 빈도수는 3으로 표시
- %A: 관찰자 A의 각항별 빈도수를 %로 환산
- D%: 관찰자 A의 %에서 관찰자 B의 %를 뺀 절대값

  1%A − %B1
- M²%: {(%A + %B) ÷ 2}²을 비율로 환산한 것임

  (예) 분류항목 1번

  {(3.3+2.1) ÷ 2}² = 7.3 → 0.073
- 스콧계수 : $\pi = \dfrac{Po - Pe}{100 - Pe}$ Po = 100 − ΣD%

  $\therefore \dfrac{(100-11)-24.76}{100-24.76} = 0.85$

(4) 수업 관찰기록의 결과처리 해석

① 자료처리

자료처리는 3단계로 나누어서 생각할 수 있다.

- 1차적 처리는 수업이 끝난 후 30분 정도의 시간만 소요하면 관찰기록표를 대강 분석해서 자주 나타나는 수업의 형태를 찾아 해석함과 아울러, 10개의 분

류항목별 빈도를 백분율로 환산해서 해석하기도 한다.

- 2차 처리는 특수한 연구목적을 위하여 사용하며 3시간 정도를 요한다. 수업행동을 100가지로 분석하는 행렬표를 만들고 지수를 산출하는 작업이다.
- 3차 처리는 수업의 주형태와 부형태를 추출하는 작업이다. 그러나 일선학교의 여건은 이러한 전문적인 작업보다는 수업을 관찰하고 당일로 대체적인 경향을 분석해서 자료처리하여 수업협의회에 활용하게 된다.

② 행렬표의 작성

수업을 보다 자세하게 분석하려면 행렬표를 작성하고 지수를 산출해야 한다. 그 방법은 다음과 같다.

첫째, 분류 항목 10을 최초와 최후에 반드시 기록한다. 그것은 관찰 이전과 이후는 혼동이나 침묵이 있다고 보기 때문이다.

둘째, 분류항목을 다음 예와 같이 짝으로 만든다(여기의 숫자는 임의로 분류한 번호).

10 6 10 7 6 1 1 4 9 9 9 2 3 10

처음과 나중에 10이 기록되어 있고 처음 짝은 10-6이고 다음 짝은 6-10이다. 위의 숫자들은 일종의 행동 계열을 나타내는 것으로 볼 수 있다. 즉, 침묵이나 혼동 → 명령이나 지시 → 침묵, 혼동 → 제시 → 느낌의 수용 → 질문 → 학생의 넓은 답변 → 칭찬 → 학생 생각의 이용 → 침묵을 숫자 (명명척도)로 나타낸 것이다.

셋째, 위의 숫자를 행렬표에 빈도로서 다음과 같이 기록한다. 처음의 한 짝이 10-6이므로 10행과 6열이 합친 곳에 빈도가 기록되었으며 다음의 짝이 6-10이므로 6열과 10행이 합쳐진 곳, 다음은 10-7, 10행과 7열이 합쳐진 곳, 다음은 7-6이므로 7행과 6열이 합쳐진 곳, 이렇게 빈도수를 기록하면 된다. 즉, 하나의 숫자는 제일 처음과 나중의 10을 제외하고는 두 번씩 기록된다. 위의 행렬표에서 보는 바와 같이 행의 각 항목의 계는 같다.

아래 〈표 4-3〉의 행렬표는 교사와 학생의 언어상호작용을 100가지로 분류한 셈이다. 행이 선행행동이고 열이 곧 이어서 일어난 후속행동을 의미한다. 예를 들면, 8행 7열 간에 빈도수가 여섯 개 있으면 이것은 학생의 단순답변 (8) 직후에 교사가 야단친 것 (7)이 3초를 기준으로 할 때 여섯 번 있었음을 의미하며, 7행 10열간은 야단친 후에 조용한 상태가 계속되었음을 나타내고, 5열 5행은 3초 이상에 걸쳐서 계속적으로 강의한 것이 얼마인지를 뜻한다.

표 4-3 | 행렬표

행＼열	1	2	3	4	5	6	7	8	9	10	계
1	1			1							2
2			1								1
3			1							1	2
4									1		1
5											0
6	1									1	2
7						1					1
8											0
9		1							2		3
10						1	1				2
계	2	1	2	1	0	2	1	0	3	2	14

③ 분류항목별 해석

다음 〈표 4-4〉는 어느 특정 수업의 언어 상호 작용 분석사례로 분류 항목별 빈도수가 다음 표와 같이 나왔다면 1번부터 10번까지의 분류 항목별 빈도수를 합하고 이를 백분율로 환산해서 해석을 한다.

■ 표 4-4 | **분류항목별 빈도**

분류항목	빈도	%
1	0	0
2	18	2.08
3	27	3.12
4	31	3.58
5	59	4.82
6	2	0.03
7	3	0.04
8	12	1.38
9	145	16.76
10	568	65.66
계	865	100.00

첫째, 전체적으로 보면 교사가 말한 것은 16.2%(1번부터 7번까지의 합계)이고 학생의 발표는 18.2%(8번 9번 합계)이며 판서하고, 자료 투입하고, 책읽고, 실습(글짓기 등) 시간이 65.66%로 너무 많은 느낌이 든다.

둘째, 학생의 느낌을 받아드리고, 칭찬하고, 아이디어를 받아드리는 1, 2, 3번의 계가 5.2%인데 비하여 꾸중하고 명령한 6, 7번의 계가 0.07% 밖에 되지 않는다.

또한 비지시비가 최소한도 0.50 이상이 되어야 한다는데 본시의 비지시비는 0.75로 나타나 교사의 수업이 상당한 정도로 비지시적이고 학생중심적 수업활동이었음을 의미한다.

$$\text{비지시비} = \frac{\text{비지시}}{\text{비지시} + \text{지시}} = \frac{45}{45 + 15} = 0.75$$

$$\text{지시비} = \frac{15}{45 + 15} = 0.25$$

(1, 2, 3번 빈도수의 계: “비지시적 영향”, 7, 8번 빈도수의 계: “지시적 영향”이라고 봄.)

셋째, 1번의 학생들의 느낌을 받아들이는 발언은 전무하다. 그러나 학생들의 학습동기를 자극시키는 3번은 3.1%가 되므로 바람직하다.

넷째, 2번의 칭찬과 7번의 야단친 것을 보면 칭찬한 것이 월등하게 높으므로 좋은 수업이 라고 할 수 있다.

다섯째, 교사의 강의가 4.8%로 나타났는데 다른 수업에 비하면 매우 적은 편이다. 그것은 강의에 써야할 시간을 10번의 실습(글짓기 등)시간에 사용했기 때문이다.

여섯째, 교사의 질문도 3.6%인데 역시 적은 감이 든다.

일곱째, 학생의 발언을 보면 9번이 16.8%나 된다. 9번이 많을 수록 탐구력, 창의력, 비판력, 종합력 같은 고등정신 기능이 함양된다고 보면 이번 수업은 바람직하다고 판단된다. 그리고 3번 항목도 비교적 많이 활용한 것으로 보아 활발하고 학생중심의 수업을 의도적으로 이끌려고 노력한 점으로 보인다.

3) 평정척(check list)에 의한 분석법

(1) 평정척의 성격

평정척(check list)에 의한 분석은 평정체제를 이용한 관찰방법의 하나이다. 이 방법은 비교적 추상적이고 일반적인 수업활동을 관찰대상으로 삼는 경우에 흔히 활용하는 관찰방법이다. 즉 관찰대상이 일반적이고 추상적인 수업변인 및 활동을 유목체제로 관찰 기록하기가 모호한 경우에 관찰자가 수업을 관찰한 후 평정척도의 각 문항에 의거하여 주관적으로 판단하는 방법이다.

평정척도에 의한 분석은 관찰자의 주관성이 개입되어 작용할 가능성이 많아 그 자료의 객관성과 신뢰성을 보장받기가 용이하지 않다는 제한점이 있다. 그러므로 관찰자는 평정의 객관성을 증진시키기 위해 평정척도를 체계화하고 구조화하여 평정상의 주관성이 지나치게 작용하지 않는 상태로 반응할 수 있도록 예방하고 그렇게 유도하도록 문장을 개발해야 한다.

(2) 평정척의 종류

평정척도에 의한 평정은 분석하고자 하는 준거에 대하여 수업관찰 후 또는 관찰 도중에 주어진 항목에 반응하는 것이 대부분인데 준거문항에 대한 동의여부, 동의 정도, 만족여부 및 그 정도 발생 가능성 및 확률, 질적인 수준 및 정도, 순서 및 우선 순위, 중요성 정도 및 비중 등을 판단하거나 주어진 여러 항목 중에서 적합한 것을 선정하도록 요구하는 형태들이다.

① 기술평정척

평정척도의 각 유목 혹은 단계를 가치의 정도에 따라 간단한 단어, 구, 문장으로 표시하는 방법이다. 예를 들어, 수업 후 강의평가를 평정척도에 나타낸 기술평정척은 〈표 4-5〉와 같다.

표 4-5 | 기술평정척의 예

1. 본 강의의 난이도 정도는 나의 능력과 준비 정도에 비하여
   ㄱ. 매우 기초적　ㄴ. 약간 기초적　ㄷ. 적절한 편
   ㄹ. 다소 어려운 편　ㅁ. 매우 어려운 편

2. 본 강의의 진행속도는
   ㄱ. 매우 느리다.　ㄴ. 다소 느린 편　ㄷ. 적절하다.
   ㄹ. 다소 빠른 편　ㅁ. 매우 빠르다.

② 숫자평정척

평정하려는 특성의 단계를 숫자로 표시하는 방법이다. 이 방법은 제작이 쉽고 결과를 통계적으로 처리하기 때문에 가장 보편적으로 사용된다.

숫자의 평정을 0에서 출발하여 1, 2, 3, …으로 한 것을 단일척도 혹은 단극척도라고 한다. 그리고 −2, −1, 0, 1, 2와 같이 0을 중심으로 양극단으로 뻗어나가게 하는 것을 복수척도 혹은 양극척도라고 한다. 그러나 대개의 경우 전적으로 숫자로만 나타내기보다는 기술어구가 함께 부가되어 있는 경우가 많다.

평정의 단계는 3, 5, 7, 9단계가 있으며 이 중에서 가장 많이 사용되는 것이 5단계와 7단계다. 몇 단계로 하느냐는 평정자의 변별능력과 사용목적에 따라 적절히 변화시킬 수 있으나, 특수한 경우를 제외하고 9단계 이상으로 나누는 것은 삼가야 한다. 〈표 4–6〉은 교사의 정의적 특성을 연구하기 위한 한 가지 방법으로, 학급관찰을 위해 실험적으로 제작한 숫자평정척이다(변영계 외, 2011).

표 4–6 | 숫자평정척의 예

학생행동								
1. 냉담한	1	2	3	4	5	6	7	예민한
2. 방해하는	1	2	3	4	5	6	7	책임감 있는
3. 주저하는	1	2	3	4	5	6	7	자신있는
4. 의존하는	1	2	3	4	5	6	7	독자적인
교사행동								
5. 편파적인	1	2	3	4	5	6	7	공정한
6. 전제적인	1	2	3	4	5	6	7	민주적인
7. 냉담한	1	2	3	4	5	6	7	예민한
8. 억압적인	1	2	3	4	5	6	7	이해심 있는
9. 냉정한	1	2	3	4	5	6	7	친절한

③ 도식평정척

도식평정척은 기술평정척과 숫자평정척을 결합해서 만든 것으로 평정을 선 위에 나타내도록 하는 방법이다. 도식평정척은 단순하고 실시하기 쉬우며 신속하게 할 수 있다는 것이 특징이다.

실제로 수업을 평정하고 관찰하기 위한 목적으로 제작하여 사용하는 평정척도는 위에서 소개한 어느 한 가지만 사용하지는 않는다. 그 보다는 문항형식이 두 가지 이상 혼합되어 있는 혼합형식의 평정척도를 제작하여 활용한다. 초임교사 평가 연구(BTES: Begining Teacher Evaluation Study)에서 수업자가 학습자들에게 제시하는 수업단서의 행동을 평정척으로 만든 예를 살펴보자(변영계 외, 2011).

표 4-7 | 도식평정척의 예

이 교사는 허용적인가

대단히	상당히	좀	별로	전혀

이 평정척은 7단계의 척도로 나뉘어져 있는데, 1점 쪽으로 내려갈수록 행동의 단순성이나 부정적인 것을 뜻하고, 7점 쪽으로 갈수록 고등정신기능을 자극하거나 창의적인 특성을 나타낸다. 의사소통의 복잡성, 명료성, 융통성 등을 평가하기 위한 평정척도의 예가 〈표 4-8〉에 제시되어 있다.

표 4-8 | 수업내용 제시기법의 평정척

구분	1	2	3	4	5	6	7
복잡성	교사-학생 간의 상호작용이 사실적 지식에 집중되어 있다. 질문은 대게 기억의 재생을 요구한다.		교사-학생 간이 상호작용이 어느 정도 높은 수준의 문제를 포함한다. 때때로 문제해결의 방법과 원인을 질문한다.			교사-학생 간의 상호작용이 높은 수준의 문제를 자주 다룬다. 학생들에게 적용, 분석, 평가, 종합하기를 요구한다.	
조직성	수업진행에서 내용의 개요, 목표의 전술, 전환의 신호, 요점의 지적 등이 행해지지 않는다.		수업진행에서 때때로 조직적인 활동이 나타난다.			수업진행에서 내용의 개요, 목표의 전술 등이 나타난다.	
명료성	교사의 언어가 너무 복잡하거나 애매해서 학생이 이해하지 못한다.		학생들이 교사의 수입을 절반 정도 이해한다.			교사가 하는 말을 학생들이 잘 알아듣는다.	
융통성	수업이 변화없이 실시된다.		어느 정도 융통성을 가진다.			수업의 변화가 많다.	

4) 수업 중 질의응답 분석법

교수-학습의 많은 부분은 질의응답으로 이루어진다. 이러한 질의응답을 사용하여 필수적으로 가르쳐야 할 사항을 전달하게 된다. 생각을 분명히 설명하고, 개념이나 원리를 설명하며, 서로 비교하고 숙제를 내주는 것과 같은 예이다. 이렇게 모든 교육활동에서 언어는 교사와 학생사이의 대화의 중심이다. 그리고 이러한 대화

중심의 활동들은 수업중 질의응답 내에서 여러 가지를 암시한다. 이를 구체적으로 살펴보면 다음과 같다(변영계 외, 2011).

첫째, 수업 중 질의응답은 학생의 참여형태를 암시한다. 한 연구에 따르면, 67개 학교의 150여 개의 수업에서 5% 외에는 모두 하나의 상호작용 형태가 지배하고 있다고 하였다, 상호작용 활동을 간단히 기술해 보면 다음과 같다. 교사가 질문을 하고, 학생은 한두 단어나 짧은 구절로 맞게 응답하고, 교사는 응답이 맞다고 인정한다. 수업의 다양성과 개별화에 대한 요구가 있음에도 불구하고 대부분의 교사는 규칙적으로 이러한 참여형태를 유지하고 있다.

둘째, 수업 중 질의응답 작용은 학생들이 수업에 얼마나 적극적으로 참여하고 있는지에 대한 정도를 암시한다. 주의 깊게 듣고 있는 학생은 능동적으로 주어진 수업에 참여하고 있다고 할 수 있다. 반면에 수업상호 작용에서 전혀 말을 하지 않거나 거의 하지 않는다면 그 학생이 수업에 적극적으로 참여하고 있는지 극히 의심스럽다. 수업 중 질의응답 작용의 양은 수업의 참여 정도를 결정한다. 예를 들면, 교사가 계속적으로 수업에서 95%의 말을 한다면 학생들은 전혀 참여하지 않다고 추론해도 별 무리가 없을 것이다. 극단적으로 이 경우 학생들은 수업하는 장소에 없는 것이나 마찬가지인 것이다.

셋째, 사용된 수업전략을 암시한다. 서로 다른 수업전략은 각기 다른 수업활동을 요구한다. 따라서 수업의 상호활동을 검토함으로써 사용된 수업전략이 무엇인지를 알 수 있다. 어떤 경우에는 실제로 사용된 전략이 교사가 처음에 의도했던 것이 아닐 수 있다. 혹은 수업시간에 사용된 전략은 교사가 의도한 것이든 아니든 간에 수업자료에서 설계한 것과 다를 수 있다. 수업 중 질의응답 작용은 이러한 것을 보다 객관적으로 보여 준다.

넷째, 그 수업에서의 부분적으로 '잠재된 계획(hidden agenda)'을 암시받을 수 있다. 이것은 수업 중에 교사가 끊임없이 학생들에게 질문을 하고 설명을 하며, 학생들은 교사의 질문에 답하고 설명을 듣는 것 외에 다른 일을 하지 않는다면, 교사는

'이 수업에서 질문을 할 수 있는 사람은 나밖에 없고 너희들은 나의 질문에 답하고 설명만 들으면 된다'는 묵시적인 메시지를 주고 있다고 할 수 있다. 즉, 이것은 학생들 스스로 궁금한 것을 교사에게 묻거나 다른 학생들에게 묻는 것을 못하도록 하는 잠재된 계획이라고 할 수 있는 것이다. 따라서 수업중 질의응답 내용을 분석해 보면 부분적이라고 할 지라도 몇몇의 중요한 묵시적인 메시지가 수업시간에 은연중에 전달될 수 있음을 추론할 수 있다.

(1) 수업중 질의응답 작용의 네 가지 언어 유형

수업은 질의응답으로 진행된다. 질의응답 활동을 통하여 학습자의 수업참여 형태를 알고 수업전략이 무엇이며, 수업의 잠재된 계획이 무엇인지 암시받을 수 있다. 아울러 이러한 수업의 질의응답에는 네 가지 유형이 있다. 그것을 요약하면 다음과 같다(변영계 외, 2011).

첫째, 구조화하는 언어: 수업의 진행을 위해 사용하는 언어.

구조화(structuring) 행위는 교사와 학생 사이의 상호작용을 시작하거나 중지 혹은 배제함으로써 일련의 행동을 하기 위한 상황을 조성하는 역할을 한다. 예를 들면, 교사는 수업시간 중이나 수업을 시작할 때 토의되어야 할 주제에 대해 주의를 집중시키기 위해 흔히 구조화 행위를 한다. 구조화 행위의 예를 들면 다음과 같다.

① "그러면 이번에는 물의 오염에 대해서 이야기해 봅시다."

② "자, 부시 대통령은 이라크가 말썽을 일으키고 있다는 것을 보고받고 그의 보좌관들을 소집했습니다. 그들은 이라크를 침공하는 데 동의를 해야 한다고 결정했습니다. 부시 대통령은 그때…"

③ "오늘은 여기서 마칩니다. 어린 왕자의 성격적 특징에 관한 토의는 여기까지 하겠어요."

①에서 말하는 사람은 새로운 주제를 시작함으로써 구조화한다. 그는 주제를 이야기해 주고 그 주제에 대한 자세한 이야기는 하지 않는다. 즉, 물의 오염이나 오염의 원인 등 실질적인 설명은 해주지 않고 주제만 꺼내는 것이다. 반면에 ②에서 말하는 사람은 부시 대통령과 이라크의 주제를 시작함으로써 구조화하고 있다. 즉, 말하는 사람은 이야기를 해 나가면서 부시 대통령과 이라크에 관한 실질적인 무엇을 말해 주고 있는 것이다. ①에서는 주제에 관해서만 말하고 있는 반면에 ②의 화자는 주제의 내용에 대해 말하고 있다. ③에서 말하는 사람은 어린 왕자의 성격적 특징에 관한 토의를 중단함으로써 구조화하고 있다. 학급토의가 끝난 것은 알 수 있지만 다음에 무엇이 올지는 아직 모른다.

둘째, 요청하는 언어: 대답 또는 특정 행동을 요구하는 언어.

이 범주에 속하는 행위는 언어반응을 이끌어내고 격려하여 학습자가 어떤 일에 동참하게 하거나 신체적인 반응을 유도하는 것 등이 포함된다. 그리고 모든 질문은 요청(soliciting)하는 언어에 해당한다. 명령, 지시, 부탁하는 언어도 마찬가지다. 이러한 행위의 예는 다음과 같다.

① "원의 넓이를 구하는 공식이 무엇이지요?"

② "칠판에 있는 분수셈 문제를 풀어보도록 하세요."

③ "미영아, VTR을 잘 시청할 수 있도록 커튼을 좀 쳐 주겠니?"

①에서 말하는 사람은 원의 넓이를 구하는 공식에 대한 언어적 반응을 요구하고 있는데, 이것은 요청하는 언어범주에 포함시킬 수 있다. ②에서 말하는 사람은 학습자가 칠판에 있는 분수셈 문제를 푸는 데 동참하도록 지시하고 있는데, 이것 또한 요청하는 언어에 넣을 수 있다. ③에서 말하는 사람은 미영이라는 학생에게 특별한 신체적 활동을 하도록 요청하고 있다.

각각의 경우에서 말하는 사람의 기대나 희망이 말하는 언어 속에 함축되어 있고, 이것이 대화하는 가운데 드러나게 된다는 것을 알 수 있다.

셋째, 응답하는 언어: 요청에 대한 응답 언어.

이 언어는 요청하는 언어와는 상대적인 관계이며, 요청언어와 관련지어서만 나타난다. 이것의 교육적 기능은 요청언어의 기대를 만족시키는 것으로 질문에 대해 답하는 언어는 응답(responding)으로 분류된다. 응답 언어의 예는 다음과 같다.

① ('원의 넓이를 구하는 공식이 무엇인가'에 대한 반응으로서) "반지름×반지름×3.14 입니다."

② 요청동작 예의 두 번째와 세 번째는 비언어적인 반응을 요구하고 있으므로 언어반응은 없다.

② ('오르간이 어디 갔지'에 대한 반응으로서) "6학년 3반에서 빌려갔어요."

①과 ③에서 말하는 사람은 언어적 응답을 요구하고 학습자는 요청에 대한 대답을 하고 있다. 요청언어의 두 번째와 세 번째의 예에 대한 응답에는 말이 들어 있지 않다. 그것은 주의를 집중하라는 것과 커튼을 치라는 행동을 요구하고 있기 때문이다. 이 경우 수업관찰시 응답의 열거는 못하고 이것에 대해 기술할 수 있을 뿐이다.

넷째, 반응하는 언어.

이 행위는 때로 구조화 언어, 요청하는 언어 혹은 그 앞의 반응 언어에 의해 발생하지만 이러한 것들에 의해서 직접적으로 도출되지 않는 경우도 있다. 이 언어는 앞에서 말한 것을 수정(설명, 종합, 보충)하고 평가(긍정적 혹은 부정적으로)하는 언어적 행동을 한다.

반응동작은 응답언어와 다르다. 응답언어는 언제나 요청하는 언어로부터 생기지만 반응언어는 그외의 다른 선행동작에 따라 자발적으로 일어난다. 예를 들면 학생의 응답에 대한 교사의 평가는 반응언어로 구분된다. 그 밖에 반응언어의 구체적인 예를 들어보면 다음과 같다.

① "나는 클린턴 대통령의 말에 동의합니다. 그리고 또한 자신의 잘못을 공식 석상에서 인정한 일은 옳다고 생각합니다."

② "승완아, 대답 참 잘했구나."

①에서 말하는 사람은 처음 앞에서 언급한 사항에 대하여 동의하는 반응을 하고 있고 그에 덧붙여 자신의 생각을 말하고 있다. 이 반응에서 동의하는 부분은 다른 수업적 행위(클린턴 대통령의 자신의 잘못에 대한 인정)에 대한 긍정적 평가다. 반응 ②에서 말하는 사람은 처음 앞에서 언급한 사항에 대하여 간단한 평가를 하고 있다. 승완이란 학생의 응답에 대한 긍정적인 반응을 보였다.

각각의 예에서 말하는 사람들은 직접적으로 이러한 말들을 할 필요가 없었다는 사실에 주목해야 한다. 말하는 사람들은 위와 같은 반응을 보이지 않고 다른 일을 할 수도 있었을 것이다. 예를 들면 ①에서 말하는 사람은 그와 같은 반응(주장)을 보이기에 앞서 "클린턴 대통령은 부통령을 회의에 참석시켰습니까?"라는 질문을 할 수도 있었을 것이다. 이러한 이유로 ①은 반응동작이라고 할 수 있다.

②도 이와 유사하다. 말하는 사람은 승완이란 학생의 응답을 평가하지 않을 수도 있다. 말하는 사람은 다른 질문을 하거나 새로운 화제를 꺼낼 수도 있었을 것이다. 그러나 말하는 사람은 반응을 선택했고 대답들은 반응의 근거로서 역할을 하였다.

이 네 가지 수업 중 질의응답활동, 구조화하는 언어, 요청하는 언어, 응답하는 언어, 반응하는 언어는 교실에서 어떠한 일이 벌어지고 있는가를 기술하는 수단을 제공해 준다. 동작의 이 네 가지 이름은 기술적인 명칭이다. 따라서 그 개념을 마음속에 새기고 수업 중 질의응답을 토론할 때 적절히 사용하여 혼란을 일으키지 않도록 하여야 한다.

(2) 수업 실제에서 질의응답작용의 예

① 자, 색에 대해서 이야기해 봅시다. ························ (구조화)

② 색의 3요소는 무엇이지요? ························ (요청)

③ 색상, 명도, 채도입니다. ························ (요청 ②에 대한 응답)

④ 참 잘했어요. 민호. ························ (응답 ③에 대한 반응)

① 도서 자료실이 어디 있는지 말해주세요 ························ (요청)

② 윗층입니다. ························ (요청 ①에 대한 응답)

③ 아닙니다. 아래층 왼쪽입니다. ························ (응답 ②에 대한 반응)

① 우리나라를 대표하는 꽃은 무엇이지요? ························ (요청)

② 그 질문은 너무 쉬워요. ························ (요청 ①에 대한 반응)

③ 너무 쉽다고는 생각하지 않아요. ························ (반응 ②에 대한 반응)

④ 장미꽃입니다. ························ (요청 ①에 대한 응답)

⑤ 우하하, 장미꽃이래. ························ (응답 ④에 대한 반응)

⑥ 틀렸습니다. ························ (응답 ④에 대한 반응)

⑦ 무궁화꽃입니다. ························ (요청 ①에 대한 응답)

⑧ 맞았어요. 참 잘했어요. ························ (응답 ⑦에 대한 반응)

5) 교실 좌석표를 이용한 분석법

(1) 좌석표에 의한 관찰방법의 개념과 특징

교사와 학생의 행동을 관찰하는 여러 가지 방법 중 좌석표를 이용하는 것이 있는데, 이러한 방법을 좌석표에 의한 관찰기록(SCORE: Seating Chart Observation Records)이라 한다. 이 방법의 주요 이점의 하나는 학급의 좌석표를 이용한다는 점이다. 교사는 매일 좌석표를 이용하고 있기 때문에 SCORE 자료를 해석하기 쉽다. 또한 이 방법은 장학담당자로 하여금 학급활동에 대한 많은 양의 정보를 단 한 장의 종이에 요약할 수 있도록 해 준다.

그리고 SCORE 방법은 각 교사의 관심을 만족시키는 관점에서 만들어질 수 있는데, 사용과 해석이 쉽고 학생들의 주의력 수준과 각 학생에게 얼마의 시간을 배분하는지와 같은 학습활동의 주요한 측면을 파악할 수 있게 해 준다. 또 SCORE 방법은 교사와 장학담당자로 하여금 수업시간 내에 각 학생을 집중적으로 관찰할 수 있고 동시에 전체로서 학급이 무엇을 하고 있는지 관찰할 수 있게 해 준다(변영계 외, 2011).

(2) 좌석표에의 관찰기록(SCORE)에 의한 분석

좌석표에의 관찰기록(SCORE) 도구의 장점은 다음과 같다.

첫째, 학급의 좌석표를 이용하기 때문에 SCORE자료를 해석하기 쉽다.

둘째, 관찰자로 하여금 학급활동에 대한 많은 양의 정보를 단 한 장의 종이에 요약할 수 있도록 해 준다.

셋째, SCPRE 도구는 각 교사의 관심을 만족시키는 관점에서 만들어질 수 있다.

넷째, 학생들의 주의력 수준, 학급활동의 중요한 측면을 파악할 수 있게 해 준다.

다섯째, 관찰자가 학급내 개인 학생을 집중적으로 볼 수 있게 해주고, 동시에 전체로서 학급이 무엇을 하고 있는지 관찰할 수 있게 해 준다.

반면에 SCORE 도구는 몇 가지 제한점과 단점도 있다.

첫째, 관찰을 위한 일정한 행동을 구별해 냄으로써 교수과정을 단순화해 준다.

둘째, 관찰자가 사소한 행동을 관찰의 대상으로 선택할지 모른다.

셋째, 경우에 따라 학급행동이 '빠른 속도를 내거나' 지나치게 혼잡할 때는 자료

수집 과정을 포기할 수도 있다.

① 언어흐름의 관찰기록 방법

언어흐름은 주로 누가 누구에게 말하느냐를 기록하기 위한 방법이다. 이것은 언어적 상호작용, 즉 교사의 질문, 학생의 대답, 교사의 칭찬, 학생의 질문 등의 기록을 위해서 유용하다(주삼환, 1991).

언어의 흐름은 언어적 의사소통의 송신자와 수신자를 확인하고 또 의사소통의 종류를 확인한다. 이 언어의 흐름은 교사로 하여금 첫째, 자기 자신의 언어행동에 있어서의 편견, 둘째, 언어행동에 참여하는 학생들간의 차를 발견할 수 있도록 도와준다.

언어의 흐름은 수업에 토의, 문답, 암송 또는 교사와 학생 간에 많은 언어적 상호작용을 요하는 방법에 특히 적당하다.

기록방법은 다른 SCORE 관찰도구에서와 마찬가지로 언어의 흐름을 기록하는 첫 단계는 학습 좌석표를 만드는 것이다. 학급에는 많은 좌석 배치 형태가 있기 때문에 어떤 표준 양식을 만들기 보다는 백지에 자신이 좌석표를 만들 것을 권고한다.

하나의 네모 칸은 각 학생을 나타내는 데 쓰인다. 여러분은 알맞은 네모 칸에 학생의 이름을 써 넣는다. 또는, 만일 여러분이 특별한 특성에만 초점을 맞추고자 한다면 그 특성만 표시해도 좋다. 예를 들면 계획협의에서 여러분이 각 학생 칸에 남 · 여, 언어 또는 비언어적 특성, 성적의 상 · 중 · 하 등을 표시해 둘 것을 교사가 암시하게 해도 좋다. 물론 교사가 관찰자인 여러분에게 각 학생에 해당하는 사항을 말 할 필요가 있다. 이런 종류의 좌석표가 가지는 잇점은, 교사가 이러한 다른 특성을 가지고 있는 학생에게 달리 반응하는지 보다 쉽게 알 수 있다는 것이다.

화살표는 언어적 상호작용 흐름의 방향을 표시하는데 사용된다. 화살의 밑은 언어 상호작용을 주도하는(보내는) 사람을 표시하고, 화살의 머리는 언어를 받은 사람을 가리킨다.

여기서 교사는 예외이다. 대개 교사가 대부분의 언어 상호작용을 주도하기 때문에 교사에 해당하는 네모 칸에서부터 교사의 말이 향해 나아가는 학생의 네모칸까지 화살표를 그릴 필요가 없다. 그리고 교사의 네모 칸에서 좌석표의 여러 방향에 있는 해당 학생의 네모칸으로 가다 보면 화살표가 서로 엇갈려 십자형이 되기 쉽다. 화살표를 학생의 네모 칸 안에만 넣으므로써 이 문제는 피할 수가 있다. 화살표의 밑은 교사쪽의 일반적 방향으로부터 나오게 하면 된다. 이것은 교사가 이 학생에게 이 진술을 했다는 것을 의미한다.

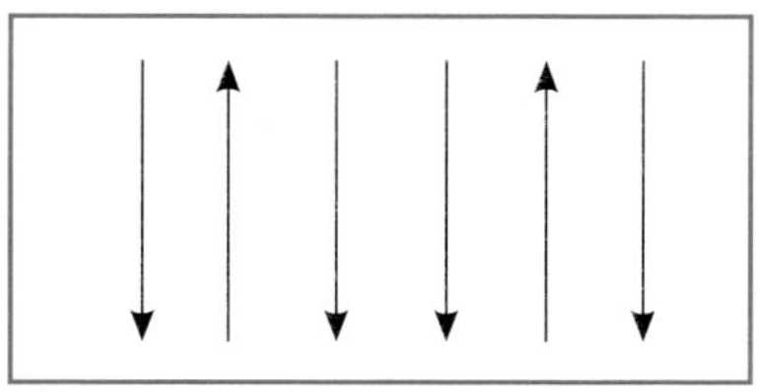

네모칸 A

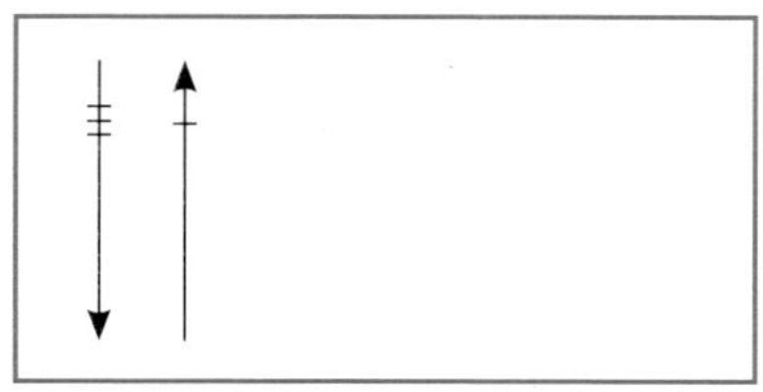

네모칸 B

언어의 흐름표를 시각적으로 단순화시키는 한 방법은 똑같은 종류의 반복되는 상호작용을 나타내기 위하여 화살에 오늬(여기서는 짧은 줄)를 긋는 것이다. 예를 들면, 네모칸 A에는 각 상호작용을 기록하기 위하여 독립된 화살을 사용하였다. 이 자료를 분석해 보면 교사가 이 학생에게 4번 말을 하고 학생이 교사에게 2번 되받아 말을 하였다는 것을 보여 준다.

다음은 똑같은 자료를 2개의 화살로 네모칸 B에 기록하였다. 교사가 한 말을 가리키는 화살은 세 개의 오늬(금)가 그려져 있다. 하나의 화살은 한 번 말한 것을 가리키고, 각 오늬도 한 번 말한 것을 나타내어 합계 4번의 교사 주도의 말이 된다. 마찬가지로 네모칸 B도 합계 2회의 학생 주도 발언을 가리킨다.

표준적인 언어의 흐름표는 카테고리 수를 늘려서 보다 정교하게 될 수 있다. 다음은 가능한 교사의 카테고리이다.

- \+ 교사의 칭찬 또는 격려하는 말
- − 교사의 비평 또는 부정적인 말
- ? 교사의 질문
- ｜학급 전체에 대하여 교사가 한 질문이나 말

학생의 언어행동도 예를 들면 다음과 같이 구별될 수 있다.

- ∨ 학생이 자발적으로 적절하거나 맞는 반응을 함.
- × 학생이 자발적으로 부적절하거나 부정확한 반응을 함.
- ? 학생의 질문
- ｜ 학생이 학급 전체에 대하여 한 말

계획 협의 시 어떤 카테고리를 관찰할 것인가를 결정하는 데 교사가 참여해야 한다. 너무 많은 카테고리를 만드는 것은 권장하고 싶지 않을 뿐만 아니라, 언어의 흐름자료를 기록하고 해석하기도 어렵게 된다.

어떤 관찰자는 화살 대신에 알파벳 문자를 사용하고 싶어한다. 문자는 다음 예와 같이 언어 상호작용을 구별하여 지시해 준다.

- Q: 교사의 질문(question)
- P: 교사의 칭찬(prase)
- C: 교사의 비평(criticim)
- R: 학생이 자발적으로 적절하거나(relevant) 정확한 반응(response)
- X: (자발적으로) 부정확하거나 부적절한 반응을 함.
- q: 학생의 질문

교사와 학생의 행동은 대문자와 소문자를 사용함으로써 쉽게 구별된다.

4. 수업평가

수업평가 방법에는 수업설계를 하고 수업자료를 개발할 경우에 하는 수업설계 평가와 수업설계를 하는 단계마다 평가를 하고 문제를 수정 · 보완하는 수업설계 과정중심의 평가 그리고 수업개선을 위한 기법 가운데 최근에 많이 강조되고 있는 수업개선을 위한 평가가 있다. 그러나 여기서는 학교 현장에서 가장 많이 사용하는 수업개선을 위한 평가방법 중 수업관찰법과 평정척도법, 질문지법을 소개하고자 한다.

1) 수업개선을 위한 평가의 기법

(1) 수업관찰법

일반적으로 관찰법은 발생하는 사상이나 행동을 객관적으로 기록할 목적으로 사용된다. 효과적인 관찰은 다음과 같다. 관찰 대상으로 적합한 사상이나 행동에 주의를 집중해야 하고, 그 행동에 대한 객관적인 기록을 작성해야하고, 또 자료를 해석할 수 있도록 해야 한다(변영계 외, 2010).

관찰법에는 체계적 관찰법, 평정척도법, 비체계적 관찰법 및 녹음법이나 녹화법 등의 다양한 자료수집 방식이 있다. 체계적 관찰법은 관찰하기로 예정한 행동을 사전에 분류한 범주나 체계표에 따라서 관찰하는 방법을 의미한다. 이 체계적 관찰법은 기호체계법과 범주체계법으로 구분된다.

기호체계법은 한 장의 스냅사진을 찍듯이 수업 장면을 기술하는 방식으로 어떤 특정한 행동이나 현상에 주의의 초점을 맞추어 기술하는 방식이다.

범주체계법은 일반적으로 보다 한정된 수의 행동(범주)을 다루는 방식으로, 행동에 대한 동적인 기록을 만들어 내기 위해서 해당하는 행동이 일어나는 대로 연속적으로 기록한다.관찰자는 대개 매 3초마다 발생하는 행동을 기록한다. 예를 들어, 실제 학습시간을 측정하기 위한 훈련을 받은 관찰자가 일정한 시간 동안 학습집단 속의 한 학습자나 또는 표집집단의 학습자를 지켜보면서 관찰한 행동을 쓰기, 듣기, 발문, 다른 학습자와의 협력학습, 타 학습자를 동요시킴, 교사의 도움을 기다림 등으로 세분할 수 있다.

이 관찰법을 사용할 때 특히 유념해야 할 사항은 학습의 진행 과정에서 어느 시점에 해당하는 행동을 관찰할 것인가이다. 어느 시점에서 관찰하느냐에 따라 나타나는 빈도나 행동의 특성이 다르기 때문이다. 그리고 또 한가지는 주관적인 판단을 최소화시키는 문제이다. 관찰항목을 세분화하고 해당하는 행동 특성을 명확하게 하여 가능한 객관성이 높은 관찰이 되도록 해야 할 것이다.

(2) 평정척도법

평정척도법은 정해진 척도에 따라서 주관적으로 평가하는 방법이다. 따라서 이 방법은 관찰한 행동을 비연속적 용어로 쉽게 기록할 수 없어서 수량화하기 어려운 경우에 특히 유용하다(변영계 외, 2010).

예를 들면, 실제 학습시간, 즉 학업 열중도를 측정하는 경우 관찰자가 수업자의 수업진행 상태나 학습자의 수업참여 정도 또는 질을 1점(좋지 못함)에서 5점(뛰어남)까지 매기는데, 1점은 전혀 열중하지 않은 것을, 5점은 계속적으로 열중한 것을 나타낸다. 이러한 열중도의 측정은 결코 시간의 양이나 비율을 말하는 것이 아니고 오히려 학습자가 그의 공부시간을 어떻게 사용했는가를 보다 주관적으로 평가하는 것이다. 비슷한 방법으로, 수업단서나 피드백 평가에 적절한 평정척도를 만들 수 있으며, 이 평정척도에 의하여 관찰자는 수업중이나 수업을 관찰한 후에 교사의 수업행동을 평가할 수 있다(〈표 4-9〉 참조).

(3) 질문지법

수업방법에 대한 정보 수집을 위해 흔히 질문지법을 사용한다. 질문에 응시자가 자유로이 답하도록 하는 개방형의 방식과 제시된 답들 중에서 고르도록 하는 선택형의 방식이 있는데 응답자에게 검목표(檢目標)나 평정척도를 주어 평가하게 할 수도 있다.

질문지법은 비용이 적게 들고, 실시하기 편리하고, 익명으로 실시할 수 있고, 표준화시킬 수 있는 등의 이점이 있으며, 외부인의 관찰이 불필요하므로 교사에게 특히 유용하다. 학습자들의 '자기보고' 질문지를 사용할 경우에는 수업을 받은 학습자들 자신이 예리하고 훌륭한 판단을 할 수 있을 것이라고 믿기 때문에 그러하다. 만일 질문지가 잘 만들어진다면 학습자들이 자신의 정확한 모습을 볼 수 있듯이 부명하게 보여질 수 있을 것이다(변영계 외, 2010).

Gage(1976)는 수업자의 설명이 얼마나 효율적인가를 알아보기 위하여 학습자들에게 스탠포드의 교사자질 평정척도(Stanford Teacher Competence Appraisal Guide)를 사용했다. 이 평정척도를 이용하여 학습자들로 하여금 자신들이 받은 수업을 평가하도록 했다. 그 평정척도의 내용은 ① 수업의 명료성, ② 강의 내용의 조직, ③ 강의의 도입 방법, ④ 강의내용 제시 방법의 명확성, ⑤ 강의 속도, ⑥ 학습자들의 집중도, ⑦ 강의 종결 방법, ⑧ 교사와 학습자의 유대관계, ⑨ 학습내용의 양으로 되어 있다. 그리고 이들 각각의 측면을 "아주 뛰어남"에서부터 "열등함"까지 7단계의 평정척도로 평가할 수 있게 했다.

■ 표 4-9 | 평정척도법

구분	교사 교수학습 관련	주안점	평이				
			매우 만족 (5)	만족 (4)	보통 (3)	그저 그렇다 (2)	매우 불만족 (1)
1. 동기 유발	교수학습 활동 내용	학생들이 흥미롭게 수업에 참여할 수 있도록 유도하는가?					
		칭찬, 흥미로운 질문 등을 활용하여 학습 동기를 유발하는가?					
		흥미로운 질문, 호기심 등을 활용하여 내적 학습 동기를 자극하는가?					
		칭찬 보상 등을 활용하여 외적 학습 동기를 자극하는가?					
	교수기술(학습지도기술)의 탁월성	수업목표 제시는 적시에 잘 이루어졌는가?					
		중요한 수업내용을 요약하여 제시하는가?					
		학생들의 수준을 고려한 수업을 하고 있는가?					
		수업방해 행동에 대해 적절하게 대처하는가?					
		수업시간에 발생하는 일에 대해 임기응변적 죄를 적절히 취하는가?					
		학생들이 흥미롭게 수업에 참여하도록 지도하는가?					
		수업내용에 적절한 예시 및 증거를 제시하는가?					
		학생들의 흥미와 관심을 수업 활동에 반영하는가?					
		학생들이 수업에 열중하도록 지도력을 발휘하는가?					

		교과 및 수업 목표를 달성하기 위해 다양한 수업 방법을 적용하는가?					
	교수 발문의 적절성	학생들의 수업참여 미치 학습에 도움이 되는 발문을 하는가?					
		학생들의 사전 지식과 경험을 고려한 발문을 하는가?					
		학생들의 사고를 촉진시키는 발문을 하는가?					
		발문이 수업내용과 관련성이 있으며 명료한가?					
		학생들의 수준에 적절한 용어를 사용하는가?					
		지나치게 빠르거나 느린 어조를 피하는가?					
		명확하고 알아듣기 쉬운 언어를 사용하는가?					
		학습자료 및 매체의 적절한 활용이 이루어지는가?					
		수업내용과 목표에 맞는 적절한 교수 매체와 자료를 활용하는가?					
		수업매체를 이용한 풍부한 학습 경험을 제공하고 있는가?					
		시청각 매체 등 다양한 수업 자료를 효율적으로 이용하였는가?					
		수업매체를 이용한 풍부한 학습 경험을 제공하고 있는가?					
		시청각 매체 등 다양한 수업 자료를 효율적으로 이용하였는가?					
	교수 태도의 충실성	수업시간을 잘 지키는가?					

		수업에 대한 열의가 있는가?					
		인정되고 자신감 있는 교수 태도를 보이고 있는가?					
		학생들의 다양한 사고를 존중해 주는가?					
		학생들의 학습활동에 대해 긍정적인 태도를 보이는가?					
		개별화 지도에 노력은 하는가?					
		개인별 의욕과 능력이 고려되는가?					
		개별화 수업을 위해 각종 교수-학습 자료가 충분히 마련되어 있는가?					
		학습자의 학습 준비도에 알맞게 학습을 개별화시켜 주었는가?					
		개인차에 따른 학습 저해 요인의 제거에 노력하는가?					
2. 학습 활동 관련	학생의 발언에 대한 존중과 반영	학생들이 자신의 의견을 자유롭게 표현할 수 있는 기회를 마련해 주는가?					
		학생들의 의견을 학습활동에 적극 반영시키고 있는가?					
	의욕과 참여를 위한 자극	학생들의 독창적인 질문과 제안에 대하여 격려해 주는가?					
		학생들을 질책하기보다는 칭찬을 많이 하였는가?					
		개인의 흥미나 창의적인 활동이 개발되도록 격려하는가?					

3. 학습 분위기 관련	수업 안내의 적절성	교수학습 자료 준비 등 수업 준비를 철저히 했는가?					
		수업에 대한 사전 준비가 잘 이루어졌는가?					
		수업 시작시 도입은 적절히 하고 있는가?					
		수업분위기를 좋게 유지하는가?					
		학생과 교사간 상호존중의 분위기를 조성하였는가?					
		학생들이 자기 의견을 자유롭게 표현할 수 있는 개방적인 분위기를 조성하였는가?					
		정서에 도움을 주는 학습 환경이 조성되어 있는가?					
4. 정리 및 평가와 관련	학습 내용과 피드백의 적절성	학생들의 다양한 반응을 유도하고 있는가?					
		긍정적 피드백을 주로 사용하는가?					
		피드백은 즉각적으로 이루어지는가?					
		피드백은 구체적이고 명확한가?					
	평가 내용 및 방법의 적절성	평가 내용 및 방법이 적절한가?					
		평가 내용 및 방법이 수업 목표를 반영하고 있는가?					
		평가가 학생들의 능력 수준을 반영하고 있는가?					
		다양한 평가 기법을 적절히 활용하고 있는가?					
	평가 결과의 활용	학생들에게 교육적으로 유용한 학습 경험이 되고 있는가?					

		평가 결과를 누가하여 정확하게 기록하고 있는가?					
		평가 결과를 학습 지도에 활용하고 있는가?					
	평가의 피드백	평가 결과를 학생들에게 정확히 전달하는가?					
	차시예고의 적절성	차시 수업에 대한 예고가 적절한가?					
		차시 학습에 대한 발전적인 과제를 제시하는가?					
		계					

Chapter | 05

생활지도와 진로지도

Chapter 05

생활지도와 진로지도

| 개요 |

학교에서 학생들에게 교과 지식을 효과적이고 흥미롭게 전달하는 것만큼이나 학생들을 올바르게 선도하고 전인적인 성장을 이끌어 주는 일 또한 중요하다. 특히 학생 개인이 자신의 문제를 정확히 이해하도록 도와주어 자신이 지닌 가능성을 최대한 실현하도록 하며, 다양하고 복잡한 생활환경에서 잘 적응할 수 있도록 하여 자기가 속한 사회에서 자신만의 역량을 충분히 발휘하여 공헌할 수 있도록 하는 것이 교사의 최대의 의무이자 보람이라 할 수 있다.

1. 생활지도

1) 생활지도의 기본 방향

생활지도의 목표는 다섯 가지로 정리해 볼 수 있다. 첫째, 자신에 대한 올바른 이해이다. 올바른 정체감 형성과 각자의 고유한 개성을 파악하기 위하여 정확한 자기이해가 이루어져야 한다. 둘째, 잠재력의 개발이다. 누구나 무한한 발달 가능성이 있음을 인정하고 그러한 가능성과 잠재력을 발휘할 수 있도록 다양한 교육적 경험을 제공해야 한다. 셋째, 자율적인 문제해결 능력의 신장이다. 인생을 지속적인 문제해결의 과정이라고 본다면 스스로 자기의 문제를 해결할 수 있도록 하는 능력을 길러 주어야 한다. 넷째, 전인적 인간발달추구이다. 지적인 측면의 발달과 함께 정의적, 신체적, 도덕적, 사회적 제 측면의 발달이 고르게 이루어지도록 하여야 한다. 다섯째, 건전한 민주시민의 육성이다. 오늘날 민주사회에서 책임 있는 건전한 시민으로서 생활할 수 있는 자질을 길러 줄 수 있어야 한다.

생활지도의 대상이 누구냐는 질문을 하면 대부분 문제아나 불량학생이라는 말을 많이 한다.우리가 생활지도에 대해 잘못 가지고 있는 대표적인 견해 몇 가지는 다음과 같다. 첫째, 생활지도는 비행학생을 지도하는 활동 또는 학생 사안을 처리하는 활동이라는 것이다. 둘째, 학교 규칙을 지키도록 권위적으로 지도하고, 이를 어긴 학생을 체벌하거나 처벌하는 활동이라고 생각하는 것이다. 셋째, 학생들의 집단적 현실 참여를 억제하도록 지도하는 활동이라고 생각하는 것이다. 이는 적절하지 않은 것으로 생활지도의 기본 방향을 정리하면 다음과 같다.

① 생활지도는 모든 학생을 그 대상으로 한다.

② 생활지도는 주로 개인의 존엄성과 개성 발달에 초점을 둔다.

③ 생활지도는 강제가 아니고 협동적 방향으로 이루어져야 한다.

④ 생활지도는 자아발견과 자아발달을 북돋아 주어야 한다.

⑤ 생활지도는 치료나 교정보다 예방에 역점을 두어야 한다.

⑥ 생활지도는 과학적 근거에 기초한 판단에 역점을 두어야 한다.

⑦ 생활지도는 참되고 진정한 사랑에 기초한 지도를 중시한다.

⑧ 생활지도는 처벌보다 선도 내지 지도가 선행되어야 한다.

2) 생활지도 영역

(1) 교육지도

주로 3월 중에 이루어지는 신입생 오리엔테이션(예비소집), 교육과정 설명회, 학부모 연수(자녀교육, 대화법, 독서지도, 학교폭력예방 등), NEIS 교무업무 학부모서비스 등을 통해 학교에서 이루어지는 각종 교육 정보 제공이 이에 해당된다.

① 신입생을 위한 오리엔테이션: 일선 학교에서는 입학식을 마치면 다음날 곧바로 신입생에 대한 오리엔테이션을 실시한다. 이는 학교 생활전반에 대한 안내가 주목적으로 학교 건물에 대한 안내에서부터 학교 생활규범, 성적관리 방법, 봉사활동 방법, 그리고 학교 안전생활 방법 등의 소개가 이루어진다.

② 선후배 간의 대면식: 신입생 오리엔테이션이 끝나면 선후배 간의 대면식이 이루어지고 각 학년에 같은 반 같은 번호끼리 자매나 형제를 맺어 학교생활 속에서 끈끈한 사랑을 이어가도록 하는 방법도 사용된다.

③ 학습방법 지도: 공부 방법을 모르는 학생들을 위해 학습법을 지도할 수 있다.

④ 독서 지도: 책에 흥미를 느끼고 양서를 많이 접하여 생활에 지혜와 지식을 얻을 수 있도록 개별 독서 목표를 정하고 목록을 작성하여 독서를 하게하고 이를 바탕으로 아침 독서 시간을 운영하고 독서한 내용을 바탕으로 상담을 이루어 갈 수 있다.

⑤ 수준별 학습: 학생의 학습 능력에 맞추어 학습을 지도해 가는 수준별 학습을 통해 교육지도를 이루어 갈 수 있다. 수준별 학습은 보통 4단계로 이루어지며 특별히 기초학력 부진학생에 대하여는 특별 보충과정을 운영하고 이를 바탕으로 학습능력을 신장시키는 발판을 마련할 수 있다.

⑥ 학교교육과정에 관한 안내문 발송: 학교교육과정에 관한 행사실시 및 연간 학교기본적인 행사내용을 학부모와 학생이 참고할 수 있도록 학기 초에 발송하고 행사를 즈음하여 안내문을 발송한다. 학교소식에 의거 교육과정행사 안

내문, 각종 행사 안내문 , 홈페이지를 활용하여 학교 행사 및 참여를 안내한다.

(2) 성격지도

성격지도는 교사, 학부모의 관찰에 의한 학교생활 부적응 행동, 문제 행동 발견으로 정서적 안정과 원만한 교우관계 형성을 통해 즐거운 학교생활을 할 수 있도록 교과, 재량, 특별활동 시간을 활용하여 이루어지는 인성교육의 일부분이다.

① 학부모 상담: 1학기에 1회 상담주간을 모든 학생의 학부모와 상담을 실시하여 학생들의 가정환경과 학습습관, 성격에 관한 상담으로 학생의 성격형성과 관련된 문제를 파악하고 지도 계획한다. 결손가정, 다문화 가정, 기타 저소득층 가정으로 구분하여 학생을 1학생 자매결연을 하여 서로 상담을 실시한다.

③ 친친데이 주간: 매월 1일~7일까지 친친데이를 정하여 친구 얼굴그리기, 친구 칭찬하기 등 주제별로 학급행사를 실시하고 우수학생을 선정하여 수상한다.

(3) 직업지도

학생들의 장래 직업과 관련하여 진로지도, 직업 정보 제공, 직업의 선택과 추수지도 및 기타 진로에 관한 활동으로 직업카드(직업의 종류) 활용 수업, 지역 인사 초빙 수업(경찰관, 소방관, 은행원) 등 각종 진로지도와 관련된다.

① 내가 장래희망 그리기: 학기 초 나의 장래희망을 그리고 꿈을 정하여 내가 올해 하고 싶은 일, 이루고 싶은 것을 정하는 나의 계획시간을 갖는다.

② 부모님 직업 체험학습하기: 1학기에 1번 부모님 직장을 방문하여 체험학습하고 직업의 특징을 조사한다. 체험학습 신청과 보고서 작성을 통하여 현장에서 느끼는 체험을 권장한다.

(4) 사회성 지도

교우관계, 이성관계, 가족관계 및 기타 대인관계 등 사회성과 관련된 지도활동으로 소시오그램(교우관계 파악)이나 교사, 학부모 관찰에 의해 파악된 내용에 대한 지도가 이루어진다.

① 친친데이 주간 실시: 매월 학급행사를 실시하여 친구간의 우정을 돈독히 하는 행사를 실시한다.

② 모둠활동 실시: 모든 활동을 모둠을 기초로 하여 상벌제도를 실시한다. 같이 협동하여 학습활동과 학교생활을 할 수 있도록 점수제를 실시한다. 불우이웃 돕기를 통하여 학생들의 이웃에 대한 배려를 생각하는 기회를 준다.

③ 효도 쿠폰제: 효도 쿠폰제를 실시하여 가정에서의 효와 공경하는 생활태도를 알려준다.

④ 일기 쓰기: 매주 2일 이상 일기 쓰기를 통하여 가족, 이웃, 친구 간의 바르고 예절바른 생활을 지도한다.

⑤ 장애체험 행사하기: 특수 장애학생을 함께 생활하고 나와 다른 친구 도와주기, 서로 당번을 정하여 도움을 주기 활동을 실시한다.

(5) 건강지도

신체장애, 각종 질병, 위생 및 기타 각종 건강에 관계된 문제의 해결을 시도하는 지도활동으로 건강검사, 체력검사, 보건교육 등이 이에 해당된다.

① 중간 놀이시간: 10분간 스트레칭 활동을 통하여 몸을 건강하게 하기, 줄넘기 급수제 활용을 통하여 모든 학생들이 줄넘기를 생활화하도록 하기 등이 있다.

② 매년 건강검진하기: 매년 건강검진을 통하여 학생들의 건강과 성장을 확인하여 가정으로 안내한다.

③ 매월 보건소식 발송: 각종질병과 몸에 좋은 환경 등 각종 보건 소식지를 안내문으로 발송한다.

④ 매월 밥상머리 교육실시: 급식실 소식과 간단한 상식 등 건강에 필요한 정보를 안내문으로 발송한다.

(6) 여가지도

교과활동 이외에 여가선용, 취미오락활동, 놀이 및 기타 여가시간 활용에 관한 지도활동으로 학생 희망에 따른 계발활동, 방과 후 교육활동 등이 이에 해당된다. 한 예로 봉사정신을 기를 수 있도록 지도할 수 있는데, 이를 위해 청소년 단체에 가입하여 체계적인 지도를 할 수 있다. 또한 학년 초 학급의 단합대회를 통하여 놀이 및 여가 선용에 대한 지도가 가능하다.

3) 생활지도 활동 단계

생활지도는 크게 다섯 가지 활동 단계로 이루어진다. 이 단계들은 제시되는 순서대로 진행되는 것이 일반적이다.

(1) 학생이해활동

교사는 학생 간 개인차의 존재를 인식하고 그 개인차를 이해하기 위하여 조사활동을 한다. 이것을 학생이해활동(student inventory service)이라 한다. 조사 내용으로는 학생의 지적능력, 성격, 태도, 가치관, 적성, 소질, 흥미감, 가정환경, 교우관계, 장래 계획 등을 포함한다. 조사활동의 기본적인 방법으로는 가정환경 조사, 학교생활기록부 확인, 학생 · 학부모 · 교우 면담, 심리검사, 사회성 측정, 자서전 · 일기 쓰기 등 다양하다. 조사 결과는 누가 기록하여 교육적으로 활용될 수 있도록 하여야 할 것이다.

◇ **현장에서의 조사활동**

- 생활기록부 열람: 학년 초 전학년의 생활기록부 내용을 열람하여 기초적인 자료를 얻음(주소, 학부모, 학업성취도, 학교생활의 특징, 형제자매 등).
- 담임의 가정환경조사서: 기초적인 내용을 조사할 수 있는 조사서를 작성 활용함(학부모 연락처, 취미, 집에서의 생활태도, 가정환경, 교사에게 바라는 사항 등).
- 진단 평가: 전학년에서 배운 내용을 얼마나 도달했는지에 대한 진단 평가를 실시함(과목별 성취도, 지적 능력).
- 전화를 통한 학부모 상담: 학부모와의 상담을 통해 학생들의 장래 희망이나 가정 형편, 성격 등을 파악
- 다양한 검사지(질문지, 그림, 적성검사지 등)을 통한 조사활동

학기 초 학생들에 대한 정확한 이해와 지도에 필요한 기초자료를 수집하는 활동으로 가정환경을 비롯하여 학업 성취와 건강상태, 취미와 특기, 장래희망, 교우관계, 부모와 학생이 학교에 원하는 바람 등 생활지도에 필요한 일체의 자료를 조사 수집하는 활동을 한다.

이 활동을 위해 학생 기초 조사표에 작성하여 3월 초에 가정에 배부하고 학생과 부모님이 함께 작성해 오도록 한다. 1학년 입학 때부터 매년 신학기가 되면 조사하는 기초 조사표이기 때문에 대부분 가정에서 부모님과 학생이 사실대로 정성껏 기록해서 보내 온다. 그 기록표에는 학생의 인적사항인 주소, 전화번호, 가족 사항, 형제관계 등을 기록하게 하고 좋아하는 과목과 싫어하는 과목, 수강 중인 학원 등 학업성취와 관련된 내용과 친하게 지내는 친구를 묻는 교우관계, 그리고 특기와 취미, 장래희망의 진로지도 사항, 또 나의 성격적 특성, 학부모와 학생이 교사에게

바라는 점을 기록하게 한다. 그리고 기타란을 마련하여 교사에게 특별히 부탁하고 싶은 것을 적게 한다. 이 기타란에는 기초생활 수급자이거나 생활이 어려워 중식 지원이나 우유급식 지원, 방과 후 무료 수강을 희망하는 내용을 적어 보내기도 하고 반 학생들에게는 알리지 않길 원하는 가정사의 이야기, 편부모 가정, 다문화 가정인 경우를 적어 보낸다. 이 기초 조사를 통해 3월에 학생들의 전반적인 생활지도에 필요한 일체의 개인적인 자료를 1차적으로 반 전체 학생들을대상으로 자료를 조사 수집하고 있다. 또한 문장 완성 검사지를 통해 학생들의 가족 관계나 정신적 건강상태 등을 조사하여 학생들의 생활 지도하는 기초 자료로 삼는다.

(2) 정보제공활동

정보제공활동(information service)은 조사활동을 통해서 얻어진 정보를 바탕으로 학생들에게 필요한 각종 정보 및 자료를 제공하여 개인적인 발달과 현실 사회에 적응할 수 있도록 도와주는 활동을 말한다. 담임(담당) 교사는 필요한 정보를 수집해서 학생, 학부모, 타 교사들에게 제공하는 활동을 한다. 정보의 주요 영역으로는 교칙 · 교과목 · 학습방법 등 학교교육과 관련된 교육정보, 직업세계 등 진로와 관련된 직업정보, 개개인의 인성 · 인간관계 등 개인 · 사회 정보가 있다. 이들 정보를 통하여 문제를 해결할 수 있어야 하고, 필요할 경우 쉽게 접근하여 도움을 받을 수 있어야 할 것이다.

① 현장에서의 정보활동

- 진로 교육: 특별활동이나 재량활동 시간을 통한 다양한 직업 탐색 교육 및 체험활동 전개
- 특별활동을 통한 소질 계발: 본인의 희망에 따른 계발활동 전개
- 다양한 현장 체험학습 실시: 학교 및 학급 행사활동 시간을 활용한 다양한

현장체험을 실시하여 학생들의 소질 계발교육 실시

- 지역사회와 연계한 소질 계발 활동: 지역사회의 다양한 행사에 참여를 적극 권장하여 학생의 소질 계발에 노력함

(3) 상담활동

상담활동(counseling service)은 상담자와 내담자 간에 행해지는 극히 개별적 과정으로 학생에게 스스로 자신을 이해 · 발견하고 자신의 문제를 해결할 수 있는 능력을 배양하고 최대한의 자율적 성장을 돕는 활동이다. 상담활동의 기본 목표는 학생에게 자율적 능력을 배양하고, 학생의 부적응 상태의 여러 증상을 해소하고, 학생이 갖는 정서적 갈등 및 불안감을 해소하고 적응적 감정을 증진시키는 데 있다. 대부분의 학교에서는 주로 담임교사가 상담 활동을 맡고 있으나, 진로상담부서(전문상담교사)를 두고 있는 학교에서는 상담교사가 많은 활동을 하고 있다. 또한, 학교 상담 활동을 보완하기 위하여 학교보건원과 교육청별 청소년상담센터를 설치 · 운영하고 있고, 많은 학교에서는 '학생상담 자원봉사자'를 두어 학생상담에 도움을 주고 있으며, 학교 양호교사도 건강 중심의 상담활동에 참여하고 있다.

① 현장에서의 상담활동

- 연간계획에 의한 상담활동: 담임은 학년 초 상담계획을 수립하여 개별 상담을 진행함.
- 전문가 및 상담 교사를 활용한 상담활동: 문제 상황이 발생했을 때 전문가(교육지원청의 Wee센터 포함) 및 학교 상담 교사의 협조를 통한 상담활동 전개
- 학부모와의 상담활동: 학부모 대상 학교 공개 활동을 통한 상담활동 전개
- 담임의 개별 상담: 부적응 학생, 따돌림 학생, 행동이 거친 학생 등을 대상으로 한 수시 개별 상담활동 전개

학급규칙을 잘 지키지 못하거나 과제학습을 안 해오는 경우, 맡은 역할 청소를 소홀히 하는 경우, 교우관계가 원만하지 못한 경우, 도덕적인 생활에 위반하는 경우 등 학교에서 여러 가지 문제가 생길 경우 상담을 하고 있다. 상담종류는 학생 개인 상담과 집단 상담, 학부모 상담 등을 하고 있다. 사소한 문제일 경우에는 쉬는 시간이나 점심시간을 이용해서 짧은 시간에 이루어지는 경우가 있으나 대부분 방과 후 오후 시간을 이용해서 하는 경우가 대부분이다. 대부분 행동 수정에 의한 방법으로 상담이 이루어지나 교우관계나 가족 간에 문제가 있을 시에는 가족화, HTP, 문자완성 검사, 나무 그림 등을 그리게 하여 학생의 기본적인 성장과정과 가족관계 등을 파악 한 후에 상담을 한다.

상담 한 내용은 상담 일지에 기록을 하고 있다. 단순한 다툼이나, 역할을 소홀히 할 경우, 과제 학습을 해오지 않는 경우에는 자신의 정한 약속을 적게 하고 칠판 옆에 붙여놓아 자신이 한 약속을 수시로 확인하게 하고 있다. 친구들과 서로 연관이 되어 있는 경우에는 개인 상담과 집단 상담을 병행하여 개인 간의 감정을 서로 이야기해 보는 시간을 주어 타인들을 이해할 수 있도록 돕고 있다.

학기 초에 학생들과 학교에서 문제를 몇 번 이상 일으킬 경우 보모님에게 연락을 한다고 미리 약속을 하고 학생이 문제를 일으킬 경우에는 부모님에게 연락을 한다고 한 후 전화로 학생의 문제를 알리고 가정에서의 학생 생활과 부모님의 이야기를 듣고 상담을 한다. 전화 상담으로 불가능하거나 미리 학생들과 약속을 하지 않은 영역이지만 면대면 상담이 필요한 경우는 학부모와 상담 시간을 마련하여 상담을 한다. 먼저 학부모에게 학생의 장점을 이야기 하고 상담을 요구하게 된 주된 문제를 이야기를 한다. 이때 이런 문제는 일어날 수 있는 일로 낙담하지 말 것을 알리고 학부모의 마음을 충분히 공감하는 자세를 취하며 학생의 문제를 해결하는 방법을 찾아 노력할 것을 당부한다. 상담을 장기간 요하는 경우에는 학교의 교육청 산하 상담센터에 의뢰하여 상담을 받게 하고 있다. 왕따와 학습 부진아, 학생 두 명을 상담센터에 의뢰하여 상담활동을 하였다.

(4) 정치활동

상담활동 이후 학생의 소질, 능력, 적성에 따라 무엇인가를 선택할 수 있도록 하는 조직적인 활동을 정치활동(placement service)이라 한다. 점차 학생들이 선택해야 할 기회가 많아지고 이에 따라 학생들은 어려움을 겪게 되는데, 이러한 문제들을 해결해 주고 나아가 선택한 사항들을 잘 실행할 수 있는 계기를 마련해 주는 활동이 정치활동이다. 이에는 계열 · 교과목 · 클럽활동 등 교육과정상의 선택뿐만 아니라, 개인문제의 선택 등도 포함된다. 원활한 정치활동을 위해서는 개별 면담이나 오리엔테이션 등 집단지도가 수행되기도 한다.

◇ **현장에서의 정치활동**

- 방과 후 활동을 통한 수준별 수업 전개: 우수아 대상, 부진아 대상 방과 후 교실을 운영
- 다양한 방과 후 활동 전개: 발명품 반, 음악, 미술, 체육, 영어 등의 다양한 활동에 참여 권장

(5) 추수활동

추수활동(follow-up service)은 상담활동, 정치활동 후에 계속해서 당면 문제에 대하여 잘 적응하고 있는지를 점검하는 활동이다. 적합한 환경에 정치되었다 하더라도 지속적인 지도나 정보가 요구되기도 하고, 상담교사와 긴밀한 관계를 유지해야 할 필요가 있기 때문이다. 특히, 비행학생의 문제 해결을 위해서는 지속적인 추수활동이 필요하다. 추수활동은 학생이 자율적으로 성장 · 발달할 수 있도록 계속적으로 지도하는 활동이다. 추수지도활동의 목적은 상담 또는 생활지도의 효과성, 즉, 학생들의 발전 상태를 지속적으로 점검하여 문제의 재발을 예방하고, 계속적인 성장 · 발달을 촉진시키는 데 있다. 추수지도활동의 형태를 몇 가지로 정리하면 다

음과 같다.

① 우발적인 추수지도활동으로서 상담자나 교사들은 그들의 정상적 활동의 일부분으로 추수지도를 하고 있다. 즉, 상담자나 교사가 때때로 학생들에게 준 조언의 경과를 알아보는 경우와 필요한 추가적 정보를 얻기 위해 추수 지도하는 형태이다.

② 사례연구의 대상이 되었거나 집중적으로 교정적인 도움을 받았던 학생에 관한 추수지도활동이다.

③ 졸업생이나 중퇴하여 학교를 떠난 사람들에 관한 추수지도활동 형태이다.

④ 졸업예정자들에 대한 것으로 직장을 얻으려고 하는 학생들이나 상급학교에 진학하고자 하는 학생들에 관한 추수지도활동 형태이다.

이상과 같은 추수지도활동의 중요한 교육적 의의는 추수지도를 통하여 학교의 생활지도 계획 및 지도방법을 반성 · 평가하고 그 개선을 도모하는 자료로 활용될 수 있다는 것에 있다.

◇ 현장에서의 추수활동

- 담임의 계속적인 관찰: 상담학생의 적응 상태 여부를 관찰
- 졸업생에 대한 교육적인 지도: 편지 및 전화 상담을 통한 교육적인 지도
- 문제학생의 문제 해결을 위한 계속적인 지도: 끝없는 관심과 사랑으로 감동을 주는 지도
- 학생과 학교, 지역, 가정 간의 상호연계 지도
- 생활지도 프로그램 평가 및 개선을 위한 가치 있는 자료의 제공

표 5-1 | 생활지도 단계의 실제

1. 학생 조사활동
  1) 1 학기 초
    (1) 가정환경조사
      • 학생의 기본 인적 사항
      • 가족 구성원과부모의 학력 및 직업
      • 특기, 취미
      • 장래 희망
      • 여가 시간 활용 방법 등
    (2) 학업성취도 파악: 생활기록부 활용
    (3) 교우관계 파악: 교우관계도 조사
    (4) 건강기록부 확인: 건강 및 체격 상태 파악
    (5) 전년도 담임교사 및 지도교사와 면담
    (6) 자기소개서 작성
      • 교실 게시판을 이용한 1주일 이상 게시
      • 학급 임원 선출에 사전 홍보 자료로 활용
    (7) 개별 면담
      • 학생들과 시간을 정해서 1:1 면담을 통해 학생의 기본 인성 및 심리 상태 파악
  2) 1학기 중: 심리검사 실시
    • 성격검사
    • 흥미검사
    • 적성검사
    • 직업흥미도 검사 등
    • 인터넷 사이트 활용(커리어넷 , 워크넷 등 활동)
    • 학교 계획에 따른 학년별 심리적성검사 실시

2. 정보활동
  1) 학교 연중 교육활동 안내: 학기 초 배부
  2) 성적체트리스트 작성: 연간 응시하는 고사 성적 추이 비교 분석
  3) 직업 정보 안내
    • 인터넷 사이트 안내
    • 나의 꿈 실천일지 작성: 연중 정기적으로 실시
    • 나의 전문분야 보고서 작성: 연중 정기적으로 실시
    • 사회적 정보 안내: 지식채널e , 사회적 이슈가 되는 동영상을 보여줌

3. 상담활동
  1) 생활관련 상담
  2) 진로 및 진학 관련 상담
  3) 문제 행동에 대한 상담
  4) 학교부적응에 관련한 상담
  5) 기본 생활습관에 관련한 상담
  6) 학부모 상담(전반적 내용 포함)

7) 전문가의 도움이 필요할 경우 Wee Class 의 전문상담교사에게 의뢰

4. 정치활동
1) 자기 관리프로그램(자체 제작 프로그램)을 통해 스스로 시간을 관리하도록 도움
2) 성적체크리스트를 통해 자기의 성적에 대한 인식과 학업 성취 의욕 고취
3) 진로지도 프로그램(나의 꿈 실천일지, 나의 전문분야 보고서 등)을 통한 진로 탐색 능력 배양
4) 가고 싶은 고등학교 파일 관리를 통한 현실감 있고 진로 적성에 적합한 진학지도

5. 추수지도
1) 진급시킨 학생의 추이를 파악하고 관련 사안이 있을 경우 현 담임교사 및 지 도 교사와 협력함
2) 졸업생들의 진학 만족도 모니터링 실시하여 이후 진학 지도에 참고 함
3) 지역 인프라를 활용하여 졸업한 학생들의 성장하는 모습을 체크함

2. 진로지도

1) 진로지도의 기본방향

진로지도(career guidance)란 학생들을 행복한 개인으로 그리고 생산적인 사회 성원으로 성장하도록 도와주는 활동 즉 '개인이 자신의 진로를 현명하게 선택하고, 선택한 진로에 들어가서는 계속 발전해 나갈 수 있도록 도와주는 과정'으로 평생교육의 차원에서 정의될 수 있다. 진로지도의 일반목표는 다음과 같다.

- 자신의 적성, 흥미, 인성, 능력 등을 정확히 이해한다.
- 경제, 사회 구조의 측면에서 직업의 세계를 이해한다.
- 자신에게 적합한 진로 계획을 수립하고 진학 또는 취업에 필요한 지식, 기능을 습득한다.
- 일과 직업에 대한 건전한 가치관 및 태도를 형성한다.

이러한 목표를 갖는 진로지도의 기본 방향은 다음과 같다.

- 유치원에서부터 성인교육에 이르기까지 평생교육으로 이루어져야 한다.
- 모든 교육과정 속에서, 모든 학생들을 대상으로 이루어져야 한다.
- 산학협동 체제 속에서 지역 사회의 자원을 최대한으로 활용하여야 한다.
- 진로의 정치지도와 추수지도를 포함해야 한다.
- 단편적인 기능인 양성이 아닌 포괄적인 의미의 직업지도여야 한다.
- 의미 있는 삶의 내용과 경험을 풍부하게 제공해야 한다.
- 자기의 이해, 진로에 대한 인식 · 탐색 · 준비의 과정이어야 한다.

표 5-2 | 진로지도의 학교 급별 목표

학교 급별	지도목표
초등학교	• 자신의 소질, 흥미를 발견한다. • 지역사회의 각 산업체 및 여러 기관, 단체들이 하는 일에 대한 이해를 통하여 모든 직업이 똑같이 소중함을 안다. • 직업의 소중함을 인식함으로써 장래 직업인으로서의 포부를 갖는다.
중학교	• 자신의 적성과 능력을 이해한다. • 직업의 사회적 역할을 이해함으로써 개인은 직업을 통해 사회에 공헌할 수 있음을 인식한다. • 다양한 직업에 관한 지식을 갖고 자신의 진로를 잠정적으로 계획한다.
고등학교	• 자신의 적성 및 여러 가지 여건을 고려하여 구체적인 진로 계획을 수립한다. • 진학 또는 직업에 필요한 정보를 넓게 수집 · 분석하여 자신에게 적합한 직업 및 학교를 선정하고 이를 위해 준비한다. • 건전한 직업 및 직업윤리를 형성한다.

표 5-3 | 진로지도의 영역별 목표

지도 영역	진로지도 목표
자아의 이해	• 자아에 대한 기초적인 인식을 갖게 한다. • 자아에 관련된 제 개념을 발전시킨다. • 자아 개념을 명료화한다. • 긍정적인 자아개념을 갖게 한다.
일과 직업 세계의 이해	• 다양한 직업 역할을 인식시킨다. • 일의 세계에 관련된 제 개념을 이해시킨다. • 사회 속의 직업 세계의 구조와 상호관계를 이해시킨다. • 진로목표에 적합한 계획을 수립하게 한다.

일에 대한 긍정적 태도 및 가치관	• 일과 직업에 대한 존경심을 갖게 한다. • 일에 대한 태도 및 가치를 발전시킨다. • 가치 있고 지속적인 사회제도로서의 일을 이해시킨다. • 일에 대한 가치를 갖게 한다.
의사결정 능력	• 의사결정 기술의 기본 원리를 인식시킨다. • 의사결정 기술을 발전시킨다. • 개인적인 탐구 기술 및 문제 해결 기술을 발전시킨다. • 문제 해결 기술을 적용하게 한다.
인간관계 기술	• 협동적인 사회적 행동을 배우게 한다. • 바람직한 사회적 관계를 발전시킨다. • 성숙한 사회적 관계를 발전시킨다. • 직업상태에서 집단행동의 역동성을 이해시킨다.
일과 직업의 경제적 측면 이해	• 생활 양식과 직업 역할 관계를 인식하게 한다. • 다양한 직업과 연합된 경제적 이점을 이해시킨다. • 진로와 연합된 경제적 이점을 이해시킨다. • 직업 세계의 구조와 경제 구조와의 관계를 이해시킨다.
일과 직업의 교육적 측면 이해	• 학교와 사회에서의 교육의 계속성을 인식시킨다. • 진로발달의 한 부분으로서의 교육적 경험을 이해시킨다. • 다양한 진로와 연결된 다양한 교육적 준비의 요구를 이해시킨다. • 진로목적 성취의 수단으로서 교육의 중요성을 이해시킨다.

2) 진로지도 단계 및 내용

발달의 특성을 고려하여 진로지도의 내용은 달라져야 할 것이다. 학교급별 진로지도 단계와 진로지도의 내용은 다음과 같다.

표 5-4 | 진로지도 단계

지도 단계	지도 내용
인식 단계 (초등학교)	• 자아에 대한 인식 • 자신의 소질이나 흥미 발견 • 다양한 직업의 인식 • 일과 직업 수행을 위한 지식, 기술 습득의 필요성 인식 • 일과 직업에 대한 자긍심의 발견

탐색 단계 (중학교 및 일반계고교)	• 자아 개념의 명료화 • 진학 및 직업 준비 교육 • 자기의 의사 결정에 관련된 요소 인식 • 직업의 분류 및 직업군 탐색 • 가치 있고 지속적인 사회적 제도로서의 직업(일)의 이해
준비 단계 (실업계고교)	• 자아 개념의 구체화 • 기본 기능의 계속적인 숙달, 활용, 응용력의 강조 • 진로 목표에 적합한 계획 수립 • 일(직업)에 대한 가치 획득 • 구체적인 진로 계획의 수립과 졸업 후의 환경에 대비
전문화 단계 (대학교)	• 구체적 직업 관련 지식과 특수 기술 개발 • 재교육, 현직 교육, 승진을 위한 기술 훈련 과정 제공 • 직업인의 긍지와 보람, 직업윤리와 가치관 정립 • 피고용인으로서 의미 있는 인간관계 형성 • 전문직에 고용될 수 있는 전문가의 능력 배양

표 5-5 | 학교급별 진로지도 내용

학교 영역	초등학교	중학교	고등학교
자아의 발견	• 자신의 소질, 흥미 발견	• 자신의 능력, 적성에 대한 이해	• 자신의 직업 적성 • 주위 여건 • 역할에 대한 자각
일의 세계 • 직업의 종류와 내용 • 직업과 교육	• 사람과 일, 산업과 직업과의 관계 • 사회적 분업과 직업 • 일과 직업 수행을 위한 지식 • 기술 습득의 필요성 인식	• 산업 및 직업 분류 • 현대사회와 직업 • 직업생활을 위한 준비로서의 교육 실시	• 직업 구조의 변화 • 직업별 직무 및 전망 • 직업별로 요구되는 교육의 정도 및 내용
진로 계획 • 선택 계획 • 준비 계획	• 장래의 희망, 포부 설정 • 장래 희망을 성취하기 위한 방법 구상	• 장래의 잠정적인직업 계획 수립 • 진학 및 직업 준비 계획	• 구체적인 진로 계획과 선택 • 진학 및 직업 준비 계획
일에 대한 태도 및 가치관	• 일의 소중함 • 일의 보람 인식	• 직업의의의 필요성 • 바람직한 직업 선정의 조건 탐색	• 건전한 직업관 확립 • 직업 및 직장 윤리의 실현 준비

3) 진로지도의 방법

(1) 교과활동을 통한 지도

각 교과별 진로지도 관련 요소를 추출하고 그 교과와 관련된 일과 직업 세계를 이해할 수 있는지를 판별하여 각 교과별로 진로지도의 가능성을 탐색한 후, 각 교과 진로지도 관련 단원의 연간 지도 계획을 수립하고 진로지도 학습 지도안을 작성 활용하는 것이 좋다.

표 5-6 | 진로교육 관련 교과지도 계획안 예시(초등학교 4학년 1학기 도덕과 단원)

월	주	단원(제재)	차시	진로지도 관련 수업 주제	시간배당	진로교육 관련 영역
5	1	3. 소중한 시간	3/3	• 시간을 소중하게 여기고 아껴 써야 하는 까닭 생각해 보기 • 자신의 시간 활용에 대한 반성	3	① 직업의 경제적 측면 이해하기 ② 일에 대한 태도

표 5-7 | 진로지도 담당자의 임무

담당	추진내용
교장, 교감	진르지도 계획 및 예산 편성의 중심, 진로상담부장 및 관계 직원의 임무 설정, 진로지도 여건 정비 등
진로상담부장	계획 추진 책임자, 예산 편성 협의, 신년도 진로지도 계획의 입안, 학교와 지역 사회 단체와의 협력 체제 구축, 계원 간의 협조체제 구축, 진로지도의 평가 등
카운슬러	진로지도의 본질에 입각한 상담활동, 학생의 진로 선택 능력 향상, 각종 자료의 수집 · 배치 · 해석 · 활용 등
학급 담임	학급 학생과의 원만한 인간관계 조성, 학생 개개인의 특성과 가정환경 이해, 학생 개개인의 표준화 검사 결과의 활용, 진로 정보 제공, 특별활동을 통한 진로지도 연간 계획 수립 및 추진, 진로 관련 집단 및 개별상담, 가정과의 유기적 협조체제 유지, 진학 및 취업자 상담지도
교과 담임	닫당 교과 내용 중 진로 관련 요소 추출 및 지도, 교과 관련 진로 정보의 제공, 진로 정보실의 자료활용 지도 등
상담 자원봉사자	연수 · 연찬을 통한 자질 및 전문성 함양, 학생 개별 및 집단 상담 지도, 학교 진로 관련 업무 보조, 상담 분위기 및 여건 조성

학부모	자녀의 소질 · 적성 · 흥미 · 인성 · 가치관 · 능력의 이해, 직업 세계에 대한 바른 이해와 정보 제공, 학력보다 능력 중시, 자격증 시대의 도래 등에 대한 사회 변화 이해, 자녀의 진로 결정 보조, 진로지도 협력체에 적극 참여

(2) 특별활동을 통한 지도

적응활동, 계발활동, 행사활동 등을 통하여 다양한 진로지도 프로그램을 개발 · 적용하도록 한다.

① 적응활동을 통한 지도 예시

- 부모 형제의 직업 소개하기
- 일의 종류 및 일의 세계 조사 발표하기
- 장래의 희망 발표하기
- 미래의 유망 직종(첨단 기술)조사 발표하기
- 좋아하는 직업 및 적성에 맞는 직업 조사 발표하기
- 타협이 요구되는 과제에 대하여 자신의 의사 결정 과정 발표하기
- 소비 경제와 관련하여 어느 직업이 자기에게 좋은지 열거하기
- 자기의 학습 습관과 장래의 직업관의 관계에 대하여 글짓기
- 과거의 직업, 현재의 직업, 미래의 직업간의 관계에 대하여 토의하기
- 여러 가지 직업군을 소개하는 포스터 그리기

② 계발활동을 통한 지도 예시

- 각 부서별로관련된 일의 종류 알아보기
- 현장 견학을 실시한 후 소감문 발표하기
- 여러 분야의 자원인사를 초청하여 직업의 종류와 일에 대한 강연 듣기

- 직업에 대한 역할극하기
- 과학 기술이 직업에 어떠한 영향을 주는지에 대하여 작문 짓기
- 진로를 결정하는 사례 연구 발표회 갖기
- 각종 봉사 활동에 참여하기
- 우리나라의 직업 전망에 대한 토론회 갖기

③ 행사활동을 통한 지도 예시

- 학교 행사를 통한 진로 교육: 경찰의 날, 체신의 날, 약사의 날, 국경일 등 계기 교육, 각종 발표회, 훈화, 게시교육, 상담, 집단 수련회, 견학, 수학여행 등
- 진로의 시간, 진로의 날, 진로의 주간, 진로의 달 등 운영

(3) 진로 정보의 활용

진로지도를 위한 환경 조성도 필요한데 진로 정보실 운영이 그 예이다. 즉, 학급별 또는 학교의 빈 공간을 이용하여 각종 진로 정보와 자료를 게시할 수 있는 자료게시판을 설치 · 활용할 수 있다. 학생들에게 주어지는 정보는 크게 교육과 진학에 대한 정보, 직업과 취업에 대한 정보, 개인과 사회에 대한 정보로 나눌 수 있다.

① 교육 · 진학 정보: 이수해야 할 교육과정, 특별과정 등 교육적 기회에 관한 모든 정보, 이를테면 새로 입학한 학교에 대한 여러 가지 정보, 학생들이 선택한 교과에 관한 정보, 장학금 및 기타 재정적 보조에 관한 정보, 상급학교 및 학과에 관한 정보 등

② 직업 · 취업 정보: 직무와 직업에 필요한 자격 요건, 작업 조건, 승진 유형, 보수, 현재와 미래에 있어서 인력의 수요와 공급, 특정한 직업에 대한 정보 등

③ 개인 · 사회적 정보: 자기 자신과 타인의 이해를 위해서 다루는 정보로서 개

인과 대인 관계에서 작용하는 인간적, 물리적 환경의 영향에 관한 타당하고 유용한 자료로 이성 관계, 예의범절, 여가활동, 개인의 용모, 사교술, 가족 관계, 경제적 계획, 건강 생활 등

(4) 상담을 통한 지도

상담은 개인의 잠재 가능성을 인식 · 탐색하고 개발시켜 내담자가 원하는 진학 · 직업을 선택하고 적응하게 함으로써 만족과 행복을 느끼며 생활할 수 있도록 도와주는 과정으로 이를 통해서도 진로지도가 이루어질 수 있다.

① 초등학교: 구체적 교수법 사용, 다양한 교육 매체 사용, 진로 발달을 위한 준비와 지도, 직접 경험과 간접 경험의 제공

② 중학교: 구체적인 방법 제시, 감정의 표현과 탐색 기회 제공, 교과 관련 통합 지도, 집단 토의, 집단 상담을 통한 문제 해결력 증진

③ 고등학교: 구체적 · 추상적인방법 적용 가능, 수집된 정보의 활용으로 장래의 현명한 결정, 자아의 탐색과 능력 · 흥미 · 가치관의 인식, 산학 협동의 활성화

(5) 기타 활동을 통한 지도

봉사활동을 통해 다양한 일의 세계를 체험하고, 일의 보람을 깨닫게 할 수 있다. 또 정규 수업에서는 물론, 별도의 진로의 날, 진로 주간 등 1년 중 적당한 시기를 잡아 집중적인 진로지도를 실시할 수도 있다. 또 학부모의 이해와 협조 없이는 진로지도의 효과를 기대할 수 없다. 따라서 설문조사, 진로지도 계도 자료 배부, 간담회 등을 실시하여 학부모들이 올바른 진로관을 갖고 가정에서 효과적인 진로지도를 할 수 있도록 한다.

표 5-8 | 진로의 날 행사 일정 예시

구분	1학년	2학년	3학년
1교시	오리엔테이션(진로 탐색의 필요성, 중요성, 행사일정 안내 등)		
2교시	진로지도 프로그램 활동 (자아 발견–연습과제)	자원 인사와의 면담 (반별로 다른 직종의 인사 자유로이 참석)	VTR 방영 (미래의 직업세계–4차 산업의 출현)
3교시	VTR 방영 (나의 발견–자기이해)	진로지도 프로그램 활동(직업 탐색–연습과제)	자원 인사와의 면담 (반별로 다른 직종의 인사 자유로이 참석)
4교시	나의 진로(성애 설계)작성 및 발표	VTR 방영 (직업의 세계, 직업의식)	모의 활동
점심 시간			
5교시	현장 견학 (과제 – 소감문 작성)	진로의 날 소감문 작성	모의 활동
6교시			나의 진로(생애 설계) 작성 및 발표

〈부록 1〉 자기 소개서 1

저를 소개합니다

학교 학년 반 번 이름: (한자:)

__________학교 학년 반 번 이름: (한자:)

1. 제 인적 사항입니다.

<table>
<tr><td>생년월일</td><td colspan="3">19 년 월 일 (양, 음)</td><td>올해생일</td><td colspan="4">월 일 요일</td></tr>
<tr><td>주민번호</td><td colspan="3">–</td><td>출신학교</td><td colspan="4">초등학교 중학교</td></tr>
<tr><td>집주소</td><td colspan="8"></td></tr>
<tr><td>집전화</td><td colspan="2"></td><td>휴대전화</td><td colspan="5">(본인)
(부) (모)</td></tr>
<tr><td>e-mai
미니홈피</td><td colspan="3"></td><td>메신저 ID</td><td colspan="4">(네이트) ( )
( ) ( )</td></tr>
<tr><td colspan="6">〈보호자와의 관계〉 ( )의 ( )</td><td>혈액형</td><td colspan="2"></td></tr>
<tr><td>숙소</td><td colspan="4">자택, 친척, 하숙, 자취, 기타( )</td><td>가옥</td><td colspan="3">자가, 전세, 월세, 기타( )</td></tr>
<tr><td>통학방법</td><td colspan="4">도보, 버스, 승용차, 기타( )</td><td colspan="2">통학 소요시간</td><td colspan="2">약 ______ 분</td></tr>
<tr><td>건강상태</td><td></td><td>요양호부위</td><td></td><td>차량소유</td><td colspan="4">있음(종류:), 없음</td></tr>
</table>

2. 제 부모님(보호자)을 소개합니다.

관계	성함	주민등록번호	직업(구체적으로)	학력	종교	동거여부

부모님(보호자)을 소개한다면?(성격, 나와 친밀도, 취미나 특기, 건강, 사회활동…)

3. 다른 가족에 대해 씁니다.

이름	나이	관계	소개(직업, 성격, 나와 친밀도, 취미나 특기, 건강 등…)	동거여부

5. 저의 친구들을 소개합니다.

	학교	이름	전화번호	성격과 특징, 친해진 계기 등
본교			(집)	
			(H.P)	
타교			(집)	
			(H.P)	
이성			(집)	
			(H.P)	

6. 장래희망

구분	순위	희망 직업	희망 학과	희망 대학	이유
부모님	1순위				
나	1순위				
	2순위				

7. 내가 가지고 있는 자격증은?(한자)　　　　　(컴퓨터)　　　　　(기타)
8. 가장 관심이 가고 즐거움을 느끼는 일은(흥미:　　) 자신 있게 할 수 있는 것(특기:　　)
9. 나의 종교 활동(출석교회/사원, 활동내용 포함):
10. 나의 성격의　* 장점:　　　　　　　　　　* 단점:
11. 가장 존경하는 인물(부모님을 제외하고), 그 이유는?(　　　　　　　　　　)
12, 가장 부러운 친구와 이유는?
13. 내가 좋아하는 과목들(:　　　　　　　　)과 싫어하는 과목들(:　　　　　　　　)
14. 학원 수강 과목은?

학원/과외 이름	과목	시간	비용
		요일　:　~　:	
		요일　:　~　:	

15. 일상 속에서 가장 좋아하는 공간(:　　　　　　　　)과 시간(:　　　　　　)
16. 지금까지 받은 가장 큰 상은?(　　　　　　　　) 벌은?(　　　　　　)

17. 지금까지 살아오면서 가장 기뻤던 일(   ), 슬펐던 일(   )

18. 지난 해 읽은 책 제목?(국어필독서 제외)

19. 나의 대중매체 접촉 실태, 나는 (   )의 열열한 팬이다.

TV시청	시간/주	라디오청취	시간/주	신문구독	시간/주

<table>
<tr><td>인터넷사용</td><td>시간/주</td><td rowspan="2">즐겨찾는 사이트</td><td rowspan="2"></td><td rowspan="2">개설한 카페 / 홈피</td><td rowspan="2"></td></tr>
<tr><td>잘하는 게임</td><td></td></tr>
</table>

20. 용돈은 얼마나, 어떻게받아서, 주로어디에 사용합니까?(   )

21. 현재 내게 있는 고민은? (성적, 교우, 가족, 가정형편, 이성, 외모, 신앙, 진로, 성격, 기타(   ))

22. 올해 한 해 동안 꼭 이루고 싶은 일?(   )

23. 부모님께 불만과 감사

24. 그 밖에 선생님께 알리고 싶거나 부탁하고 싶은 말

〈부록 2〉

자아와 직업 세계 관련 자료 1

영역	질문
자아	1. 나의 건강상태는? 1) 매우좋다________ 2) 보통이다________ 3) 나쁘다________ • 직업선택에 방해가 되는 신체적 장애가 있다면?________ 2. 직업선택에 있어 영향을 미칠 수 있는 성격상의 특성이 있다면? (예: 수줍어한다, 사교적이다, 언어구사가 유창하다 등)________ 3. 자신의 장점은? 1) ________ 2) ________ 3) ________ 4. 자신의 단점은? 1) ________ 2) ________ 3) ________ 5. 만일 자신이 다른 사람이 될 수 있다면, 어떤 사람이 되고 싶은가? ________ • 그 이유는?
일	1. 과거에 자신이 희망했던 일들은? 1) ________ 2) ________ 3) ________ 2. 현재 자신이 하고자 하는 일은? ________ • 그것을 선택한 이유는? ________ 3. 자신이 원하는 일을 할 자신이 있는가 ? 1) 있다________ 2) 없다________ • 자신이 없다면 그 이유는?________ 4. 가장 자신있게 해낼 수 있는 일이 있다면? 1) ________ 2) ________ 5. 가장 하기 싫어하는 일이 있다면? 1) ________ 2) ________ 3) ________
여가	1. 한가한 시간에 자신이 혼자서 하고 싶은 일이 있다면? 1) ________ 2) ________ 3) ________ 2. 한가한 시간에 다른 사람과 함께하고 싶은 일이 있다면? 1) ________ 2) ________ 3) ________ 3. 자신이 주로 읽는 책이나 잡지의 종류(내용)는? 1) ________ 2) ________ 3) ________ 4. 자신의 특별한 과외활동이 있다면?________ • 만일 없다면 앞으로 하고 싶은 활동은? 5. 하루종일 일을 해야 한다면 어떤 일을 하고 싶은가? 1) ________ 2) ________ 3) ________

자아와 직업 세계 관련 자료 2

영역	질문
가정	1. 부모님은 나에게 무엇이 되길 원하는가?______ • 부모님의 생각에 1) 동의한다______ 2) 반대한다______ 3) 잘 모르겠다______ • 그 이유는?______ 2. 부모님은 내가 대학에 가기를 원하는가? 1) 그렇다______ 2) 그렇지 않다______ • 부모님의 생각에 1) 동의한다______ 2) 반대한다______ 3) 잘 모르겠다______ • 그 이유는?______ 3. 부모님은 내가 될 수 있는 한 빨리 취업을 하기를 원하는가? • 그 이유는?______ 4. 가족들이 칭찬하는 나의 성격이나 재능은?______ 5. 가족들이 나의 성격이나 습관 중 고쳐야 한다고 생각하는 것이 있다면?______
학교	1. 가장 좋아하는 과목은? 1) ______ 2) ______ 3) ______ • 그 이유는?______ 2. 가장 싫어하는 과목은? 1) ______ 2) ______ 3) ______ • 그 이유는? 3. 가장 관심있는 학급활동은?______ 4. 자신의 학교 성적이 자신의 능력과 가능성을 잘 나타내준다고 생각하는가? 1) 그렇다______ 2) 그렇지 않다______ 3) 잘 모르겠다______ 5. 장래의 직업을 여부에 두고 학교 성적을 생각해 본적이 있는가?______
추가 질문	1. 자신의 진로문제(직업선택, 진학 등)를 상담하고 싶은 사람은?______ 2. 고등학교 시절 받고 싶은 교육이나 배우고 싶은 기능이 있다면? 3. 고등학교 졸업 후 하고 싶은 일은?______ 4. 앞으로 선택할 직업에 대해서 진지하게 생각해 본 적이 있는가?______ 5. 자신의 일생을 통하여 반드시 이루고자 하는 일이 있다면?______ • 그 일을 위해 필요한 준비(교육, 기능, 경쟁력 등) 내용은?______

■ 학생용 활동자료

나의 진로 선택

▶진로 선택에 있어 문제가 무엇인가? (현재의 갈등을 가지고 있는 문제나 스트레스 상황)

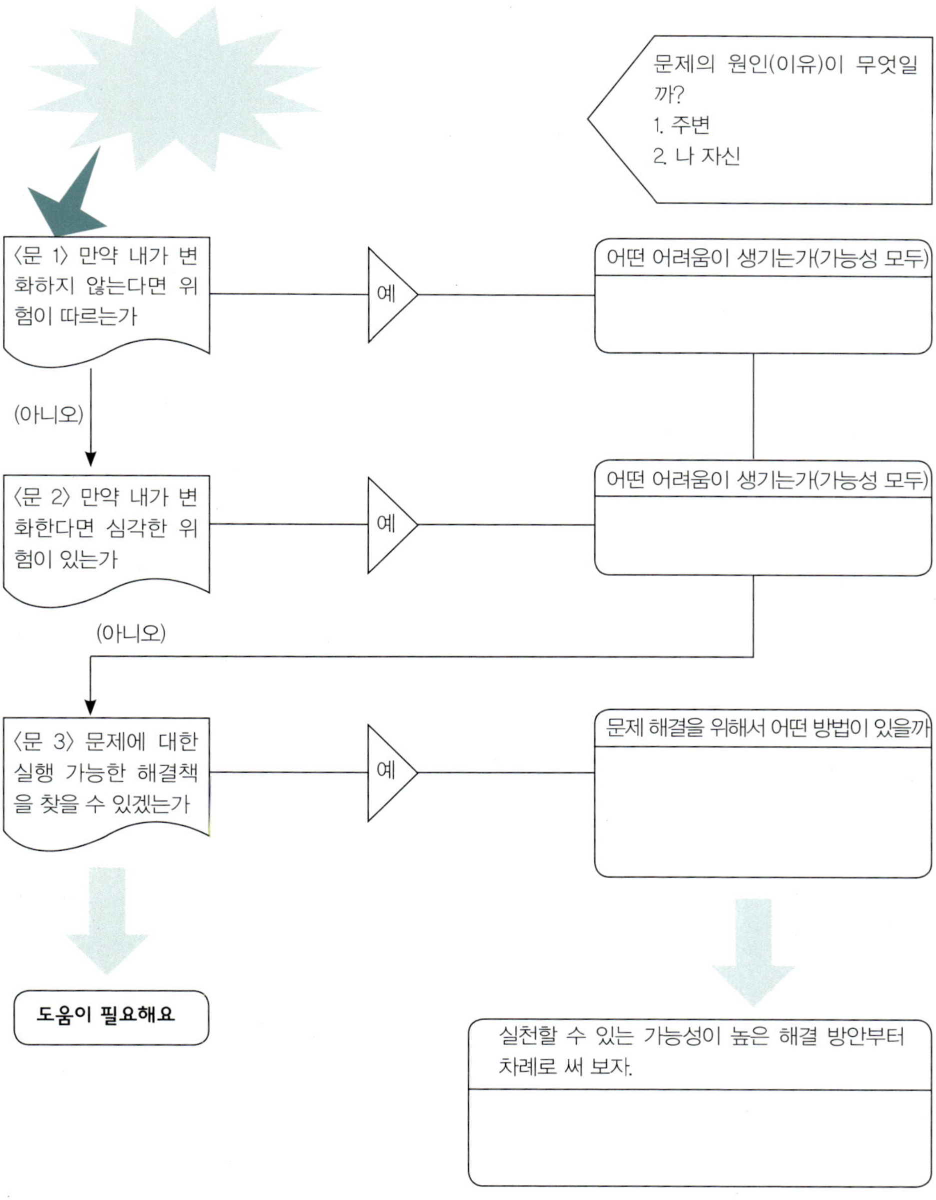

■ 학생용 활동자료

이런 사람이 되련다

학년　반　번 이름:

◈ 내가 본받고 싶은 인물을 찾아봅시다.

〈사진을 붙이거나 그려주세요〉

1. 누구신가요? (이름, 나와의 관계)
2. 어떤 일을 하시(셨)나요?
3. 존경하게 된 동기는?
4. 본받고 싶은 점을 구체적으로 써 봅시다.

〈사진을 붙이거나 그려주세요〉

1. 누구신가요? (이름, 나와의 관계)
2. 어떤 일을 하시(셨)나요?
3. 존경하게 된 동기는?
4. 본받고 싶은 점을 구체적으로 써 봅시다.

◈ 나의 삶의 계단을 설계해 봅시다.

	고등학교	5년 후	10년 후	20년 후	30년 후	성공한 모습
구체적 모습						
과정						

◈ 나는 어떤 인물이 되고 싶은가요?

1. 다른 사람의 칭찬을 받는다면 어느 때 쯤의 모습일까요? (나이와 직업)
2. 어떤 일을 하고 있나요(했었나요)? (직업보다는 자신의 삶의 내면이 드러나는 일)
3. 그런 일을 하게 된 동기-과정 등이 드러나게 써 보세요.
4. 내가 죽은 후 누구에게 어떤 사람이었다고 기억되고 싶습니까?

〈부록 3〉

그 애는 혼자 은둔합니다. 어떻게 말을 거나요?

—— 은둔취향인 학우 만나기

[한국: 대인관계만 피하는 은둔(은둔형외톨이??)이 특징/ 일본: 히키코모리/ 영국: NEET young people who are Not in Education, Employment nor Training/미국: 1930년~]

일러스트 조시원

1. 사회적 철회를 하는 사람들의 공통점
   즐거운 경험이 희박하다. 무기력 · 무감동 · 무쾌락 상태. 선택 회피, 고립감, 허무감. 관계가 어려운 사람들과 외부에서 오는 스트레스를 피하려다 고립과 소외에서 오는 긴장으로 내부의 스트레스가 가중된다.

2. 임상적 경향
   - 학생무기력: 자신이 학교에 가지 않는 것을 부담스러워 한다.
   - 그러나 학교에 가지 않는다. (또는 등교하여 화장실에 숨어 지낸다.)
   - 사회와 최소한의 접촉만으로 살아간다. 자기 방에서만 생활한다.
   - 오래 되면 스트레스를 풀 대상이 없어 가까운 사람을 오히려 공격한다.
   - 대인관계에서 상대에게 휘말리게 될까봐 두려워 한다. 친해져도 긴장한다.
   - 단절과 고립이 심해진다.

3. 동기: 새 학년, 학기 시작, 교사나 또래, 부모와의 갈등, 말싸움, 발병 등
4. 은둔형 외톨이는 정신질환인가?: 아니다.
   - 성취 중심의 가치관이 아닌, 다른 가치관을 지닌 것이다. 그러나 1) 우울증, 사회공포증, 인격 장애 등과 식별하기 위해, 2) 정신건강상의 문제를 찾기 위해 반드시 전문적인 검사가 필요하다.

5. 돕는 방법
   - 말하는 그대로 경청한다. (너는 학교에 오기 싫구나!)
   - 자극적인 말을 삼가고 안정적, 일관적 태도를 지닌다.
   - 작은 변화에 관심을 표한다. (오늘은 네가 거실로 나왔구나!)[구나요법]
   - 명령절제, 말을 짧게, 긍정적인 어휘를 사용한다. (지각하지 마! → 일찍 오자!)
   - 침묵을 허용, 문제해결 중심적인 대화(그럼 어떻게 할까? 네가 원하는 것을 말해 줄래?)를 상호적으로 이끈다.

〈부록 4〉

(1) 학생대상 교육프로그램

학생대상 교육프로그램					
학기	회	주제	내용	참여회수	참여자수
1	1	양성평등	양성평등개념		
	2	자살예방교육	자살예방방법		
	3	또래상담원 자살예방 상담교육	자살예방상담법		
	4	학교폭력 예방교육	학교폭력 예방 및 법령		
	5	우울증 예방교육	우울감 체크 및 해결방법		
	6	다면인성검사 결과에 의한 직업탐색 방법	인성검사 해석과 진로탐색		
2	7	은둔형외톨이 예방법	고립감, 집단따돌림 예방		
	8	종교차별 예방방법	종교의 자유		
	9	다중지능	직업적성 찾기		
	10	인간에 대한 예의	인권		

(2) 학부모대상 교육프로그램

학기	회	학부모 교육			
		주제	내용	참여 회수	참여자수
1	1	자녀와의 대화법1	마음열기 대화방법		
	2	학교폭력 예방	학교폭력 예방 및 법령		
2	3	대화법2	비폭력 대화법		

Chapter 06

학사실무

1. 학적관리 | 2. 학업성적 관리

Chapter 06

학사실무

| 개요 |

각 급 학교의 학사운영은 교육기본법, 초 · 중등교육법, 초 · 중등교육법시행령 등 학교 교육에 관한 제 규정에 의하여 운영된다. 학사실무 중 ① 학적관리와 ② 학업성적관리가 일선 학교에서는 중요한 교사의 행정업무로 정확하게 처리하고 있다. 6장에서는 학적관리로 각 급 학교의 입학, 전 · 편입학, 재입학, 휴학 그리고 학교규칙(학칙)에 대하여 살펴보고, 성적관리는 대학 입학전형과 관련되어 엄격하게 처리하고 있는 고등학교의 학업성적관리를 심도 있게 다루어 교사들로 하여금 학업성적관리가 잘 이루어지도록 하였으면 한다.

1. 학적관리

1) 입학

(1) 초등학교

초등학교는 국민생활에 필요한 기초적인 초등교육을 하는 교육기관으로, 교육기본법 제8조에 의무교육 대상으로 초 · 중등교육법 제13조~제16조, 제38조~제39

조, 초 · 중등교육법시행령 제15조~제22조에서 규정하고 있다.

① **취학아동명부 작성 및 보호자의 열람**

- 읍 · 면 · 동의 장은 매년 10월 1일 현재 그 관내에 거주하는 자로서 그해 1월 1일부터 12월 31일까지 연령이 만 6세에 달하는 자를 조사하여 그해 10월 31일까지 취학아동명부를 작성하여야 한다.
- 취학아동명부 작성 후 10일 이상의 기간을 정하여 아동의 보호자가 열람할 수 있도록 하여야 한다.
- 3월 1일에 취학할 아동이 취학아동명부 작성 기준일 후 관내로 전입할 때에는 즉시 취학아동명부에 등재하여야 한다.

② **입학기일의 통보**

교육장은 다음 해에 취학할 아동의 입학기일과 통학구역을 결정하고 입학기일이 속한 해의 전해 11월 30일까지 읍 · 면 · 동의 장에게 통보해야 한다. 단 교육대학 · 사범대학 및 종합교원양성대학의 부설 초등학교 및 사립 초등학교의 통학구역은 지정하지 아니한다.

③ **취학의 통지**

읍 · 면 · 동의 장은 입학할 학교를 지정하고 입학기일을 명시하여 입학기일이 속한 해의 전해 12월 20일까지 취학할 아동의 보호자에게 취학통지를 하여야 한다.

④ **귀국 학생 등의 입학 및 전학**

다음의 어느 하나에 해당하는 아동이나 학생의 보호자는 입학 또는 전학 절차를 갈음하여 거주지가 속하는 학구 안에 있는 초등학교의 장에게 입학 또는 전학을 신청할 수 있다. 신청받은 초등학교장은 출입국에 관한 사실증명 또는 외국인등록 사실증명의 내용을 확인한다.

- 외국에서 귀국한 아동 또는 학생
- 재외국민의 자녀인 아동 또는 학생
- 북한이탈주민인 아동 또는 학생
- 외국인인 아동 또는 학생
- 그 밖에 국내에 거주하지 않았거나 국내에 학적이 없는 등의 사유로 입학 또는 전학 절차를 거칠 수 없는 아동 또는 학생

(2) 중학교

중학교는 초등학교에서 받은 교육의 기초 위에 중등교육을 하는 것을 목적으로 하는 교육기관으로, 교육기본법 제8조에 의거 의무교육대상자로 초·중등교육법 제41조~제43조, 초·중등교육법시행령 제25조~제29조, 제66조~제76조, 제96조에 규정하고 있다.

① 입학자격

- 초등학교를 졸업한 자
- 중학교 입학자격 검정고시에 합격한 자
- 외국 또는 군사분계선 이북 지역에서 6년 이상의 학교 교육과정을 수료한 자
- 소년원법 제29조 제4항의 규정에 의하여 초등학교에 상응하는 교육과정을 이수한 자

② 원서 제출 및 배정

- 출신 초등학교 관할 중학교 입학추첨관리위원회(교육청별 구성)에 중학교 배정 원서 제출

- 교육장은 지역별, 학교군 별로 추첨에 의해 학교 배정. 단 교육감이 지정하여 고시한 지역 소재 중학교 지원자는 2개 이상의 학교를 선택하여 지원할 수 있음.
- 학교 배정 후 당해 학교 입학을 포기하는 경우 당해 연도에 다른 학교 배정 불가능
- 교육장이 인정한 체육특기자와 지체부자유자는 학교를 지정하여 배정

③ 기타

서울의 경우 각종학교인 선화예술학교, 서울국악예술학교, 국립국악중학교, 예원학교, 한국삼육중학교는 자체 전형 방법에 의하여 신입생 선발

(3) 고등학교

고등학교는 중학교에서 받은 교육의 기초 위에 중등교육 및 기초적인 전문교육을 하는 것을 목적으로 하는 교육기관으로, 초·중등교육법 제45조~제51조, 초·중등교육법시행령 제77조~제89조에서 규정하고 있다.

① 입학자격

- 중학교를 졸업한 자
- 고등학교 입학자격 검정고시에 합격한 자
- 교육부장관이 지정한 학교를 졸업한 자
- 외국 또는 군사분계선 이북 지역에서 9년 이상의 학교 교육과정을 수료한 자
- 교육부장관이 지정한 사회 교육 시설에서 중학교 교육과정에 상응하는 교육과정을 이수한 자
- 소년원법 제29조 제4항의 규정에 의하여 중학교에 상응하는 교육과정을 이수한 자

② **선발 시기 및 지원**

• 전기 학교는 예술계고교, 체육계고교, 특수목적고교, 특성화고교, 자율형사립고 등이며, 후기 학교는 전기에 해당하지 않는 모든 학교로 한다.

• 지원자가 재학한 중학교가 소재하는 지역의 1개 학교를 선택하여 해당 고등학교에 지원한다.

③ **입학 전형 방법**

• 전기 학교는 중학교 학교생활기록부 기록, 중학교 교원의 추천서, 면접, 실기시험 성적 등 자기주도능력을 평가할 수 있는 사항을 반영하여 실시한다.

• 후기 학교

 – 중학교 학교생활기록부의 기록에 의한 방법

 – 시 · 도별로 시행하는 선발고사에 의한 방법

 – 중학교 학교생활기록부의 기록과 선발고사를 병합한 방법

• 입학 전형 면제자

 – 외국 또는 군사분계선 이북 지역에서 9년 이상의 학교 교육과정을 이수한 자

 – 정부의 초청 또는 추천에 의하여 귀국한 과학기술자 및 교수 요원의 자녀

 – 외국인 학생

 – 외국에서 부모와 함께 거주하며(2년 이상) 외국의 학교에 2년 이상 재학하고 귀국한 후 국내 중학교에 편입학하여 졸업한 학생

 – 체육특기자 및 지체부자유자

(4) 신입생 선발 및 배정

① 전기 학교는 당해 학교장이 결정한다.

② 후기 학교는 주간부 · 야간부 순으로 선발한다(서울의 경우 후기 야간부 고등학

교는 없음).

(5) 신입생 배정

① 학교군별로 추첨에 의거 배정한다.

② 2개 이상의 학교를 선택하여 지원할 수 있도록 교육감이 지정한 특정 지역 내 소재하는 학교(선복수지원 후추첨배정학교)에 대하여는 지원자 중 해당 학교 정원의 전부 또는 일부를 배정할 수 있다.

③ 체육특기자, 지체부자유자는 학교군에 제한 없이 교육감이 학교를 지정하여 배정한다.

④ 통학상 교통이 불편하거나 학교군별 수용 능력상 필요한 경우 정원의 범위 내에서 타 학교군 학교에 배정할 수 있다(서울특별시교육청 고시 제94-7호).

⑤ 당해 연도 고등학교에 배정된 자가 당해 학교의 입학을 포기한 경우 당해 연도에 다시 다른 학교에 배정 받지 못한다.

2) 전 · 편입학, 재입학, 휴학

중 · 고등학교의 전 · 편입학 절차 등은 시 · 도교육청에 따라 차이가 있으므로 서울시교육청 중심으로 기술하고자 한다.

(1) 초등학교(초 · 중등교육법시행령 제19조, 제21조)

① 업무 담당 기관은 거주지 관할 동사무소

② 대상자는 통학 구역 이외의 지역으로 거주지를 이전한 학생 또는 귀국 학생 및 다문화 학생

③ 전학 절차

- 거주지 관할 동사무소에 전입신고와 동시에 학교 배정
- 재학 중인 학교에 거주지 이전 사실 통보
- 전학하고자 하는 학교에 주소지 변경을 확인할 수 있는 서류(전입신고서 또는 주민등록등본)제출
- 전입 학교장이 전출 학교장에 학교생활기록부와 건강기록부 송부 요청
- 재외국민 또는 외국인이 보호하는 자녀의 경우 출입국관리사무소장이 발행한 출입국에 관한 사실증명서 또는 외국인등록사실증명서를 제출

④ 학교생활 부적응 또는 가정 사정 등으로 학생의 교육 환경을 바꾸어줄 필요가 있다고 학교장이 인정하는 경우 학생 보호자 1인의 동의를 얻어 교육장에게 추천할 수 있으며 교육장은 전학할 학교를 지정할 수 있다.

(2) 중학교(초 · 중등교육법시행령 제73조~제75조)

① 업무 담당 기관은 주소지 관할 지역교육청

② 대상자는 중학교에 재학 중인 자로서 전 가족의 거주지가 다른 학교군으로 이전된 자

③ 절차

- 일반 학생
  - 재적 학교에 거주지가 이전된 주민등록등본을 제출하고 재학증명서를 발급받는다.
  - 주민등록등본 2부, 재학증명서 1부를 거주지 관할 지역교육청 교육상담실(민원실)에 제출한다(당일 배정).
- 귀국 학생은 다음 서류를 준비하여 거주지 관할 지역교육청에 제출한다.
  - 해외에서 다닌 모든 학교의 재학증명서와 성적증명서(재학 학년과 기간 명시, 학교장 서명 또는 직인 날인 필수)

- 국내 최종학교 재적증명서 또는 졸업증명서
- 출입국사실증명서(부 · 모, 학생)
- 전 가족이 등재된 주민등록등본(귀국일 이후 발행)
- 외국에서의 체류기간 및 거주기간확인서(재외국민등록부 등본: 체류국 재외공관장 발행)
- 귀국 학생을 위한 특별 학급이 설치된 중학교로의 전입 희망시 이를 반영

④ 교육장은 중학교의 장이 학생의 교육상 교육환경을 바꾸어 줄 필요가 있다고 인정하여 전학을 추천한 자에 대하여는 학교를 지정하여 배정할 수 있다.

⑤ 중학교의 장은 교육과정 이수에 지장이 없는 범위 안에서 중학교, 특성화중학교, 학력인정 각종 학교간의 전 · 입학을 허가할 수 있다.

(3) 고등학교(초 · 중등교육법시행령 제89조)

① 업무 담당 기관

- 전기 학교는 전학하고자 하는 학교(교육과정 이수에 지장이 없는 범위 내에서 해당 학교의 장이 시행)
- 후기 학교는 시 · 도교육청

② 대상(후기 일반고등학교)

- 후기 일반고등학교 재학 중인 자로서 전 가족의 거주지가 다른 학교군으로 이전된 자(단, 선복수지원 후추첨 배정학교에 재학 중인 자는 거주지 학교군과 학교가 소속된 학교군 이외의 학교군으로 거주지가 이전된 자에 한함.)
- 과학고, 외국어고, 예술계고, 체육계고 재학생으로서 제2학년 1학기 이하에 재학 중이며 전 가족이 서울시에 거주하는 자
- 학교장이 교육 환경을 바꾸어 줄 필요가 있다고 인정하여 다른 학교로 전학을

추천한 자

- 특성화고 재학 중인 자로서 학교장의 추천을 받은 자

③ **절차**

- 전기 학교
  - 전학하고자 하는 전기고에서 전입학 동의서를 발급받는다.
  - 재학하는 학교에 전입학 동의서를 제출하고 전출 허가를 받는다.
  - 전출 서류 전입학교에 제출한다.
- 후기 일반고등학교
  - 재적학교에 거주지가 이전된 주민등록등본 제출한다.
  - 재적학교에서 전입학배정원서를 작성한다.
  - 전입학배정원서와 주민등록등본을 서울시교육청 민원실로 모사 전송한다.
  - 서울시교육청에서 신청인과 전화 상담으로 학교를 배정받는다.
  - 서울시교육청에서 배정 공문 재적학교와 배정학교로 모사 전송한다.
  - 재적학교와 배정학교에 가서 전입학 수속을 한다.
- 귀국학생은 다음 서류를 원본과 사본 각 1부씩 구비하여 서울시교육청에 제출
  - 해외에서 다닌 모든 학교의 재학증명서와 성적증명서(재학학년과 기간 명시, 학교장서명 또는 직인 필수)
  - 국내 최종학교 재적재학증명서 또는 졸업증명서
  - 출입국사실증명서(부 · 모 · 학생)
  - 전 가족이 등재된 주민등록등본(귀국일 이후 발행)
  - 외국에서의 체류기간 및 거주기간 확인서(재외국민등록부 등본: 체류국 재외공관장 발행)

④ **전입학 가능 시기**

- 동일 계열 고등학교간의 전 · 편입학은 3학년 1학기 말까지
- 타 계열 고등학교간의 전 · 편입학은 2학년 1학기 말까지
- 귀국 학생의 전 · 편입학은 3학년 10월까지

단 특수교육 대상자의 전 · 편입학은 시기에 관계없이 가능

⑤ **배정 방법**

- 학교군별, 학교별, 학년별, 남 · 녀별 결원수 범위 내에서 접수 순서에 따라 통학 여건을 고려하여 수시 배정한다.

⑥ **비평준화지역 고등학교로의 전입학**

- 전입학 희망 고등학교장으로부터 전입학 동의서를 발급받는다.
- 재적교에 제출하여 전출 수속 후 동의서를 발급받은 전입학 희망교에 가서 전입학 수속을 한다.

(4) 재입학 및 편입학(초 · 중등교육법시행령 제92조)

① **재입학**

학업을 중단한 자가 중단 이전의 학교에 재학 당시 학년 이하의 학년으로 다시 입학함을 말한다.

- 절차: 퇴학 당시의 재적학교에 재입학원서를 제출하여 학교장이 허가할 경우 당해 학교에서 재입학 수속을 한다.
- 시기: 수시로 가능하다.

② **편입학**

의무교육 대상자가 아닌 자로서 학업을 중단한 자가 중단 이전의 학교에 재학 당시 학년의 차상급 학년으로 다시 입학하거나, 다른 학교로 다시 입학함을 말한다.

- 절차는 전입학 절차와 동일하다.
- 시기는 고등학교 이하 학생의 편입학은 교육과정 이수에 지장이 없는 범위 내에서 수시로 가능하다.

(5) 휴학

질병 기타 부득이한 사정으로 인하여 학교장의 허가를 받아 일정 기간 동안 학교에 출석하지 않는 경우를 말하며, 휴학은 특별한 규정이 없는 한 학칙이 정하는 바에 의하여 학교장이 행한다.

3) 수료 및 졸업, 학력 인정

(1) 수료 및 졸업(초 · 중등교육법시행령 제50조)

① 학교의 장은 학생의 교육과정 이수 정도 등을 평가하여 학생의 각 학년 수료 또는 졸업을 인정한다.

② 학생의 각 학년 과정의 수료에 필요한 출석 일수는 법정 수업 일수의 3분의 2 이상이어야 한다.

③ 학교의 장은 당해 학교의 교육과정을 이수하였다고 인정하는 자에게 졸업장을 수여한다.

(2) 학력 인정

① 초등학교 졸업자와 동등의 학력 인정(초 · 중등교육법시행령 제96조)

- 교육감이 학력심의위원회 심의를 거쳐 6년 이상의 학교교육과정을 수료한 자에 상응한 학력을 가진 것으로 인정한 자
- 소년원법 제29조 제4항의 규정에 따라 초등학교에 상응하는 교육과정을 이수한 자
- 대안학교 졸업자로 초등학교 과정 학력인정을 받은 자
- 외국에서 6년 이상 또는 초등학교에 해당하는 학교교육과정을 이수한 자

② 중학교 졸업자와 동등의 학력인정(초 · 중등교육법시행령 제97조)

- 고등학교입학자격검정고시에 합격한 자
- 중학교에 준하여 교육과정을 운영하는 학교 중 교육감이 지정 · 고시한 학교를 졸업한 자
- 교육감이 학력심의위원회 심의를 거쳐 9년 이상의 학교교육과정을 수료한 자에 상응한 학력을 가진 것으로 인정한 자
- 교육감이 지정한 평생교육시설에서 중학교 교육과정에 상응한 교육과정을 마친 자
- 소년원법 제29조 제4항에 따라 중학교에 상응하는 교육과정을 마친 자
- 대안학교 졸업자로 중학교 과정 학력인정을 받은 자
- 외국에서 9년 이상 또는 중학교에 해당하는 학교교육과정을 이수한 자

③ 고등학교 졸업자와 동등의 학력인정(초 · 중등교육법시행령 제98조)

- 고등학교 졸업학력검정고시에 합격한 자
- 고등학교에 준하여 교육과정을 운영하는 학교로서 교육감이 지정 · 고시한 학교를 졸업한 자
- 교육감이 학력심사위원회의 심의를 거쳐 12년 이상의 학교 교육과정을 수료한 자에 상응한 학력을 가진 것으로 인정한 자
- 한국과학기술원 학사규정에 해당하는 자로서 과학기술대학의 입학전형에 합격하여 등록한 자, 광주과학기술원 학사규정에 해당하는 자로서 광주과

학기술원 학사과정의 입학전형에 합격하여 등록한 자, 대구경북과학기술원법시행령에 해당하는 자로서 대구경북과학기술원 학사과정의 전형에 합격하여 등록한 자

- 교육감이 지정한 평생교육시설에서 고등학교 교육과정에 상응한 교육과정을 이수한 자
- 소년원법 제29조 제4항의 규정에 의하여 고등학교에 상응하는 교육과정을 이수한 자
- 종전의 교육법에 의한 실업고등전문학교에서 3학년 이상을 수료한 자
- 대안학교의 졸업자로 고등학교과정 학력인정을 받은 자
- 외국에서 12년 이상의 학교교육과정을 수료한 자 또는 교육부장관이 고등학교에 해당하는 학교교육과정에 상응하는 것으로 인정하는 외국의 교육과정 전부를 수료한 자

4) 고등학교 입시 제도

(1) 입학 전형 실시권자(초 · 중등교육법시행령 제77조)

① 당해 학교의 장이 입학 전형의 방법 등 전형 요강을 교육감의 승인을 얻어 실시한다.

② 교육부령이 정하는 지역(평준화지역) 안에 소재하는 고등학교는 당해 교육감이 실시한다.

(2) 입학전형기본계획의 수립 및 공고(초 · 중등교육법시행령 제78조)

① 교육감은 매년 3월 31일까지 다음 학년도 입학전형기본 계획을 수립하여 공고하여야 한다. 다만, 공고 이후 고등학교 구분이 변경되는 등 특별한 사유가

있을 때에는 입학전형 실시 기일 3개월 전까지 변경 계획을 수립 · 공고하여야 한다.

② 입학전형 실시권자는 전형 실시 기일 3개월 전까지 실시에 관한 사항 공고(전형 일시, 원서 접수, 전형 방법 등)하여야 한다.

(3) 입학 전형 방법(초 · 중등교육법시행령 제82조)

① 전기 학교의 입학전형은 교육감이 정하는 바에 따라 중학교 학교생활기록부 기록, 중학교 교원의 추천서, 면접, 실기시험 성적 등 자기주도능력을 평가할 수 있는 사항을 반영하여 실시한다.

② 후기 학교

- 중학교 학교생활기록부의 기록에 의한 방법
- 선발고사에 의한 방법
- 중학교 학교생활기록부의 기록과 선발고사를 병합한 방법

(4) 전기 학교 지원자의 후기 학교 지원(초 · 중등교육법시행령 제85조)

① 전기 학교 신입생으로 선발된 자는 후기 학교에 입학할 수 없다.

② 전기 학교에 지원하여 선발되지 아니한 자는 후기 학교에 지원하여 입학을 원할 때는 후기 학교 지원 방법, 전형 방법, 배정 등은 일반 학생과 동일한 방법에 의한다.

(5) 기타

① 입학 전형에 응시하고자 하는 자는 시 · 도교육청 규칙이 정하는 바에 의하여 전형료를 납부하여야 한다(초 · 중등교육법시행령 제88조).

② 고등학교에 배정된 자가 당해 학교에의 입학을 포기한 경우 당해 연도에 다시

다른 학교에 입학 배정을 받지 못한다(초 · 중등교육법시행령 제84조).

③ 교육감은 학생수용계획상 필요하다고 인정할 때에는 고등학교 신입생을 추가로 선발 또는 배정할 수 있다(초 · 중등교육법시행령 제86조).

5) 학교 규칙(학칙)

학교의 장은 지도 · 감독기관(국립학교인 경우는 교육부장관, 공 · 사립학교의 경우는 교육감) 인가를 받아 학교규칙(학칙)을 제정할 수 있다(초 · 중등교육법 제8조). 학교규칙에는 다음 사항을 기재하여야 한다(초 · 중등교육법시행령 제9조).

(1) 수업 연한 · 학년 · 학기 및 휴업일

(2) 학급 편제 및 학생 정원

(3) 교과 · 수업 일수 및 고사와 과정 수료의 인정

(4) 입학 · 재입학 · 편입학 · 전학 · 휴학 · 퇴학 · 수료 및 졸업

(5) 조기 진급 및 조기 졸업 및 상급학교 조기입학 자격 부여

(6) 수업료 · 입학금 기타의 비용 징수

(7) 학생 포상 및 학생 징계, 징계 외의 지도방법, 두발 · 복장 등 용모, 교육목적상 필요한 소지품 검사, 휴대전화 등 전자기기의 사용 및 학교 내 교육연구활동 보호와 질서 유지에 관한 사항 등 학생의 학교생활에 관한 사항

(8) 학생 자치 활동의 조직 및 운영

(9) 학칙 개정 절차

(10) 기타 법령에서 정하는 사항

2. 학업성적 관리

1) 기본방침

교육과학기술부훈령 제282호(2013. 2. 15.)의 교과 학습 발달 상황 및 평가에 관한 사항은 초등학교 · 중학교 · 고등학교에 공히 적용되는 것이며, 다만 고등학교에서의 학업성적 평가 및 관리가 특히 중요시되므로, 평가 방법의 다양화와 평가 방법의 공정성 · 타당성 등의 방침을 적용한 것이다. 이후의 내용은 충청남도교육청의 지침을 중심으로 기술하고자 한다.

(1) 각급 학교는 학업성적 평가 및 관리의 객관성 · 공정성 · 투명성과 신뢰도 등을 높여 학교 교육의 내실화를 도모한다.

(2) 학업성적 평가 및 관리의 객관성 · 공정성 · 투명성과 신뢰도를 높이기 위하여 학교별 각 교과협의회와 학업성적관리위원회의 구성 · 운영 및 기능을 강화한다.

(3) 교과학습발달상황의 평가는 지필평가와 수행평가로 구분하여 실시한다. 다만, 통합교과(초등) 및 전문교과 실기과목 등 특수한 경우는 단위학교 학업성적관리규정으로 정하여 수행평가만으로 실시할 수 있다.

(4) 각 교과별 지필평가 및 수행평가의 시기 · 영역 · 방법 · 횟수 · 기준 · 반영비율 등과 성적처리방법 및 결과의 활용 등은 본 지침 및 각 학교 · 교과지도의 형편을 고려하여 교과(학년)협의회에서 정하고, 이를 학교 학업성적관리위원회의 심의를 거쳐 학교장이 최종 결정한다.

(5) 각 급 학교에서는 본 시행지침에 의거한 학교별 세부적인 학업성적관리규정을 제정하여 활용한다.

2) 학업성적관리위원회 설치 · 운영

학업성적 평가 및 관리의 객관성 · 공정성 · 투명성과 신뢰도를 높이고, 학교생활기록부의 작성 및 관리, 기타 학교 학업성적관련 업무를 효율적으로 시행하기 위하여 학교별 학업성적관리위원회를 설치 · 운영한다.

(1) 학업성적관리위원회의 구성 및 임무

① 위원장은 학교장으로 하며, 성적관리위원회의 업무를 총괄하고, 부위원장은 교감으로 하며, 위원장을 보좌하고 위원장 유고시 위원장을 대행한다.

② 위원의 수는 학교 규모에 따라 정하며, 위원은 교무 분장 업무를 고려하여 학교장이 임명하고, 위원회는 당해 학교의 학업성적관리 관련 업무에 대하여 심의한다.

③ 학부모의 의견 수렴과 성적관리의 투명성 등을 확보하기 위하여 학교장은 약간 명의 학부모위원을 위촉할 수 있다.

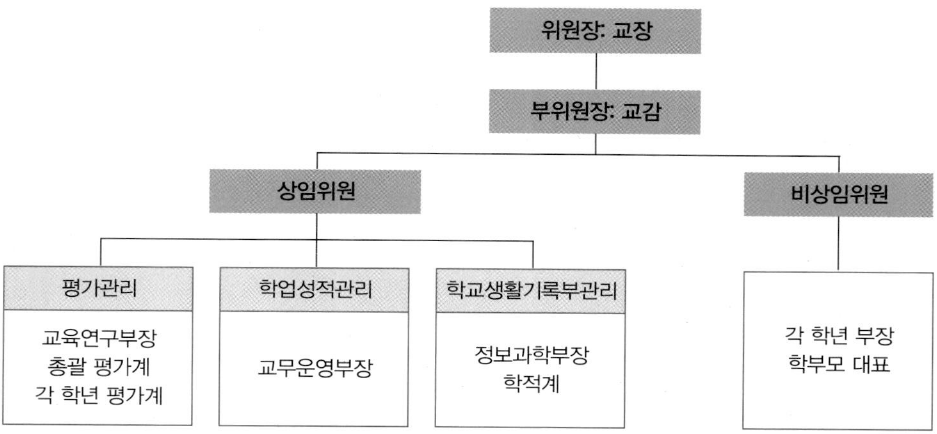

그림 6-1 | 학업성적관리위원회 구성(A고교 예시)

(2) 학업성적관리위원회 심의 내용

① 학교 학업성적관리규정 제 · 개정

② 각 교과협의회(학년협의회)에서 제출한 지필평가 및 수행평가의 영역 · 방법 · 횟수 · 기준 · 반영 비율 등과 성적 처리 방법 및 결과의 활용

③ 창의적 체험활동의 평가 기준 및 방법

④ 행동특성 및 종합의견의 평가 덕목 및 방법

⑤ 학업성적 평가 및 관리의 객관성 · 공정성 · 투명성과 신뢰도 제고 방안(평가의 기준 · 방법 · 결과의 공개 및 홍보 등)

⑥ 학교생활기록부의 기재방법 및 기재내용 등에 관한 사항

⑦ 고등학교의 교과목별 성취도별 기준 성취율(원점수), 성취도별 부여 가능한 비율 등에 관한 사항

⑧ 산업수요 맞춤형 고등학교(마이스터고) 및 특성화고등학교의 현장실습 평가에 관한 사항

⑨ 기타 학교 학업성적관리 관련 업무

(3) 학업성적관리위원회 운영

① 학업성적관리위원회는 '초 · 중등교육법' 및 '동법시행령', '행정업무의 효율적 운영에 관한 규정' 및 '동시행규칙', '학교생활기록의 작성 및 관리에 관한 규칙', '학교생활기록 작성 및 관리지침', 교육부 훈령, '충청남도교육청 초 · 중 · 고등학교 학업성적관리 시행 지침', 교육부 및 시 · 도교육청의 학업성적 관리에 관한 관련 공문, 관련 자료 등에 근거하여 당해 학교의 학업성적관리 규정을 학교 실정에 맞게 개정 보완한다.

② 학업성적관리위원회를 정기적으로 개최하여 학업성적 및 평가 관리의 제반사항을 검토하고, 학업성적과 관련한 문제가 발생하지 않도록 예방에 힘쓴다.

③ 학업성적관리규정에 대한 교직원 연수를 학기별로 실시하여 모든 교직원이 학교 학업성적관리규정 내용을 숙지하도록 한다.

④ 학업성적관리위원회의 심의사항은 학교장의 결재를 받은 후 시행한다.

3) 출결상황 관리

(1) 수업일수

① 수업일수는 초 · 중등교육법시행령 제45조의 규정에 의하여 학교장이 정한 학년별 학생이 연간 출석해야 할 총일 수를 말한다.

② 학적 변동(면제 · 유예 · 휴학 · 제적 · 자퇴 · 퇴학 · 전출 등) 당일까지를 수업일수에 산입한다.

③ 학적 변동 전 · 후에 중복 일수가 있는 경우 새로 학적을 부여받은(재입학 · 재취학 · 편입학 · 전입학 · 복학 등) 일수만 수업일수로 계산한다.

④ 학적을 새로 부여받은 자의 당해 학년 수업일수는 원적교의 당해 학년 수업일수와 합산하되, 중복되는 기간의 수업일수는 제외한다(예: 2학년 4월 15일 자퇴, 다음 해 2학년 3월 20일 재입학일 경우, 원적교의 3월 20일~4월 15일까지 수업일수는 제외).

⑤ 재입학 · 전입학 · 복학한 학생의 수업일수는 다른 학생의 수업일수와 같지 않을 수 있으나, 그 수업일수가 당해 학교 당해 학년 수업일수의 3분의 2 미만이 될 경우에는 각 학년 과정의 수료에 필요한 수업일수 부족으로 수료 또는 졸업 인정이 되지 않아 원칙적으로 당해 학년도 재입학 · 전입학 · 복학이 불가능하다(초 · 중등교육법 제50조 제2항).

(2) 결석 처리

① 결석일수의 산정은 다음 각 항과 같이 한다.

② 학칙에 의거, 출석하여야 할 날짜에 출석하지 않았을 때에는 결석으로 처리한다.

③ 학적을 새로 부여받은 자의 당해 학년 결석일수는 원적교의 당해 학년 결석일수와 합산하되, 중복되는 기간의 결석일수는 제외한다.

④ 다음 각 호의 하나에 해당하는 경우에는 출석으로 처리한다(교육정보시스템: 나이스(NEIS), 출결 관리에서는 '출석인정'에 표기함).

- 지진, 폭우, 폭설, 폭풍, 해일 등의 천재지변 또는 법정 전염병으로 출석하지 못한 경우
- 병역관계 등 공적의무 또는 공권력의 행사로 인하여 출석하지 못한 경우
- 학교장의 허가를 받은 "학교를 대표한 경기, 경연대회 참가, 산업체 실습과정(현장실습 · 해외인턴십), 훈련 참가, 교환학습, 현장(체험)학습 등"으로 출석하지 못한 경우
- 학생 징계로 인한 학교 내의 봉사, 사회봉사, 특별교육이수 기간
- '학교폭력예방및대책에관한법률' 제16조(피해학생의 보호) 제1항의 규정에 의한 결석으로 학교의 장이 인정하는 일시보호, 치료를 위한 요양 기간
- '학교폭력예방및대책에관한법률' 제17조(가해학생에 대한 조치) 제1항의 규정에 의한 학교에서의 봉사, 사회봉사, 학내외 전문가에 의한 특별교육 이수 또는 심리치료 기간
- '가정폭력방지및피해자보호등에관한법률시행령' 제2조(임시보호기간 등) 제1항 및 제2항의 규정에 의하여 가정폭력 피해 학생에 대한 임시보호 기간
- 다음 경조사로 인하여 출석하지 못한 경우(국가공무원복무규정 제20조 제1항 별표 2를 근거로 함)

구분	대상	일수
결혼	• 형제, 자매	1
입양	• 본인	20
사망	• 부모 및 부모의 부모	5
	• 부모의 조부모 · 외조부모 • 형제 · 자매 및 그의 배우자	2
	• 부모의 형제 · 자매	1

※ 원격지일 경우 실제 필요한 왕복 소요일수를 학교장의 결재를 받아 가산할 수 있음.

- 소년분류심사원 선도교육 등으로 인하여 출석하지 못하는 경우
- 여학생 중 생리통이 극심해 출석이 어려운 학생으로 확인된 경우, 월 1일에 한하여 출석으로 인정함(이로 인한 지각, 조퇴, 결과는 합산하여 월 3회까지 출석으로 인정함).
- 건강장애로 선정된 학생의 병원학교 수업참여 및 교육계획 기간 내에 이수한 화상 강의
- 건강장애 선정대상자는 아니나 3월 이상의 치료를 요하는 화상, 교통사고 등의 심각한 부상으로 불가피하게 장기결석이 예상되는 학생에 대해, 병원학교 수업참여 또는 화상강의를 이수하도록 교육청이 허가하고 이에 따라 이수한 화상강의
- 기타 부득이한 사유로 학교장의 허가(내부 결재 등)를 받아 결석하는 경우

⑤ 다음 각 호의 하나에 해당하는 경우에는 질병결석으로 처리한다.

- 결석한 날부터 5일 이내에 의사의 진단서 또는 의견서를 첨부하여 결석계를 제출한 경우
- 부득이한 사정으로 결석한 날부터 5일 이내에 의사의 진단서 또는 의견서를 첨부하지 못했으나, 질병결석임을 증명할 수 있는 자료(학부모 의견서, 투약

봉지, 담임교사 확인서 등)를 첨부한 결석계를 5일 이내에 제출하여 학교장 승인을 받은 경우(예: 상습적이지 않은 1일 또는 2일의 단기결석인 경우)

⑥ 다음 각 호의 하나에 해당하는 경우에는 무단결석으로 처리한다.

- 합당하지 않는 사유나 고의로 결석한 경우(태만, 가출, 고의적 출석 거부, 범법 행위로 관련기간 연행 · 도피 등)
- '초 · 중등교육법시행령' 제31조(학생의 징계 등) 제6항의 가정학습 기간
- '학교폭력예방및대책에관한법률' 제17조(가해학생에 대한 조치) 제1항의 규정에 의한 출석정지 기간

⑦ 다음 각 호의 하나에 해당하는 경우에는 기타 결석으로 처리한다.

- 부모 · 가족 봉양, 가사 조력, 간병 등 부득이한 개인사정에 의한 결석임을 학교장이 인정하는 경우
- 공납금 미납을 사유로 결석한 경우
- 기타 합당한 사유에 의한 결석임을 학교장이 인정(반드시 증빙 자료 첨부)하는 경우

(3) 지각 · 조퇴 · 결과 처리

① 지각은 학교장이 정한 등교시작까지 출석하지 않은 경우이다.

② 조퇴는 학교장이 정한 하교시각 이전에 하교한 경우이다.

③ 결과는 수업시간에 불참하거나 교육활동을 고의적으로 방해한 경우이다.

④ 위의 (2)의 ④항의 각 호에 해당되는 사유로 인한 지각, 조퇴, 결과는 각각의 횟수에 포함하지 않는다.

⑤ 지각, 조퇴, 결과의 사유는 각각 결석 사유와 동일하게 질병, 무단, 기타로 처리한다.

⑥ 같은 날짜에 지각, 조퇴, 결과가 발생된 경우에는 사안이 먼저 발생한 것으로

만 처리한다.

⑦ 같은 날짜에 결과가 1회 이상이라도 1회로 처리한다.

⑧ 학적을 새로 부여받은 자의 당해 학년 지각 · 조퇴 · 결과 횟수는 원적교의 당해 학년 각 횟수와 합산하되, 중복되는 기간의 각 횟수는 제외한다.

(4) 소년원 재소자의 수업 일수

① 보호소년의 소년원학교에의 입교는 초 · 중등교육법에 의한 입학 · 전학 또는 편입학으로 본다.

② 초 · 중등교육법 제2조의 학교(동조 제1호의 학교를 제외한다)에서 재학하던 중 소년분류심사원에 위탁된 소년의 위탁기간은 당해 학교의 수업일수에 산입한다.

4) 교과학습발달상황 평가 및 관리

(1) 교과학습발달상황 평가

① 평가의 구분

교과학습발달상황의 평가는 선택형 지필평가(이하 '지필평가'라 한다)와 수행평가로 구분하여 실시한다.

② 평가의 목표, 기준, 내용 및 방법

- 교과학습의 평가(지필평가 및 수행평가)는 모든 학생들이 교육목표를 성공적으로 달성할 수 있도록 돕기 위한 교육의 과정으로 실시하며, 평소 학교에서 가르친 내용과 기능에 대하여 학생 개개인의 교과별 성취기준 · 성취수준에 따른 성취도와 학습 수행과정을 평가하는 방법을 적용한다.

- 성취기준이란 교육과정에 명기된 학년별 교과 목표를 단원별로 상세하게 세분한 지도 목표를 의미하며, 학년별 · 교과별 성취기준을 설정함에 있어서는 교과협의회를 통하여 교육과정 내용과 교과서 내용을 분석 · 활용한다.
- 각 교과별 지필평가 및 수행평가의 시기 · 영역 · 방법 · 횟수 · 기준 · 반영비율 등과 성적처리방법 및 결과의 활용 등은 교과협의회에서 정하고, 이를 학업성적관리위원회의 심의를 거쳐 결정한다.
- 학년 초에 학생 및 학부모에게 가정통신, 학부모회의, 학교 홈페이지 등을 통하여 지필평가 및 수행평가의 시기 · 영역 · 방법 · 횟수 · 기준 · 반영비율 등을 사전에 공개한 후 평가를 실시한다.
- 평가실시 전 교직원 연수를 통해 평가의 타당성, 적정성, 투명성, 객관성을 확보할 수 있도록 한다.

③ 교과학습 평가의 실시

연간 학사 일정에 따라 일정 기간을 정해 각 교과별 지필평가(과목만점의 80% 이하)와 수행평가(과목만점의 20% 이상)를 실시함을 원칙으로 한다. 단, 예 · 체능 교과, 마이스터고 및 특성화고등학교 실기교과의 지필평가와 수행평가 비율과 평가횟수는 당해학교 학업성적관리규정에 따라 달리 정할 수 있다.

- 지필평가는 정상적인 교육과정을 운영하고 이를 공정하게 평가하기 위해 선택형과 서답형 평가를 혼합하여 학기별 2회 이상 실시한다(다만, 초등학교의 경우에는 당해학교 학업성적관리규정에 따라 학기별 1회 이상 실시한다).
- 평가실시에 있어 편향된 이념, 종교, 다문화, 남녀차별, 계층갈등 조장 등 편향성 평가 문항을 출제하지 않는다.

④ 지필평가 문제 출제

- 교과별 성취기준에 맞는 연간 평가 계획을 수립한 후 출제한다.

- 평가문제는 타당도, 신뢰도, 객관도 및 변별도를 높이도록 출제하고 평가의 영역, 내용 등을 포함한 이원목적분류표 등을 작성(반드시 교육정보시스템(나이스) 활용)하여 활용하되 동일 교과 담당교사 간 공동 출제로 학급 간의 성적차를 최소화한다. 서답형 문항의 출제시 채점 기준안(유사 정답, 부분 점수 부여 범위 등)은 교과협의회 내 동일교과나 유사교과의 협의를 거쳐 작성한다.
- 모든 출제 원안에는 문항별 배점을 표시하되, 평가의 변별력을 최대한 높이기 위하여 동점자가 가능한 한 생기지 않도록 문항 수 증대, 문항당 배점 다양화에 유의하며, 특히 수준별 난이도의 배열에 유의하고 가급적 100점 만점으로 출제한다.
- 선택형 평가 및 서답형 평가는 전 교과를 대상으로 실시하는 것을 원칙으로 한다. 전 교과 지필평가 배점을 선택형 평가를 교과 지필평가 배점의 50% 이하, 서답형 평가는 교과 지필평가 배점의 50% 이상(국어, 사회(역사 포함), 수학, 과학, 영어 5개 교과(군)의 서술형 평가는 교과 지필평가 배점의 30% 이상)으로 한다. 단, 예 · 체능 교과는 서답형 평가를 실시하지 않을 수 있다.
- 평가문제는 출제 · 인쇄 및 평가의 전 과정에서 보안이 유지되도록 철저히 관리하고, 고사감독을 엄정하게 하여 부정행위를 미연에 방지한다.
- 채점 등 평가 결과를 전산 처리할 경우, 교과 담당교사는 전산 처리 결과의 이상 유무를 철저히 대조 · 확인하고, 그 결과를 학생 본인에게 공개하여 확인시키며, 이의신청이 있을 때에는 면밀히 검토하여 적절한 조치를 취하여야 한다.
- 성적 처리가 끝난 답안지는 성적 산출의 증빙자료로 졸업 후 1년 이상 학교에 보관한다.
- 출제 문항이 고사 실시 후 오류가 발생되었을 경우, 교과협의회를 거친 후 학업성적관리위원회 심의 후 해당 문항에 대하여 재시험을 실시한다.

⑤ 평가문제 인쇄 및 보안 관리

• 평가업무 담당 교사는 평가 원안의 결재, 보관, 인쇄 및 문답지 보관 과정에서 보안관리를 철저히 한다.

• 학교장은 평가문제 인쇄기간 중 인쇄실을 통제구역으로 관리하고 보안 및 인쇄 관리 담당자를 지정하도록 한다.

• 평가업무 담당 교사는 평가 원안과 인쇄된 문제지를 인쇄실에서 인수한 후 출제 교사에게 인계하고 인쇄 담당자는 원지와 파지를 별도로 관리하여 평가 종료 후 파기한다.

• 출제교사는 인쇄된 문제지를 지정된 장소에서 검토한 후 포장 · 봉인하여 평가 원안 및 여분과 함께 평가업무 담당 교사에게 인계한다.

• 인쇄 · 포장된 문제지는 교감 및 담당(부장) 교사 책임하에 보관한다.

• 평가 기간 중에는 근무를 강화하여 보안 유지를 철저히 한다.

⑥ 평가시행 및 감독

• 평가업무 담당교사는 매 평가마다 학생 변동 사항을 정리하여 평가 대상자를 확정한 후 교과 담당 교사 및 성적 처리 담당 교사에게 통보한다.

• 평가 시간의 증감은 과목별 평가 유형을 고려하여 조정할 수 있다.

• 학교장은 부정행위 예방을 위하여 필요한 경우, 학업성적관리위원회의 협의를 거쳐 분반, 감독교사 증원배치, 학부모 감독 위촉 등 평가의 시행 방법을 조절할 수 있다.

• 감독교사는 공정하고 형평에 맞도록 배정(담임교사 담당학급 배치 금지, 감독교사 임의 교체를 금지하며 부득이한 교체 시 사전에 학교장 결재)하고, 학생이 사전에 감독교사를 예측할 수 없도록 한다.

• 부정행위의 유형과 방법에 대한 사전 정보를 가지고 대비할 수 있도록 평가 시행 전에 감독교사 연수를 실시한다.

- 휴대용 전화기, MP3, 전자 사전 등 부정행위에 이용될 수 있는 전자기기는 사전에 휴대하지 않도록 지도하여, 이와 관련한 부정행위가 발생하지 않도록 관리에 철저를 기하여야 한다.
- 감독교사는 평가 시간을 준수하여야 하며, 평가 시간 종료 전에 특별한 일이 없는 한 학생이 퇴실하는 일이 없도록 한다.
- 감독교사는 부정행위를 미연에 방지할 수 있도록 만전을 기하고, 부정행위를 적발하였을 경우에는 규정에 따라 사후 조치하여, 이로 인한 문제로 확산되지 않도록 신속하고 엄정하게 처리한다.
- 신체장애(청각 장애, 시각 장애 등) 및 특수한 상황으로 인하여 일반학생과 다른 평가 환경이 요구되는 학생에게는 학교장의 결재 후 별도의 평가 환경을 제공할 수 있다.
- 담임교사와 감독교사는 답안 작성 요령과 지정된 필기도구 사용에 대한 사전 지도를 하여야 하며, 답안 표기 내용 정정의 처리 기준을 제시하여야 한다.

  ※ 사전 지도 사항

  1. 선택형 마킹은 컴퓨터용 싸인펜을 사용한다(컴퓨터용 싸인펜 이외의 다른 필기구로 마킹한 경우에는 오답 처리를 한다).
  2. 서답형 답을 기록할 경우 지워지지 않는 펜을 사용하며 문항번호와 일치하지 않을 경우에는 오답 처리를 한다.
  3. 선택형 답안지는 수정할 수 없다(수정테이프나 수정액 등 사용 불가).
  4. 답안지 교체는 시험시간 종료 전까지 할 수 있지만 시험 종료종이 울린 뒤에는 답안지를 작성할 수 없다.
- 감독교사는 답안지에 서명(날인)하고 매수를 확인한 후 표지에 필요한 사항(응시자, 결시자 등)을 기록, 서명하여 평가업무 담당 교사에게 인계하고, 평가업무 담당 교사는 답안지를 교과 담당교사에게 인계한다.

⑦ 정답 공개

정답은 평가 당일 공개하되, 서답형 문항은 채점 기준(유사 정답 및 부분점수 포함)을 제시한다.

⑧ 채점 및 답안지 처리

- 답안지 채점을 전산 처리하는 경우를 제외하고는 모든 서답형 문항에 정 · 오답 표시를 하여 채점하고 착오 유무를 점검 · 확인한다. 또한 정 · 오답 표시로 인하여 답안 내용이 가려지거나 훼손되는 일이 없도록 유의한다.
- 서답형 문항 답안은 채점 기준안에 의거하여, 동일 교과(학년)간 교사가 교차 채점하고, 교과 담당 교사가 1인인 경우에는 교과(학년)협의회에서 정한 유사 교과 교사와 교차 채점한다.
- 채점을 하는 과정에서 유사 정답이나 부분점수를 부여해야 할 답안이 추가로 있을 경우에는 교과(학년)협의회를 통해 채점기준을 수정 · 보완한 후 채점 기준표를 다시 결재 받아 채점한다.
- 점수는 채점이 끝난 후 이의신청 기간 중에 교과 담당 교사가 직접 그 결과를 학생에게 공개하여 확인시키며, 이의 신청이 있을 때에는 면밀히 검토하여 해당 학교에서 정한 절차에 따라 적절한 조치를 취하여야 한다.
- 성적 처리가 끝난 답안지는 성적 산출의 증빙자료로 해당 학생이 학교를 졸업한 후 1년 이상 당해 학교에 보관한다(단, 초등학교의 경우 보관기간은 당해학교 학업성적관리규정을 정하여 시행한다).
- 지필평가 및 수행평가의 이의 신청 처리는 다음과 같다.

이의 신청 기간 및 운영 방법 고지	→	정기 · 수행평가 실시	→	평가 결과 공개	→	이의 신청 수렴	→	교과 협의회 개최	→	학업 성적 관리 위원회 개최	→	평가 결과 통보 후 결과 반영	→	추후 재발 방지 대책 강구

(상황에 따라 교과협의회와 학업성적관리위원회를 동시에 개최할 수 있다.)

- 이의신청 기간 중에 학생 인권 침해요소가 발생하지 않는 방법을 고려하여 교과 담당교사가 담임교사와 협의한 후 확인하며 이의 신청이 있을 때에는 면밀히 검토하여 해당 학교에서 정한 절차에 따라 적절한 조치를 취하여야 한다.

⑨ 수행평가

- 수행평가(Performance Assessment)는 교과 담당교사가 학습자들의 학습과제 수행 과정 및 결과를 직접 관찰하고 그 관찰 결과를 전문적으로 판단하는 평가 방법이다.
- 교과(학년)협의회에서는 각 과목의 교육과정 및 학교 · 교과의 특성을 감안하여 수행평가의 영역 · 방법 · 횟수 · 세부 기준(배점) · 반영 비율 등과 성적 처리 방법 및 결과의 활용 등에 관한 수행평가 계획을 수립하여 학교 학업성적관리위원회에 제출한 후 심의를 거쳐 학교장의 결재를 받아 시행한다.
- 교과 담당교사는 학교 학업성적관리위원회의 심의를 거쳐 확정된 각 교과별 수행평가 계획과 평가 후 결과를 학생 본인에게 공개하여야 하며, 이의신청이 있을 때에는 면밀히 검토하여 적절한 조치를 취하여야 한다.
- 수행평가의 점수는 점수화가 가능한 영역의 점수만 반영하되, 수행평가에 참여한 학생의 기본 점수 부여 및 부여 점수의 범위는 학업성적관리규정으로 정한다. 수행평가에 참여하지 않아 기본 점수를 부여할 수 없는 경우(무단 결과, 불성실한 수업 참여 등)에는 그 사례와 점수 부여 기준을 '수행평가 기준'에 명시하여 학생, 학부모에게 공개한 후 적용한다.
- 성적 처리가 끝난 수행평가의 중요한 자료는 성적 산출의 증빙자료로 졸업 후 1년 이상 당해 학교에 보관하며, 상급학교 진학 시 입학전형권자의 요청이 있을 경우 이를 전형자료로 제공할 수 있다.
- 수행평가 결과물은 학생들의 이의 신청 · 처리 · 확인 과정 등 적절한 조치(수행평가 일람표 결재 후)가 완료되었을 경우, 학생들에게 되돌려 주어 입학사정

관제 등에 활용할 수 있도록 한다. 단, 수행평가 성적을 기록한 성적일람표는 졸업 후 1년간 보관한다.

- 신체장애 학생(지체장애, 청각장애, 시각장애 등)이 신체장애로 인하여 특정 교과의 수행평가가 불가능한 경우 성적 처리는 다음 공식을 참고하여 인정점을 부여하되, 대상학생, 대상교과(영역)등은 학업성적관리위원회의 심의를 거쳐 학교장이 정한다.

$$\text{점수} = \text{실기평가 기본점수} + \text{실기평가 배점(기본점수 제외)} \times \frac{\text{당해자의 지필평가 득점}}{\text{지필평가 배점 총점}}$$

※ 국어 · 외국어의 말하기 · 듣기 평가도 이에 준하여 적용

⑩ 인정점수 부여

- 교과별 지필평가 및 수행평가에 참여하지 못한 학생(결시생)의 성적 처리는 결시 이전 · 이후의 성적 또는 기타 성적의 일정 비율을 환산한 성적(인정점)을 부여하되, 인정 사유 및 인정점의 비율 등은 본 규정에 준하며, 본 규정에 없는 사항은 충청남도교육청 초 · 중 · 고 학업성적관리 시행지침(2012.03.)으로 정한다.
- 다음 각 호의 하나에 해당하는 경우에는 100% 인정점을 부여한다.
  - 지진, 폭우, 폭설, 폭풍, 해일 등의 천재지변 또는 법정 전염병으로 인한 결시
  - 병역 관계 등 공적 의무 또는 공권력의 행사로 인한 결시
  - 학교장의 허가를 받아 학교를 대표한 경기 및 경연대회 참가, 산업체 실습과정(현장실습 및 해외인턴십), 훈련 참가, 교환학습, 현장(체험)학습 등으로 인한 결시(단, 객관적이고 타당한 근거자료가 있어야 함.)
  - 경조사로 인한 결시
  - 공상으로 인한 결시

- '학교폭력예방및대책에관한법률' 제16조(피해학생의 보호) 제1항의 규정에 의한 결석으로 학교의 장이 인정하는 일시보호, 치료를 위한 요양 기간 중의 결시
- 가정폭력방지 및 피해자보호 등에 관한 법률 시행령 제2조(임시보호기간 등) 제1항 및 제2항의 규정에 의하여 가정폭력 피해 학생에 대한 임시보호 기간
- 생리로 인한 1일 결시(의사의 진단서 또는 의견서 제출)
- 기타 부득이한 사유로 학교장의 허가를 받은 결시

• 다음 각 호의 하나에 해당하는 경우에는 80% 인정점을 부여한다.
- 질병으로 인한 결시(결석 후 5일 이내에 질병 결석임을 증명할 수 있는 의사의 진단서(의견서) 또는 담임교사 확인의견서 등의 증빙자료를 첨부한 결석계 제출)
- 생리로 인한 1일 이외의 결시
- 학교장이 인정하는 기타 사유에 의한 결시(담임교사 확인의견서 등의 증빙자료를 첨부한 결석계 제출)
- 공납금 미납을 사유로 결석한 경우

• 다음 각 호의 하나에 해당하는 경우에는 응시한 학생의 성적 중 최하점의 차하점을 부여한다.
- 무단 결시
- 징계로 인한 결시
- 범법행위로 관련 기관에 연행 · 구속 · 체포 등으로 결석한 경우
- '초 · 중등교육법 시행령' 제31조 제1항 제4호에 따른 출석정지, 제6항의 가정학습 기간
- '학교폭력 예방 및 대책에 관한 법률' 제17조 제1항 제6호에 따른 출석정지

• 다음 각 호의 하나에 해당하는 경우에는 0점으로 처리한다.
- 부정행위자

–부정행위 협조자

- 전입 · 편입 · 재입 · 복학 등의 사유로 학교 평가 규정에 의한 성적이 없는 학생의 경우의 성적 처리는 결시 이전 · 이후의 성적 또는 기타 성적의 일정비율을 환산한 성적(인정점)을 부여하되, 인정 사유 및 인정점의 산출방법(석차백분율, 평균점수 비율 등)은 각 학교의 학업성적관리규정으로 정한다.
- 전 · 편입 · 보학 등의 사유로 학교 평가 규정에 의한 성적이 없는 학생의 경우의 성적처리는 결시 이전 · 이후의 성적의 100%를 인정점으로 부여한다(단, 상대 성적이 없을 경우는 석차 산출 단위별 평균점수를 기준점으로 한다).
- 수행평가에 참여하지 못한 학생은 가급적 추후에 평가 기회를 다시 부여하여 평가하도록 한다(단, 수행평가를 결시한 경우 교과별 평가기준안에 제시된 각 교과별 수행평가에 대한 결시자 인정점 부여기준에 따른다).
- 인정점 부여를 위한 기준 점수는 지필평가와 수행평가를 분리하여 운영하고, 동일 종류의 상대 평가 성적이 있는 경우는 상대평가 성적을 기준점수로 하고, 1회 시행을 하거나 시행하는 모든 평가에 모두 결시하여 상대 평가 성적이 없는 경우는 석차 산출 단위별 평균 점수를 기준점수로 한다.
- 인정점은 학기말 처리 시 부여하며, 기준점수의 산출은 당해 평가의 실제 응시생을 기준으로 한다.
- 학업성적관리규정에 명시되지 않은 경우의 인정점 부여는 학업성적관리위원회에서 심의한 후 결정한다.

⑪ 학업성적 평가결과 처리(고등학교)

- 과목별 성적일람표는 매 학기당 담당교과 지도교사가 작성하되, 지필평가(명칭, 반영비율 등 명기)와 수행평가(영역, 반영비율 등 명기)의 점수를 합산하고, 원점수, 과목평균, 과목표준편차, 석차, 석차등급, 이수자수를 산출(다만, 전문교과 중 체육 · 예술에 관한 교과의 과목을 제외한 체육 · 음악 · 미술교과는 등급만을 산

출)하며, 전산 입력하여 관리함을 원칙으로 한다.

- 원점수는 지필평가 및 수행평가의 반영비율 환산 점수 합계를 소수 첫째 자리에서 반올림하여 점수로 기록하며, 과목평균, 과목표준편차, 석차, 석차등급, 이수자수를 산출(다만, 전문교과 중 체육 · 예술에 관한 교과의 과목을 제외한 체육 · 음악 · 미술 교과는 등급만을 산출)하며, 전산 입력하여 관리함을 원칙으로 한다.
- 과목별 석차등급은 지필평가 및 수행평가의 반영비율 환산 점수의 합계에 의한 석차 순에 따라 다음과 같이 평정한다. 단, 등급별 누적 학생수는 수강자수와 누적 등급비율을 곱한 값을 소수 첫째 자리에서 반올림하여 계산한다.

등급	비율	등급	비율
1등급	~ 4% 이하	6등급	60% 초과 ~ 77% 이하
2등급	4% 초과 ~ 11% 이하	7등급	77% 초과 ~ 89% 이하
3등급	11% 초과 ~ 23% 이하	8등급	89% 초과 ~ 96% 이하
4등급	23% 초과 ~ 40% 이하	9등급	96% 초과 ~ 100% 이하
5등급	40% 초과 ~ 60% 이하		

단, 체육 · 음악 · 미술교과의 과목의 등급은 다음과 같이 평정한다.

성취율(점수)	등급
80% 이상 ~ 100%	우수
60% 이상 ~ 80% 미만	보통
60% 미만	미흡

- 동점자 처리는 1순위 지필평가 2회 고사, 2순위는 지필평가 1회고사를 하되, 예체능 교과는 1순위 지필평가 2회 고사로 처리한다. 다음 순위로는 교과별 평가기준안에 수행평가 영역별 동점자 처리에 관한 우선순위를 두어 처리한

다. 가급적 동점자를 발생시키지 않도록 유의하고, 그럼에도 불구하고 동점자가 발생하여 등급 경계에 있는 경우 중간석차를 적용한 중간석차백분율에 의하여 등급을 부여하며, 이때 '③'항 표의 비율은 중간 석차 백분율로 사용한다.

- 석차는 매 학기별로 과목별 지필평가 및 수행평가의 반영비율 환산점수 합계를 소수 셋째 자리에서 반올림하여 소수 둘째 자리까지 구하여, 다음과 같이 산출한다.
  - 성적산출을 위한 수강자수는 매 학기말 학적산출 시점을 기준으로 해당 과목을 수강한 학생 수(수강하였으나 이수하지 못한 학생 수도 포함)로 한다.
  - 과목별로 동점자가 발생할 경우에는 그 동점자 모두에게 해당 순위의 최상의 석차를 부여하고 ( )안에 동점자 수를 병기한다.
  - 재 · 전 · 편입학생과 퇴학생(자퇴, 재적, 휴(유)학 등) 및 전출 학생 중 모든 평가가 완료되어 학업성적관리규정에 의거 성적을 처리할 수 있는 학생은 수강자수에 포함하고, 모든 평가가 완료되기 이전(학기말 최종 성적처리 불가능)의 퇴학생(자퇴, 재적, 휴(유)학 등)과 재 · 전 · 편입학생 중 원적교에서 성적을 취득해 온 학생은 수강자수에서 제외한다.
- 교양교과는 계획 시수의 2/3이상 참여한 경우 이수로 처리한다.

⑫ 평가결과 분석 및 활용

문항통과율 및 성취도별 기준성취율 분석 등 환류과정을 통해 교수 · 학습 개선에 활용한다.

5) 창의적 체험활동, 독서활동상황, 행동특성 및 종합의견 평가 및 관리

(1) 창의적 체험활동

① 창의적 체험활동의 4개 영역별 활동내용, 평가방법 및 기준은 교육과정을 근거로 학교별로 정하며, 자율활동, 동아리활동, 봉사활동, 진로활동의 영역별 이수시간 및 특기사항(참여도, 활동의욕, 태도의 변화 등)을 입력하되, 초등학교 특기사항은 4개 영역을 통합하여 종합적으로 기록한다.

② 봉사활동 영역의 실적은 학교계획에 의한 봉사활동과 학생 개인계획에 의한 봉사활동의 구체적인 내용을 별도의 '봉사활동실적'란에 연간 실시한 봉사활동의 일자 또는 기간, 장소 또는 주관기관명, 활동내용, 시간을 실시일자 순으로 모두 입력하며, 체계적이고 지속적인 봉사활동 등 특기할 만한 사항이 있는 경우 봉사활동 특기사항란에 자세히 입력한다.

③ 영역별 누가 기록은 공정성, 객관성, 투명성, 신뢰도, 타당도 등이 확보되도록 서식을 개발하여 활용하되, 전산 입력하여 관리함을 원칙으로 한다.

④ '진로활동' 특기사항에는 학생의 활동 참여도, 활동 의욕, 태도의 변화와 담임교사, 상담교사, 교과 담당교사, 진로진학상담교사가 상담 · 권고한 내용 등 진로지도와 관련된 사항을 종합하여 담임교사가 입력한다.

⑤ 동아리활동 중 학교스포츠클럽활동의 실적은 활동 인정기간 동안 학교장이 승인한 학교스포츠클럽활동의 구체적인 활동내용으로 '동아리활동'란에 활동시간 및 특기사항을 입력하되, 활동시간은 동아리활동 이수시간에 합산한다.

⑥ 동아리활동 중 청소년단체활동의 실적은 학교교육계획에 의한 청소년단체활동과 학교장의 승인을 받은 학교교육계획 이외의 청소년단체활동으로 구분하여 '동아리활동'란의 특기사항에 입력할 수 있다.

(2) 독서활동상황 평가 및 관리

① 중 · 고등학교의 개인별 · 교과별 독서활동상황은 독서활동에 특기할 만한 사항이 있는 학생을 대상으로 학기 말에 입력한다.

② 독서분야, 독서에 대한 흥미, 이해 수준 등을 종합 서술형으로 정리하여 교과지도 교사가 입력하는 것을 원칙으로 하되, 담임교사도 입력할 수 있다.

③ 독서 활동의 내용이 특정 교과에 해당하지 않을 경우, 영역(인문, 사회, 과학, 예술 · 체육)으로 구분하여 입력한다.

(3) 행동특성 및 종합의견

① 행동특성 및 종합의견은 교사가 학생을 수시로 관찰하여 누가 기록한 행동특성, 진로적성검사, 인성검사 등 각종 심리검사 결과, 창의적 체험활동상황, 교과학습발달상황 등을 바탕으로 학생을 총체적으로 이해할 수 있도록 잠재력, 인성, 인지적 특성, 자기주도적 학습 능력, 창의성 등을 종합적이고 구체적으로 입력한다.

② 학교폭력대책자치위원회에서 결정한 「학교폭력예방및대책에관한법률」 제17조 제1항 제1호, 제2호, 제3호, 제7호 조치사항이 시행된 후 즉시 '행동특성및종합의견'란에 입력한다.

③ 학교생활기록부에 기재된 사항 중 경미한 조치(제1호, 제2호, 제3호, 제7호)의 경우 현재 졸업 후 5년간 보존하는 것을 졸업과 동시에 삭제하도록 한다.

④ 종합의견은 학기를 구분하여 입력할 수 있으며, 학기별로 입력하는 경우 교육정보시스템에 '(1학기)', '(2학기)'와 같이 입력한다.

⑤ 특히 학생의 인성 관련 내용은 핵심 인성 요소를 (　　)안에 입력하고, 객관적인 근거 및 누가기록 자료를 토대로 구체적으로 입력한다.

※ 핵심 인성 요소: 배려, 나눔, 협력, 타인 존중, 갈등 관리, 관계지향성, 규

칙 준수 등

⑥ 장점과 단점을 사실에 근거하여 입력하되, 단점은 변화 가능성과 함께 입력할 수 있다.

6) 기타 평가 및 관리

(1) 타학교에 개설된 교과를 이수할 경우의 성적 처리

이수 학생 수(석차의 분모)는 그 교과과정을 수강한 학생 수로 하되, 계열이 다른 경우는 구분하여 산출한다. 다만, 이수교과의 석차등급(석차)을 산출하기가 곤란한 경우엔 산출하지 않고 교과명과 원점수, 교과평균, 교과표준편차를 입력할 수 있다.

(2) 재 · 전 · 편입학생, 복학생, 유급생, 해외에서 귀국한 학생, 외국인 학생 및 북한 이탈주민 자녀 등의 성적 처리

① 모든 평가(학기말 성적산출 기준)가 완료되기 이전 전출, 휴학, 면제, 유예, 제적, 자퇴, 퇴(유)학 학생이 그 이전에 취득한 성적이 있을 경우, 이 학생의 재취학, 전 · 편입학을 위하여 그 성적을 전산 입력하거나 별도로 보관하여야 한다.

② 재취학, 재 · 전 · 편입학생의 성적처리는 재취학, 재 · 전 · 편입학 일자 이전 원적교의 성적과 재취학, 재 · 전 · 편입학 이후의 취득한 성적을 합산하여 원점수, 과목평균, 과목표준편차, 성취도, 석차, 석차등급을 산출한다. 원적교의 성적과 재취학, 재 · 전 · 편입학 이후의 취득한 성적이 중복되는 경우는 재취학, 재 · 전 · 편입학 이후의 취득한 성적으로 원점수, 과목평균, 과목표준편차, 성취도, 석차, 석차등급을 산출한다. 원적교에서는 전출학생의 전출

시점까지 취득한 성적(지필평가 및 수행평가의 점수 및 상세한 기록 등)을 전산자료로 입력하여 전입교로 전송하되, 부득이한 사유로 입력하지 못한 경우 정리하여 밀봉 후 전입교로 송부하고 사본을 보관하여야 한다(원적교의 성적은 교과명과 이수단위가 모두 같을 경우만 인정한다).

③ 해외에서 귀국한 학생, 외국인 학생, 북한 이탈주민의 자녀 등은 국내 학교에 취학, 재취학, 재 · 편입학한 후 취득한 성적으로 원점수, 성취도, 과목평균, 과목표준편차, 석차, 석차등급을 산출한다. 다만, 해외에서 귀국한 학생의 취학, 재취학, 재 · 편입학 이전 성적이 국내 학교에 있는 경우 이를 인정할 수 있다.

(3) 특수교육 대상학생의 성적 처리

① 중 · 고등학교에서 통합교육을 받는 특수교육 대상학생은 일반학생과 동일하게 평가하여 성적을 산출함을 원칙으로 한다.

② 일반학생과 동일하게 평가하는 것이 의미가 없다고 판단되는 경우에는 교과 · 단위수는 입력하고, 성적은 산출하지 아니하며(성적 산출시에는 재적수에 미포함), 원점수/교과평균(표준편차), 석차등급(이수자수)를 입력하는 것을 생략할 수 있다. 대신 개별화 교육 계획에 명시된 교과는 세부능력 및 수행평가, 학습활동 참여도 및 태도 등을 특기할 만한 사항이 있는 학생에 한하여 '세부능력 및 특기사항'란에 간략하게 입력한다. 이 경우, 공공기관의 기록물 관리에 관한 법률 및 동법 시행령에 의거 학교생활기록부(학교생활기록부 I)를 준영구 보존한다.

③ 순회교육 대상학생 중, 인지능력 및 의사표현 능력이 불가하여 평가를 실시하기 어려운 경우에는 ②에 의해 성적을 산출하지 않을 수 있다. 만약 성적을 산출하고자 할 경우에는 특수교육 담당교사의 자문을 얻어 학업성적관리

위원회의 심의와 학부모의 동의를 얻어 평가 절차 없이 인정점을 부여할 수 있다.

④ 특수교육 대상학생이 장애로 인하여 특정 교과(목)나 특정 영역의 평가가 불가능할 경우의 성적 처리는 특수교육 담당교사의 자문을 얻어 교과(학년)협의회에서 인정점 부여 기준을 설정하고, 학업성적관리위원회의 심의를 거쳐 학교장이 결정하되 일반 학생과 형평성, 공정성이 유지되도록 한다.

⑤ 특수교육 대상학생에 대한 평가에 있어서 일반학생과 다른 시험 환경이 요구되는 학생은 학생 또는 학부모의 동의를 얻어 별도의 시험환경을 제공할 수 있다.

(4) 대안교육 위탁교육기관 위탁생의 성적 관리

① 대안교육 위탁교육기관에서의 대안교과는 이수여부만을 평가한다.

② 대안교육 위탁교육기관 위탁생의 대안교과 이외의 평가는 '교과학습발달상황 평가 및 관리 규정'에 따른다.

③ 출결상황은 학생 개인별 출결 기록부에 총 수업일수와 결석, 지각, 조퇴, 결과(질병 · 무단 · 기타 구분) 등을 기록하여 매 익월 초(5일 이내)에 소속 학교로 통보한다.

④ 소정의 교육과정을 이수했을 때는 매 학기별로 학교생활기록부 구성 요소별 내용을 모두 기록하여 학기말 성적 확정 후 5일 내에 소속 학교로 통보한다.

⑤ 대안교육 위탁교육기관 위탁생의 소속 학교에서는 위탁교육기관에서 통보한 위탁생의 출결상황 및 교과 성적을 그대로 인정하여 출결상황 및 성적을 산출한다.

⑥ 대안교육 위탁교육기관 위탁생은 소속 학교의 재학생의 성적처리에 있어서 재적수에 포함하지 않는다.

Chapter 07

학교경영 및 학급경영

1. 학교경영의 의의 | 2. 학급경영의 정의와 원리 | 3. 학급경영의 실제 | 4. 학급경영의 평가

Chapter 07

학교경영 및 학급경영

| 개요 |

본 장은 학교경영과 학급경영에 대한 이해와 실제로 구성되었다. 1절은 학교경영의 원리, 영역 및 업무, 학교경영계획의 특성, 수립절차, 학교교육계획서의 내용 등 이해 위주로 소개했고, 2절부터는 신규 교사로 학교 현장에 근무하게 될 때 피할 수 없는 것이 학급담임이라면 실제로 필요한 학급경영을 위한 기초조사 학급경영계획서 작성, 학급 담임의 실제 업무 그리고 학급경영 활동에 대한 평가 등으로 구성되었다. 아무쪼록 예비교사들이 본 장을 참고하여 학급경영에 필요한 노하우를 미리 습득하기 바란다.

1. 학교경영의 의의

교육행정이 실천되는 기본 단위기관이 학교이다. 학교경영의 자율화, 민주화를 위한 학교장 중심 학교경영체제 또는 단위학교 중심 경영체제로의 전환이 1991년 이후 지방교육자치가 실시되면서 강조되어 왔다. 교육의 성패를 좌우하는 것은 학교교육이기 때문에 학교경영은 대단히 중요하다. 학교경영을 효율적으로 하기 위해서는 그에 관한 이론과 실제에 관한 이해가 필요하다.

1) 학교경영의 정의와 원리

(1) 학교경영의 정의

학교경영이란 단위학교에서 행정과 경영활동을 통하여 학교교육의 목표를 성취하도록 도와주는 봉사활동이라고 할 수 있다. 이것을 좀 더 자세히 살펴보면, 김종철(1991)은 "학교경영이란 단위학교, 특히 초 · 중등학교에 있어서 교육목표를 설정하고 그것을 달성하기 위한 프로그램 및 인적 · 물적, 기타 지원조건을 정비 · 확립하며 목표달성을 위한 계획과 결정, 집행과 지도, 통제와 평가 등을 포함하는 일련의 봉사활동을 지칭하며 학교조직 내에서의 집단적 협동행위를 위하여 효과적으로 지원하는 것을 본질로 하는 작용"이라고 정의하였다.

김윤태(1986)는 "교육목표를 효율적으로 달성하기 위하여 교장과 교직원 집단이 협력하여 수행하는 조직적 활동이며 총괄적 작용"이라고 정의하였으며, 서정화(1988)는 "학교의 교육목표를 달성할 수 있도록 제반자원들을 확보하여 이를 배분하고 조정하며 평가하는 일련의 활동 내지 행위"라고 정의하였다.

한편, 남정걸(1996)은 학교경영과 학교관리를 구분하여 다음과 같이 설명하고 있다.

첫째, 학교경영이란 교장의 주관적 이상적 관점에서 교육을 전개 · 운영하는 데 관한 근본적이고 직접적인 배려인 데 반하여 학교관리란 객관적 · 법규적 관점에서 교육의 조건 내지 상태를 유지 정비하는 2차적이고 간접적인 배려다.

둘째, 학교경영이란 경영자의 창의적 기능으로 자주적 자율적으로 교육의 이념과 목표를 실현하기 위한 교육내용 그 자체의 운영인데 학교관리는 교육법규와 상부의 지시에 따라 의존적 타율적으로 학교교육을 운영하는 데 필요한 제 조건과 시설을 정비 · 운용하는 것이다.

셋째, 학교를 하나의 경영체로 보아 학교운영의 최고방침을 결정하는 기능을 학교경영이라 하고, 그 방침에 따라 아동을 교육하는 데 필요한 인적 · 물적 · 재정적

자원에 관한 기능이 학교관리다.

넷째, 교육청 입장에서 본다면 교육법규에 의한 관할 구역 내에서의 학교의 설립 운영 및 지도 · 감독이 학교관리다. 이에 대하여 단위학교의 운영은 학교경영이라 할 수 있다. 이 경우 학교관리는 학교경영을 대상으로 포함하여 학교경영을 단위학교의 내부관리라고 할 수 있다.

이상과 같은 여러 학자들의 견해를 종합하면, 학교경영이란 단위학교에서 행정과 경영활동을 통하여 학교교육의 목표를 성취하도록 필요한 인적 · 물적 제반 조건들을 확보하고, 실행하며, 평가하는 일련의 모든 체계적이고 조직적인 봉사활동이라고 정리할 수 있다.

(2) 학교경영의 원리

일반적으로 원리는 상당한 경험적 근거를 가진 보편 타당한 진술로서 적용해야 할 합리적 기준을 의미한다. 따라서 학교경영의 원리란 “문화유산과 공중의 공통된 기대에서 이끌어낸 제 가치의 체계”로서 학교경영에 적용해야 할 합당한 기준을 의미한다(주삼환 외 2009). 김종철(1982)은 법제면에서 학교경영의 원리로 법치행정의 원리, 기회균등의 원리, 자주성 존중의 원리, 적도 집권의 원리를 제시하였고, 서정화(1988)는 합목적성의 원리, 자율성의 원리, 민주적 운영의 원리, 능률성의 원리, 과학성의 원리, 합법성의 원리를 제시하였다. 그리고 김창걸(1991)은 민주화의 원리, 합리화의 원리, 과학화의 원리, 조직화의 원리, 효율화의 원리, 그리고 지역화의 원리를 들었다.

이런 견해들을 종합하여 볼 때 학교경영의 원리로는 ① 적합성, ② 합리성, ③ 민주성, ④ 자율성, ⑤ 효율성, ⑥ 전문성, ⑦ 지역성의 원리를 제시할 수 있다.

① 적합성: 바람직한 학교교육 목표를 설정하고 거기에 적합한 경영활동이 되어

야 한다는 것을 말한다.

② 합리성: 학교경영은 합리적인 의사결정을 요구한다. 학교경영이 학교운영의 최고 방침을결정하는 기능이라고 할 때 그 의사 결정에 합리성이 요구되는 것은 당연하다.

③ 민주성: 민주적인 학교경영은 학교구성원 개개인의 인격이 존중되고, 자유로운 의사표현과 의사소통이 이루어지고, 다수결의 원칙이 존중되는 방식으로 교직원 및 학생의 의견이 학교운영에 반영되는 구성원의 자율성이 존중된다.

④ 자율성: 자율성이 보장된 학교는 독자적인 권한과 책임하에서 학교의 제반 업무를 결정하고 수행한다. 자율적인 학교는 학교장의 권한과 책임이 하위 부서에 위임 · 분산되고 각 부서의 업무가 자율적으로 수행된다.

⑤ 효율성: 효율성을 지향하는 학교는 인간 성향의 가변성을 믿고 학생 개개인의 지적 · 정의적 · 사회적 · 도덕적 성향을 발달시켜서 자아실현된 인간에 도달할 수 있도록 노력한다. 효율성을 추구하는 학교는 교수-학습을 통한 학생의 교육성취에 초점을 둔다.

⑥ 전문성: 전문성을 지향하는 학교경영은 업무가 기능적으로 분화되어 있고 각 해당 분야에는 전문적 지식과 기술을 지닌 교직원이 배치되고, 계속적인 학습과 연구를 통한 자기개발과 윤리성이 강조되고 자율성이 존중된다.

⑦ 지역성: 지역성을 고려한 학교경영은 학교가 위치하고 있는 지역사회의 특성을 고려하여 학교를 경영하는 것을 말하며 지역사회 인사와의 유대강화, 교육자원의 획득, 사회개선에의 봉사 등을 기할 수 있다.

2) 학교경영의 영역 및 업무

학교경영 영역은 학교경영의 업무 내용을 분류한 것이다. 학교의 업무는 여러 가지 방식으로 구분될 수 있으나 일반적으로 다음과 같이 몇 가지 영역으로 구분된다

(서정화 외, 2002).

- 학교경영계획 수립: 학교경영계획은 장래에 대한 예측과 분석된 학교 여건을 바탕으로 하여 일정한 목표를 설정하고, 이를 달성하는 데 요구되는 합리적인 행동을 예정하고 계획하은 과정을 말한다.
- 교육과정운영: 교육과정운영은 교육목표 달성을 위해 학교에서 계획적으로 이루어지는 학생들의 모든 교육적 경험을 관리하는 일이다. 이 영역에는 시간운영, 특별활동운영 등이 포함된다. 교육과정운영 측면에서는 교육과정의 정상적 운영 여부 및 정도, 교육과정 구성의 적합성 및 다양성, 학생들의 학력, 학습태도, 교육평가활동 등의 측면이 주요 관심이 된다.
- 학생생활지도: 생활지도는 학생들의 교내외 생활 · 활동에 관한 안내, 지도활동이다. 상담, 진로, 건강 및 여가, 태도 및 성격 지도 등이 포함될 수 있고 또 적성 존중, 적정한 기회 제공, 도덕성 및 개성 신장 등의 측면이 주요 관심이 된다.
- 교직원연수 및 인사관리: 교직원연수 및 인사관리는 교직원의 직무능력 향상을 위해 개인 또는 집단적으로 수행되는 연수활동과 교직원의 평정, 아동에 관한 내신, 교직원의 사기앙양 및 인간관계관리 등을 말한다. 이 영역에는 연수의 기회와 질과 효과, 평정의 공정성 및 합리성, 근무조건 및 복지, 교사의 사기수준, 교직원간의 응집성 등이 주요 관심이 된다.
- 교내장학: 교내장학은 교사의 교수–학습지도 기술향상과 교육과정 운영 개선, 그리고 학급 및 학년경영의 합리화를 위해 학교장 등 경영관리층이 수행하는 전문적 보조활동이라 할 수 있다. 이러한 교내장학은 수업지도성 발휘, 교내장학 책임자로서의 학교장의 역할이 강조될 것임에 비추어 수업장학 또는 임상장학 형태의 실질적인 장학활동 활성화와 그 도움 정도, 여건 조성 등이 주요 관심이 되고 있다.
- 사무관리: 사무관리는 학교경영활동을 수행하는 과정에서 수반되는 제반 기록

과 장부의 작성 및 보관, 공문서의 처리 등 문서관리활동을 말한다. 사무관리는 학교내규, 학생 전출입, 장부의 작성 및 보관, 문서의 수발, 각종 사무용품의 조달 · 배분 등이 포함되며, 여기서는 교육활동의 지원 정도, 효율적 운영 등이 주요 관심이 된다.

- 시설 및 매체관리: 시설 및 매체관리는 학교교육활동 수행에 필요한 물적 조건과 자료관리를 포괄적으로 지칭한다. 이 영역에는 교지, 교사(校舍) 등 시설과 환경구성, 그리고 각종 교수–학습매체 및 기자재 관리 등이 포함되며, 시설 및 매체의 확보 정도, 현대화, 인간화, 효율적 활용 등이 주요 관심이 된다.
- 재무관리: 재무관리는 학교교육활동에 필요한 경비를 조달 · 운영하는 활동을 말한다. 학교교육비, 학교운영지원비, 예산편성 · 집행 · 결산 등이 포함되며, 학교재정 규모의 적정, 안정 재원의 확보, 효율적 운영, 공개성 등이 주요 관심의 대상이 된다.
- 대외관계: 대외관계는 학부모, 지역사회, 행정당국 등과의 관계를 말한다. 이 영역에는 학부모회 운영, 지역사회 봉사, 지역사회 자원 활용, 홍보활동 등을 포함하며, 학교교육에 대한 학부모의 반응 및 지원, 지역사회 및 학교의 상호작용 등이 주요 관심의 대상이다. 대외 관계는 학교의 자율적 운영과 교육자치의 활성화와 함께 학교경영의 매우 중요한 대상영역이 되고 있다.

3) 학교경영계획의 특성

학교경영계획은 학교가 1년간 운영할 교육활동을 담고 있는 청사진이라 할 수 있다. 이것은 동시에 학교교육이 1년간 나아갈 이정표가 된다. 학교경영계획은 학년경영계획과 학급운영계획을 포함한다.

학교경영계획은 조직적인 협력을 통하여 보다 높은 교육효과를 창조하고, 업무처리를 개선하여 각 교사가 주체성을 가지고 학교경영에 참여하고, 교육내용, 방법면의 개선으로 전인교육을 도입하기 위해서 경영계획의 수립이 필요하다. 그러므로 학교경영계획 수립의 궁극적인 목적은 학교교육목표를 효율적으로 달성하는 데 있다.

학교경영이 추구하는 중요한 가치로서 학교경영계획은 다음과 같은 원리에서 수립된다(손영환 외, 2007).

- 연계성의 원리: 학교경영계획은 국가교육계획이나 지역교육계획과 종적인 연계성을 유지하면서 수립되어야 한다. 따라서 계획의 기본 방향과 목표를 선정하는데 있어 상위계획의 테두리를 벗어나거나 서로 상충되어서는 안된다.
- 합리성의 원리: 학교경영계획의 수립은 합리적인 의사결정을 요구한다. 문제를 파악하고 대안을 선정 · 결정하며, 해결방안을 추출 · 선정하고, 효과를 비교 · 분석하는 과정에서 합리적인 절차가 요구된다.
- 종합성의 원리: 학교경영계획의 내용은 학교교육목표 달성을 위해 관련된 모든 요소가 포함되어야 한다. 필요한 요소들이 통합적으로 모두 포함되지 않을 경우 목표 달성을 제약하는 역기능적 요소로 작용할 수 있기 때문이다.
- 참여의 원리: 학교경영계획은 학교의 관리층만 참여하여 수립하는 것이 아니라 모든 교직원이 의견을 제시하고 조정하며 학부모, 동창들까지 참여할 기회를 주는 것이 바람직하다.
- 현실성의 원리: 학교경영계획은 인적 · 물적 · 재정적 · 교육적 자원의 한계 내에서 목표을 달성해야 한다. 따라서 수립된 계획안은 여러 가지 제약조건을 감안하여 실현 가능한 내용으로 구성되어야 한다.

4) 학교경영계획의 수립절차

학교경영계획을 수립하기 위해서는 대개 준비 단계, 수립 단계, 확정 단계 등 3단계를 거치게 된다. 첫째, 준비 단계에서는 계획 수립을 위한 계획위원회를 조직하고, 학교경영계획을 위한 계획서를 작성하게 되며, 둘째, 수립 단계에서는 문제를 검토한 후, 교육목표와 방침을 설정하고 학교조직을 편성하며, 교육활동에 필요한 교육조건을 마련한다. 학교경영계획은 문제 규명, 교육목표 및 방침 설정, 조직계획, 평가계획을 포함한다. 셋째, 확정 단계에서는 수립단계에서 작성된 학교경영계획 시안을 바탕으로 학교경영계획서를 작성하고, 학교경영계획을 홍보한다.

학교경영계획의 수립 단계를 중심으로 구체적인 수립절차를 제시하면 다음과 같다(박병량 외, 2012).

(1) 요구 및 실태 파악

학교경영계획을 작성하는 기저로서 먼저 학교교육의 요구가 무엇이며, 현재 학교의 여건에서 교육의 문제는 무엇인가를 학교교육의 상위목표, 지역사회의 실태와 교육적 요청, 학교의 여건을 중심으로 분석 파악한다. 국가가 요구하는 교육이념, 교육목표, 교육시책과 시 · 군 · 구 교육청의 장학방침 등 학교교육의 상위목표를 분석하고, 지역사회의 실태와 요구를 분석하며, 학생의 실태, 교사의 실태, 학교의 자원과 물리적 조건, 전년도의 경영실적 그리고 학교장의 경영철학 및 중요문제 등을 분석한다. 이러한 분석 자료를 바탕으로 학교교육목표를 설정하고 학교경영계획의 전 과정에 중요 자료로 활용한다.

(2) 목표 및 방침의 설정

요구 및 실태분석을 토대로 학교교육목표, 학교경영목표 학교경영방침을 설정한다.

① 학교교육목표의 설정

학교교육목표는 장기적인 안목에서 학생들이 궁극적으로 도달해야 할 인간상을 제시한 것이거나 그 행동특성을 종합적으로 명시한 것이다. 학교교육목표를 설정하는 데는 상위목표 등의 자료가 기초가 된다. 특히 중요한 것은 학교의 특색을 살리는 교육목표를 설정하는 것이다.

교육목표는 첫째, 각 학교의 실정에 맞게 주체적으로 설정되어야 한다. 둘째, 국가적 당면과제나 사회적인 요청에 부응하고, 셋째, 지역적인 특수성과 요청을 고려하여 설정되어야 하고, 넷째, 구체적이면서도 포괄성 있게 행동적 용어로 진술되어 교육내용에 대한 예측이 가능하도록 명료화되어야 한다. 다섯째, 모든 학습활동에 반영되고 동시에 평가의 기준을 제공하는 것이어야 하고, 여섯째, 학년목표, 학급목표 등으로 계열화되어야 한다.

② 학교경영목표의 설정

학교경영목표는 교육목표 달성을 위한 수단적, 실천적 활동이다 따라서 어떤 학교조건에서 어떤 수단과 방법으로 교육목표를 어느 정도 달성할 것인가에 대한 진술로 설정된다.

학교경영목표는 경영활동 전 영역에 걸쳐 설정된다. 대체로 학교경영 활동은 교과지도 · 생활지도 · 특별활동 등을 포함한 교육과정운영 영역과 인사 · 조직 · 연수 · 사무 · 시설 · 환경 · 재정 등을 포함한 지원 · 관리 영역으로 나누어지므로, 각 부분 영역별로 경영목표를 설정한다. 실제로 하나의 교육목표는 여러 가지 경영활동을 통해서 달성되므로, 교육목표는 그 달성과 관련된 경영영역의 목표로 전환 설정되어야 한다.

③ 학교경영방침의 설정

경영방침은 경영목표를 달성하기 위한 행동전략이다. 행동전략은 경영목표를 달성하기 위한 수단적 활동으로서 구체적 경영활동 또는 행동노선으로 진술한다. 즉 그것은 경영목표 달성을 위한 구체적인 활동지침을 말한다. 경영방침을 선정할 때는 목표에의 기여도, 비용, 실현가능성, 파급효과 등을 고려하여야 한다(김윤태, 1986).

(3) 조직계획

조직계획은 학교경영과업을 수행하기 위한 인 · 물적 자원을 조직하는 계획이다. 학교에서 계획을 세워야 할 조직에는 교육지도조직, 교무분장조직, 운영조직 및 지역사회인사조직 등이 있다. 교육과정 운영을 직접 담당하는 교육지도조직 계획서에는 교수조직, 학습조직, 생활지도조직의 계획이 세워진다. 학교업무를 교사가 분담하는 교무분장조직 계획서에서는 교무부, 학생부, 연구부, 행정실 등의 조직계획이 세워진다. 학교운영의 중요결정 사항을 심의 결정하는 운영조직 계획에서는 교직원회, 각종 위원회, 학교운영위원회에 대한 계획이 세워진다. 지역사회인사조직 계획에서는 학부모조직, 지역인사로 이루어진 조직, 관련단체, 동창회 등에 대한 계획이 세워진다. 학교의 모든 조직계획은 학교교육이 가장 효과적으로 수행하고 지원할 수 있도록 계획한다.

(4) 활동계획

활동계획은 교육목표-경영목표-경영방침의 순으로 구체화된 목표를 실현하기 위한 세부 실천계획이다. 세부 실천계획은 누가, 무엇을, 어디에서, 언제, 어떻게, 수행할 것인가를 정확하게 그리고 상세하게 작성한다. 세부 실천계획은 학교경영 전반에 걸쳐 영역별, 사업별, 부서별로 작성한다. 활동 실천계획 작성에는 대상, 필요한 인적 · 물적 자원, 시간계획, 담당자 또는 부서와 그들의 권한, 운영조직 등을 상세화하여 포함시킨다.

(5) 평가계획

학교경영계획에는 학교경영을 평가할 평가계획을 포함시킨다. 경영평가계획에서는 학교경영 전반에 걸쳐 경영성과를 파악하고 문제점을 진단할 수 있는 평가기준과 방법을 정해 둔다. 평가기준은 체제모형에 의거하여 투입평가, 과정평가, 산출평가로 나누어 설정하는 것이 일반적인 방법이다. 평가결과는 학교경영의 진전 상황을 점검하는 데 활용한다.

(6) 학교교육과정 운영 계획안 작성

학교경영계획의 마지막 단계는 학교교육과정 운영 계획을 작성하는 일이다. 계획 작성 관련자가 모여 계획안을 검토 · 조정하여 필요에 따라 수정 · 보완한 후 최종 운영계획안을 작성한다.

이러한 학교경영계획은 일선학교에서 학교교육계획서 더 나아가서 학교교육과정운영계획이라는 이름으로 작성된다. 엄격한 의미에서 학교교육과정계획은 학교경영계획보다 더 포괄적인 성격을 띠고 있다. 학교교육과정 운영계획서의 형식과 내용은 학교에 따라 약간씩 차이가 있으나 일반적으로 포함되는 내용은 〈표 7-1〉과 같다.

표 7-1 | 학교교육계획서의 내용

- 교육과정의 기저: 국가수준 교육과정, 시(도), 구(시) 군 교육의 기본방향, 실태분석
- 교육과정 편성 · 운영의 방향: 학교교육목표, 학교경영목표, 학교경영방침, 교육목표구현계획
- 교육과정 편성 · 운영내용: 편성의 기본방향, 편제 및 시간배당, 역점사업, 특색사업
- 교육과정 운영계획: 교과운영, 창의적 체험활동 운영, 재량활동 운영, 특별활동 운영
- 교육과정 평가: 학생평가, 교육과정 평가
- 교육과정 운영 지원 활동: 각 부서별 활동 내용

2. 학급경영의 정의와 원리

1) 학급경영의 정의

학급경영은 학급과 경영의 두 단어가 모인 것으로 학급을 중심으로 일어나는 경영활동이다. 일반적으로 경영이란 조직의 목적을 효과적으로 달성하기 위해 조직 성원들의 협동적 행위를 조장하는 행위라고 할 때, 학급경영은 교육목표를 효과적으로 달성하기 위해서 학급 구성원의 협동적 행위를 조성하는 집단 과정이라고 할 수 있다.

그러나 학급경영을 간단히 규정하기는 쉽지 않다. 왜냐하면 많은 학자들이 다양한 관점을 나타내고 있기 때문이다. 대표적인 학자들의 견해를 살펴보면 다음과 같다.

- 학급경영이란 학생의 학습과 생활지도를 위한 학급 목표를 효과적으로 달성하기 위해 교사와 학생이 상호작용하는 것이다(김종철 외, 1991).
- 학급경영이란 학생의 학습과 생활지도를 위한 학교의 가장 기본적 구성 단위인 학급의목표를 효과적으로 달성하기 위한 학급구성원, 즉 교사와 학생의 협동적 행위를 조성하는 집단과정이다(남정걸, 1991).
- 학급경영이란 교사가 학급이라는 조직을 통해 교수–학습의 목적을 달성하기 위하여 수행하는 제반 업무와 활동이다(박남기, 2008).
- 학급경영이란 학급의 목적을 수립하고, 이를 효율적으로 달성하기 위하여 인적 · 비인적자원을 확보하고 활용하여 학급활동을 계획, 조직, 지도, 조정, 통제하는 일련의 활동과정이다(박병량 외, 2012)

이상에서 살펴본 학급경영의 정의들을 종합하면, '학급경영이란 학교교육 목적 달성을 위해 설정된 학급목표를 달성하기 위하여 담임교사가 학급을 관리 · 운영하는 활동이다'라고 정의할 수 있다.

2) 학급경영의 원리

담임교사는 자신이 맡은 학급을 1년 동안 어떻게 이끌어 나갈 것인지에 대한 전반적인 비전과 아이디어를 가지고 있어야 한다. 그러므로 학급경영에 필요한 아이디어와 비전 등을 제대로 구상하고 실현하기 위해서는 학급경영에 관한 원칙이 필요하다. 이를 학급경영의 원리라고 한다.

(1) 교육철학과 이념을 소유한다.

담임교사가 나름대로의 이념이나 교육철학이 없다면 등대나 나침반이 없는 밤바다를 헤매는 조각배와 같다. 다시 말하면 반에서 활동이나 행사를 할 때 중요한 정신이 빠져버리고 활동만 남게 된다. 그러므로 학급경영이 알차게 이루어지려면 무엇보다도 교육과정의 정신과 소속 학교의 교육 기본 정신을 바탕으로 한 담임 나름대로의 교육철학이나 이념이 있어야 한다.

(2) 계획적이고 체계적인 학급경영을 한다.

계획적이고 체계적인 학급경영을 하기위해서는 학년 초에 연간 계획이 세워져야 한다. 무계획적이고 즉흥적인 학급운영은 많은 시행착오를 범하게 된다. 그러므로 학급의 특별활동이나 행사는 언제 실시하고 생활지도는 어떤 것을 언제 중점적으로 실시하겠다는 계획이 세워져 있어야 한다. 이렇게 정확한 데이터나 자료에 의해 교육 내용을 평가 분석하고 이를 다시 적용시킬 때 우리의 교육은 점점 발전할 수 있다. 지금까지는 교과학습만 평가를 하고 중요한 다른 부분은 제대로 평가를 하지 않는 오류를 범하고 있다.

(3) 일관성 있으면서 열린 학급경영 체제를 유지한다.

학급경영의 모든 내용이 항상 일관성이 있어야 하며 학부모나 반 아이들에게 열려져(공개되어) 있어야 한다. 예를 들어 상벌을 줄 때에도 어떤 일을 어떻게 하면 어떤 상벌을 받는다는 것이 1년 내내 일관되게 유지되어야 하는데 아이에 따라 또는 상황에 따라서 달리 이루어진다면 학생들이나 학부모들에게 혼란과 불만의 원인을 제공하게 된다. 이런 오류를 방지하기 위하여 매 학기 초가 되면 1학기 동안의 평가계획 및 활동 계획서를 가정으로 나눠주고 계획서대로 할 것을 약속한다.

(4) 학생이 중심인 학급경영을 한다.

학생들에게 주인의식을 심어 주어 학생들이 주인인 교실을 가꾸어 나가길 원한다면 무엇보다도 먼저 담임교사가 학급의 구성원으로서 학생과 동등하게 행동해야 한다. 상대방을 진심으로 이해하기 위해서는 상대방이 처한 환경 속으로 들어가야 하듯이 아이들 속으로 담임이 내려가서 설 때에 아이들을 더 잘 이해하게 되며 또한 아이들과 한 마음이 될 수 있는 것이다. 담임이 학급의 구성원과 똑같이 행동하며 학급의 중요한 결정 사항이 모두의 의논에 의해서 이루어지고 있음을 느끼게 될 때 아이들은 자연 주인 의식을 갖고 적극적으로 학급 생활에 임하게 된다.

(5) 민주적인 학급경영을 한다.

민주적 학급경영은 민주주의 기본 원칙에 의하여 학급을 조직하고 운영하는 것을 의미한다. 민주적으로 운영되는 학급에서는 학급 구성원 개개인의 인격과 개성이 존중되고, 자유스럽고 명랑한 학급 분위기가 조성되며, 학생 스스로 합의하고 결정하고 책임지는 자율적인 학급풍토가 조성된다.

3) 학급경영의 영역

학급경영 담당자로서 교사는 학급목적을 달성하기 위하여 경영목표를 세우고 학급이 수행할 제반 과업을 계획하고 지도, 전개하고 평가하면서 학급을 충실히 발전시키는 것이다. 그가 수행할 주된 과업은 학급의 질서를 유지하면서 학습을 촉진하는 활동들이다. 학급경영의 영역을 정리하면 다음 [그림 7-1]과 같다.

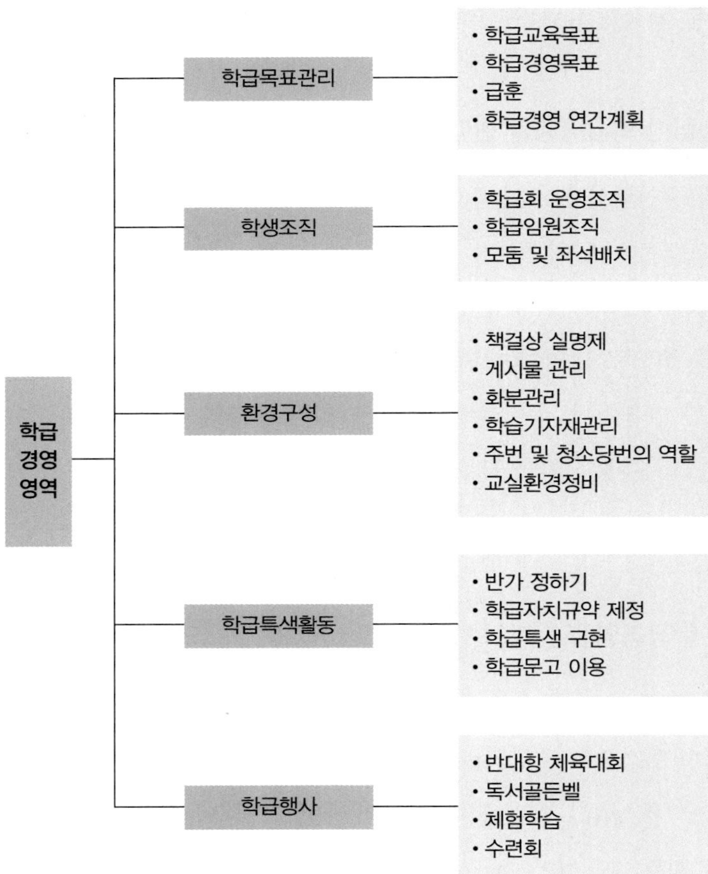

그림 7-1 | 학급경영의 영역

4) 학급경영자로서의 교사의 역할

현대에 이르러 사회에서 교사에 대한 요구가 많아지고 있다. 따라서 교사는 학교 현장에서 해야 할 역할이 점차 많아지고 있다. 이에 따라 교사의 역할 및 자질이 어떠해야 하는가를 이해하는 것은 중요한 일이다. 교사의 일반적 역할은 다음과 같이 들 수 있다.

(1) 학습지도자로서의 역할

교사가 해야 하는 여러 가지 역할 중에서 학습 지도는 핵심적인 업무이다. 학생들의 모든 학습 활동들은 교사의 지도하에 이루어진다고 볼 때 학습 지도는 교사의 요건 중에서 결정적인 역할을 한다고 말할 수 있다. 아무리 훌륭한 교사와 좋은 교육 내용이 있다 하더라도 학생들이 이를 받아들이고자 하는 마음이 없다면 교육은 실패하기 마련이다. 훌륭한 교사는 학생들의 욕구, 흥미, 환경, 지능, 교우 관계 등을 파악하고 이를 학습지도에 활용하여 항상 새로운 내용으로 흥미를 유도하면서 학습을 이끌어 나가야 한다.

(2) 학급경영자로서의 역할

학급경영은 교사가 주체가 되며, 이는 학급이 추구해야 할 목표를 공동으로 달성하기 위하여 계획하고, 상호 인간관계를 조정, 협력, 통제, 평가하는 창의적이고 주체적인 조직행위와 교수, 학습을 제외한 학급 내의 모든 활동을 경영하는 과정을 학급경영이라 할 수 있다. 따라서 교사는 학생들의 근태상황을 파악, 학급비품 관리, 학급회 조직, 성적 처리, 학생들의 생활지도 및 상담, 학부모와의 면담 및 가정방문 등의 내용을 성실히 수행하기 위하여 최선의 노력을 해야 한다.

(3) 특별활동의 지도자로서의 역할

특별활동의 성격은 교과와 상호 보완적 관계를 가지고 심신의 조화로운 발달을 도모하기 위하여 전인교육의 일환으로 실시되는 교과 이외의 활동이며, 교과 교육활동과 상호 보완적인 관계를 갖는다. 따라서 특별활동의 종합목표는 건전한 집단활동에 자발적으로 참여하게 하여, 심신의 조화로운 발달이 이루어지게 하고 협동, 봉사정신과 자율적인 생활태도를 가지게 한다. 그러므로 교사는 학생들의 저마다의 소질에 맞는 특기를 신장할 수 있도록 지도하는 것은 매우 중요한 일이다.

(4) 생활지도자로서의 역할

생활지도는 개인이 환경과 부단하게 상호작용 하면서 이루어 내는 모든 생활과 경험을 통해서, 개인이 최대한 성장하고 발달할 수 있도록 지도하는 것을 가리킨다. 그래서 생활지도는 전통적으로 상담활동, 이해활동, 정보제공활동, 배치활동 추수지도, 진로지도 등의 고도의 전문성을 요구한다. 특히 인격형성 단계에 있는 학생들에게 생활지도란 어떤 영역보다도 중요하다.

(5) 인간관계자로서의 역할

교육은 사회화를 밑바탕에 두고 있기 때문에 교사와 학생, 교사와 학부모, 동료교사, 교사와 상사간의 상호작용은 대단히 중요하다. 교육이 가장 원만한 인간관계에서 비롯된다고 한다면 학습자와 교사는 가장 가까워야 하고 친근해야 한다. 따라서 인간관계의 형성 그 자체가 교육이라고 한다면 전인교육을 위하여 교사는 마땅히 바람직한 인간관계를 형성해야 한다.

결국 교사는 학생과의 인간관계가 모든 교육활동을 효과적으로 이끌어 갈 수 있는 가장 중요한 밑거름이 됨을 인식하고, 교사로서 사명감을 갖고 학생과 대화의 기회를 넓히며, 너그러운 태도로 공정하게 학생들을 대하고 학생이 원하는 것이나 어려운 점이 무엇인지를 살펴 올바른 인간관계를 형성해야 한다.

3. 학급경영의 실제

지금까지 학급경영에 대한 이론적인 면을 고찰하여 보았다. 이제부터는 학급경영을 실질적으로 하기 위한 실무적인 면을 알아보기로 한다.

1) 학급경영의 기초 조사

교사는 새 학년, 새 학기가 시작되기 전에 학생과 학급의 제반 특성을 파악하여 학급경영의 목표를 설정하고 기초 조사를 실시, 이를 근거로 하여 구체적이며 실천적인 경영계획을 수립하는 것이다. 학생에 대한 전반적인 기초 조사를 실시하여 학생 개개인에 대한 상세한 실태를 정확하게 파악하여 학급경영의 목표를 설정한다. 아울러 학생 개개인의 개성과 적성, 정서를 비롯하여 학급집단의 심리적 경향과 문화 분위기 등 집단의 특성을 정확하게 파악하여야만 효율적인 학급경영을 할 수가 있다.

2) 학급경영계획서 작성

(1) 학급교육목표 설정

1년 동안 학급을 이끌어 갈 목표를 설정한다. 학기 초 학생의 건강, 인성, 학력, 생활습관과 학부모의 교육 의지 및 기대, 교육환경 등을 조사하여 실태를 분석하고, 이를 바탕으로 학급경영의 목표를 도출한다.

(2) 학급경영목표 선정

학급경영목표는 교육목표를 효과적으로 달성하기 위해 전개되어야 할 경영상의 목표로 학급의 교육목적 달성을 위해서 마련되어야 할 조건과 수행되어야 할 활동에 관련된 것이다(박병량 외, 2012). 따라서 학급경영목표에는 교육목적 달성과 관련된 학급의 제반 경영활동을 포함하여 각 영역별로 보다 구체적으로 진술하되, 가능한 한 성과기준을 계량화하여 정하고 평가의 지표로 삼도록 한다.

그림 7-2 | 학급교육목표와 경영목표의 예시(A 고등학교)

(3) 구현계획

구현계획은 학교교육목표와 학급경영목표 달성을 위한 구체적인 행동전략이다. 따라서 구현 계획의 각각의 활동계획은 학급교육목표 및 학급경영목표를 실천하기 위한 세부 실천계획으로 누가, 무엇을, 언제 수행할 것인가를 정확하게, 그리고 상세하게 기술한다. 구현계획 영역별 세부 실천계획에는 활동의 대상, 동원될 사람, 필요한 물적 자원, 소요비용, 시간 계획, 담당자(부서) 등을 제시한다.

3) 학급담임의 업무

학급담임 교사는 학생의 적성과 개성을 존중하고 학급 구성원 상호 간의 협동생활을 지도하여 전인적 성장을 도모하며, 학생의 자기주도적 학습활동을 지도하여 기초학습 능력과 특기를 신장시켜 학생, 학부모 등 교육 수요자의 만족을 학급경영의 최우선 목표로 하여야 한다. 그 구체적인 업무는 다음 〈표 7-2〉와 [그림 7-3]과 같다.

표 7-2 | 학급담임교사의 업무

업무 영역	업무 내용	비고
(1) 학급운영	• 급훈의 선정과 실천지도 • 매일의 조회와 종례지도 • 가정환경 파악과 가정 연계지도	
(2) 교육과정 운영	• 학습태도 및 방법지도 • 학교생활기록부 전산입력 • 교육평가의 집계, 통계, 통지표 작성	
(3) 학급관리	• 환경구성 및 청소지도 • 교실비품 관리지도	
(4) 생활지도	• 상담을 통한 인성 및 진로지도 • 보건위생, 안전생활지도 • 복장, 학용품, 소지품지도	

(5) 특별활동 운영	• 학급회 운영지도 • 학급임원 선출지도	

4) 학급담임 교사의 하루 일과 업무

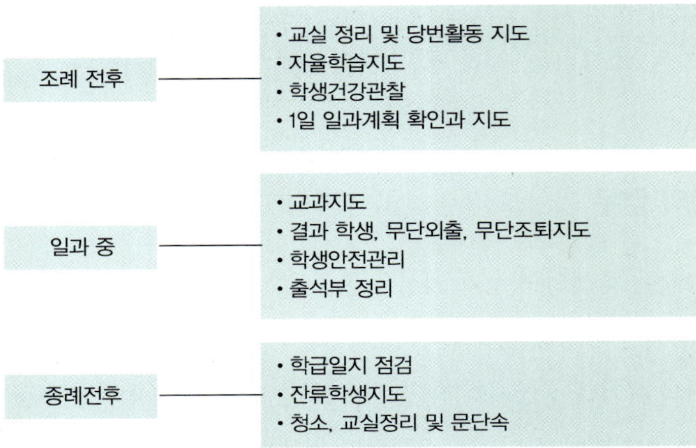

그림 7-3 | 교사의 하루 일과 업무 예시(D중학교)

4. 학급경영의 평가

1) 학급경영평가의 의의

학급경영평가의 궁극적 목적은 학급운영 체제를 개선하여 발전시키는 데 있다. 학급 담임교사는 학급운영과정에서의 투입 및 산출에 대한 평가와 분석을 통하여 학급운영 체제를 반성할 수 있고 발전을 위한 대책을 수립하게 된다. 학급운영의 자율성과 학급 담임교사의 책무성을 높이기 위해서는 자체평가가 바람직하다(박완성, 2012).

2) 학급경영 자체평가표 예시

담임교사는 바람직한 학급운영의 점검을 위하여 자체적으로 수시로 학급운영 평가를 실시해야 한다. 학급운영에 대해서 평가할 수 있는 평가방법을 구체화하고, 평가와 반성을 통해 학급운영의 성과를 진단하고 계획의 수정과 보완 및 차기 학급운영에 활용할 수 있어야 한다. 〈표 7-3〉은 교사 자신의 학급경영평가표의 예시이다.

표 7-3 | 학급경영 자체평가표

구분	평가 관점	평가척도				평가결과				총점
		4	3	2	1	1/4	2/4	3/4	4/4	
1. 기본관점 (8점)	① 학급의 독자적 특성이 조성되고 있는가?									
	② 학급의 모든 일에 전학생이 참여하고 있는가?									
2. 학급경영계획 (8점)	① 학급경영계획은 교육과정운영 기본 계획과 일관성을 가지고 있는가?									
	② 학급경영계획은 부단히 재구성, 보완되고 있는가?									
3. 교과학습지도 (20점)	① 기본 학습습관이 잘 이루어졌는가?									
	② 학생의 개별지도가 잘 되고 있는가?									
	③ 교재연구는 충실하게 이루어지고 있는가?									
	④ 부진학생에 대한 특별지도가 잘 이루어졌는가?									
	⑤ 학습자료의 준비 및 활용은 잘 되고 있는가?									
4. 특별활동 (8점)	① 학생자치활동과 역할분담활동은 효과적으로 운영되고 있는가?									
	② 5대 영역이 균형 있게 이루어지고 있는가?									
5. 재량활동 (8점)	① 재량활동 시간은 최대한 확보하고 있는가?									
	② 창의적이고 다양한 활동이 이루어지고 있는가?									

6. 생활지도 (16점)	① 교외 생활지도는 잘 이루어지고 있는가?									
	② 실내생활은 정숙한가?									
	③ 안전생활에 대한 지도가 잘 이루어졌는가?									
	④ 문제학생(학교폭력, 자살, 가출 등)의 발견 또는 특별지도에 노력하고 있는가?									
7. 교육평가 (16점)	① 형성평가는 적기에 하고 있는가?									
	② 매 단원의 형성평가 결과는 목표 수준에 도달하고 있는가?									
	③ 평가 결과의 처리와 개별 처방지도는 잘 되고 있는가?									
	④ 수행평가는 기준안에 따라 공정하게 실시되어 공개하고 있는가?									
8. 기타(16점)	① 게시물은 학습활동과 직결되며 창의적이고 의도적인가?									
	② 학급사무 및 분장사무는 신속 · 정확하게 처리되고 있는가?									
	③ 학생들은 항상 활기있고 긍정적인가?									
	④ 인터넷 사용지도(음란사이트 보지 않기, 사이버 범죄 예방 등)는 잘 되고 있는가?									
	계 (100점)									

Chapter 08

학교교육계획

1. 학교교육계획의 개념 및 의의 | 2. 학교교육계획의 과정 | 3. 학교교육계획의 구성(내용)

Chapter 08

학교교육계획

| 개요 |

학교교육계획은 학교장과 교사 간에 달성해야 할 교육목표 내지 경영목표를 합의하고 각기 자기 과업을 정하여 이를 자기통제(self-control)의 원리에 따라 실천하고 그 도달 정도를 평가함으로써 학교경영의 효과를 높이기 위한 구체적인 활동 내용을 담은 계획이다. 학교는 매년 초에 1년간 학교교육을 운영할 학교교육계획서를 수립하고 있다. 일부 학교에서는 연구부장 중심으로 일부 교사만이 참여하여 학교교육계획서를 수립하는 경우도 있다. 8장에서는 학교 교육계획에 대한 개념과 의의, 목적과 기능, 과정, 수립절차 등의 이론적인 지식과 학교교육계획서의 구성을 위해 절차와 내용을 예를 들어 제시 설명하므로 모든 교직원이 참여하여 학교교육계획서를 수립할 수 있는 능력을 기르도록 하고자 한다.

1. 학교교육계획의 개념 및 의의

1) 학교교육계획의 개념

학교교육계획을 이해하기 위해서는 교육의 의미를 파악할 필요가 있다. 하지만 교육이라는 현상을 어떻게 규정하느냐에 따라 교육의 개념은 달라진다. 즉 교육현상을 기능적으로 보느냐, 또는 목적으로 보느냐, 조작적으로 규정하느냐에 따라 교육의 의미는 달라진다.

교육을 정의함에 있어서 기능적 · 규범적 측면의 약점을 보완하기 위한 조작적 정의는 교육을 기술적 또는 조작적 견지에서 정의하는 것을 말한다. 이러한 입장에 속하는 학자들에 의하면 "교육은 인간행동을 계획적으로 바람직하게 변화시키는 활동"이라고 정의한다.

이 정의에서 '인간행동'은 외현적 행동뿐만 아니라 내현적 행동을 포함한다. 교육은 이러한 모든 행동을 그 대상으로 하며, 보다 더 관심을 갖는 인간행동은 외현적 행동보다는 내현적 행동이다.

'변화'란 육성 · 조성 · 함양 · 계발 · 교정 · 개선 · 발달 · 증대 등을 포괄하는 개념이다. 교육은 다른 분야와 같이 인간행동에 관심을 갖되 특히 인간행동의 변화에 관심이 있다. 그리고 교육은 인간의 성장 · 발달 · 조성 등의 변화가 개인에게 선천적으로 결정되어 있지 않다고 전제하고 있다. 왜냐하면 교육은 인간행동이 자연적으로 변화해 가는 것에 관심이 있는 것이 아니라 그것을 의도적으로 변화시키는 데 관심이 있기 때문이다. 이것이 인간행동의 계획적인 변화라고 정의하는 이유이다.

그리고 교육은 '계획적'인 활동인 것이다. 즉 계획적이라는 것은 첫째, 기르고자 하는 인간행동에 관한 명확한 설정과 의식이 있고, 둘째, 그것을 기를 수 있는 이론과 실증의 뒷받침이 있는 계획과 과정이 있다는 것을 의미한다. 전자는 교육목적이 있다는 말이며, 후자는 교육과정이 있다는 말이 된다.

또한 학교교육계획을 이해하기 위해서는 계획(Plan)의 의미를 파악할 필요가 있다.

계획이란 특정목표의 달성을 위하여 최선의 이용 가능한 방법과 절차를 선택하기 위한 의도적 · 계속적인 시도이다. 이는 특정한 목표의 달성을 위하여 최선의 대안을 선정하는 노력이라 할 수 있다. 인간은 미래를 내다보고 미래를 대비하는 능력을 가지고 있기 때문에 조직적인 활동 등에서는 물론 개개인의 일상생활에서도 여러 가지 형태의 계획을 세우고 그것을 실천하려고 노력한다. 사고 능력을 인간의 특성이라고 본다면 계획이란 구체적 목적을 효율적으로 달성하기 위한 미래에 관한 행동의 순서 또는 절차이며 목적과 수단 방법을 합리적으로 연결시키는 지적 준비과정이라고 할 수 있다. 계획이란 기획(Planning)의 과정을 거쳐서 그 결과로 얻어진 기획의 산물이라고 할 수 있다.

교육계획에 대한 여러 학자들의 견해를 살펴보면 김종철은 "교육계획이란 미래의 교육활동에 대해 교육목표의 달성을 위한 효율적인 수단과 방법을 제시함으로써 교육정책 결정의 효율성과 안정성을 보장해 주는 지적 준비과정 내지 그 소산이다"라고 했고 배종근 · 정태범은 "교육계획이란 최적의 수단으로 교육목적과 교육목표를 달성하기 위한 미래의 행동에 대한 일련의 의사결정이다"라고 했다. 또 김창걸은 "교육계획이란 교육목표를 효율적으로 달성하기 위한 최선의 가능한 수단과 방법을 선택하는 합리적 사전 준비과정이다"라고 하였다.

이와 같은 학교교육계획에 대한 개념을 종합해 보면 학교는 학생들을 의도적, 지속적, 계획적으로 교육하여 바람직한 인간을 육성하는 것을 목적으로 하고 있으며 그 목적 달성을 위하여 인성교육, 지식교육 그리고 신체발달교육을 목표로 삼고 있다. 또한 교육내용이 복잡하고 교육방법이 다양화되면서 교육의 생산성을 늘리기 위한 교육활동은 구체적인 계획이 없이는 효율적이며 합리적으로 수행될 수 없다. 학교경영에 있어서 계획은 장래에 대한 예측과 분석적 학교 여건을 바탕으로 일정한 목표를 설정하고, 이를 달성하는 데 요구되는 합리적 행동을 예정하고 준비하는 과정을 말한다. 계획은 목표와 그것을 달성하는 수단 사이에 내적인 일관성을 가지게 하고, 목표를 구현하기 위한 관리 기능의 기초로서 학교 조직의 각 부서 활동 간의 조화와 균형을 갖도록 하는데 필수적인 요건이 된다.

학교교육계획은 학교장과 교사 간에 달성되어야 할 교육목표 내지 경영목표를 합의하고 각기 자기의 과업을 정하여 이를 자기통제(Self-control)의 원리에 따라 실천하고, 그 도달 정도를 평가함으로써 학교경영의 효과를 높이기 위한 구체적인 활동내용을 담은 계획이다.

2) 학교교육계획의 의의

학교교육계획은 국가의 교육방침과 시 · 도교육청 교육방침을 토대로 학교교육 목표를 달성하기 위해 학교 구성원들의 교육수요를 예측하고 그 수요에 상응하는 학교교육방법 내지 그에 대한 대안을 설정 · 제시함으로써, 학교교육활동을 실천 · 지원하고 원활히 수행하고자 하는 체계적인 교육과정이다. 학교교육은 교육목표, 내용, 방법, 평가 등을 교육계획에 설계 · 제시하여 피교육자로 하여금 양질의 교육을 받음으로써 학생들의 발달 · 성장은 물론 국가 · 사회 발전에 기여할 수 있는 인간을 길러 내도록 계획이 수립되어야 할 것이다.

이러한 학교교육계획의 의의를 학교 급별에 따른 학교 교육목표를 통해 좀 더 구체적으로 살펴보면 다음과 같다. 초 · 중등교육법 제38조에 "초등학교는 국민생활에 필요한 기초적인 초등교육을 하는 것을 목적으로 한다"라고 되어 있고, 제41조에 "중학교는 초등학교에서 받은 교육의 기초 위에 중등교육을 하는 것을 목적으로 한다"라고 되어 있다. 또 제45조에 "고등학교는 중학교에서 받은 교육의 기초 위에 중등교육 및 기초적인 전문교육을 하는 것을 목적으로 한다"라고 되어 있어서 각각 학교교육계획의 기저 내지 기본이 되는 것이다.

학교교육계획은 국가나 지역사회 수준의 교육방침계획을 기저로 하고 그것들과 일관성을 유지함과 아울러 그 요구를 수렴해야 하는 종속적인 관계에 놓여 있으나, 학교 현장에서는 단위학교의 특성을 좀 더 고려하여 교육목표, 내용, 방법, 평가에 대한 치밀하고 전문적인 계획을 수립해서 학생들에게 양질의 교육을 제공하여야 한다.

또한 계획은 어디까지나 장래의 불확실성에 대한 조직적, 사회적인 인간의 대응 방법이기 때문에 불확실성 그 자체가 계획의 본질적인 한계를 설정한다고 볼 수 있다. 학교를 둘러싼 사회의 변화, 학교 외부 사회와의 관계 확대, 학교 규모의 거대화 또는 대량화, 기술혁신, 교육과정의 현대화, 교육인구 증가 등의 상황적 변화에서 오는 불확실성의 문제를 해결하기 위하여 교육계획은 필요하다.

특히, 단위학교에서의 학교교육계획은 장래에 대한 예측과 분석된 학교 여건을 바탕으로 하여 일정한 목표를 설정하고, 이를 달성하는 데 요구되는 합리적인 행동을 예정하고 준비하는 모든 교직원이 목표에 대하여 주의와 관심을 집중하게 하고 교육활동에 대한 실천의지를 갖게 한다. 다른 한편으로 계획은 비생산적이고 비경제적인 노력을 배제함으로써 학교교육의 경제성과 효율성을 제고할 수 있게 할 것이며, 학교경영의 측면에서 통제의 기준을 마련해 준다고 할 수 있다. 결과적으로 학교교육계획이 합리적으로 수립되어 효율적으로 추진, 평가되고 그 결과에 의하여 계획이 재조정되는 발전 지향적 학교교육 체제가 이루어질 때 학교교육의 목표 구현은 그만큼 용이해지는 것이다. 이러한 점에서 볼 때 학교교육계획의 수립은 학교경영에 있어서 대단히 중요하며 필요한 활동이라고 할 수 있다. 교육의 주체가 학교이고 거의 모든 교육이 학교에서 이루어지는 것이므로 학교교육계획은 그 필요성이 강조되어야만 하고 학교경영의 실천적 지침으로 활용되어야 한다.

3) 학교교육계획의 목적과 기능

학교교육계획을 수립하는 궁극적인 목적은 학교에서 설정한 교육목표를 효율적으로 달성하는 데 있다. 학교교육계획의 목적은 흔히 내적 효율성과 외적 생산성을 향상시키는 것으로 요약된다. 여기서 내적 효율성이란 교육체제 내부에 있어서의 성과를 의미하며 외적 생산성이란 외부 사회에 대한 성과 즉, 교육활동의 사회적 타당성과 효율성을 의미한다. 교육계획의 목적을 김종철은 다음과 같이 제시하였다.

① 교육 기회의 균등화를 촉진한다.

② 교육 내용과 방법의 현대화를 촉진하며 교수-학습의 효율화를 기한다.

③ 교직의 전문화와 교원의 지위향상을 촉진한다.

④ 교육정책의 현대화를 촉진한다.

⑤ 교육재정의 효율화를 기한다.

⑥ 교육에 대한 사회 수요와 인력 수요를 촉진시키고 교육의 외적 생산성을 높인다.

⑦ 교육에 관한 연구 개발을 촉진하고 평가 활동을 강화한다.

⑧ 계획하는 교육의 체제를 구안한다.

이상과 같은 교육계획의 목적은 학교교육계획 수립의 체제적 기법의 중요한 이론적 밑바탕이 된다.

또한 김종철은 교육계획의 기능을 다음과 같이 요약하여 제시하였다.

① 교육정책의 중점과 우선 순위를 제시한다.

② 제한된 교육재원의 합리적 배분의 기능을 한다.

③ 교육정책에 대한 합리적 통제의 기능을 한다.

④ 교육재정의 안정화에 공헌한다.

⑤ 교육개혁을 촉진하는 계기가 될 수 있다.

2. 학교교육계획의 과정

1) 학교교육계획 수립의 기본 원리

학교교육계획 수립의 궁극적인 목적인 학교교육목표를 효율적으로 달성하고 내적 효율성과 외적 생산성을 향상시키기 위해 학교교육계획을 수립하는 데는 몇 가지 원리가 필요하다. 교육계획의 기본원리를 기술한 여러 학자의 견해를 보면, 김이종은 교육계획의 원리로 기초 조사의 원리, 교육이념의 원리, 시대성의 원리, 인간교육의 원리, 교육과정에 의한 원리, 교육행정의 원리, 민주적 원리, 생산적 · 창조적 원리, 미래지향적 원리, 논리적 원리, 실천적 원리, 교육재정의 원리 등 12가지를 들고 있으며, 박종철은 연계성, 합리성, 종합성, 구체성, 참여성, 현실성, 형식성의 원리 등을 제시하고 있다. 이들을 종합하여 보면 다음과 같다.

① 연계성의 원리: 학교교육계획은 국가 수준 교육과정과 시 · 도 교육과정 편성 · 운영 지침과 종적인 연계성을 유지하면서 수립되어야 한다. 따라서 계획의 기본 방향과 목표를 설정하는 데 있어서 상위 계획의 테두리를 벗어나거나 서로 상충되어서는 안 된다.

② 합리성의 원리: 학교교육계획의 수립은 합리적인 의사 결정을 요구한다. 문제를 파악하고 대안을 선정 · 결정하며 해결 방안을 추출 · 선정하고 효과를 비교 · 분석하는 과정을 겪는 합리적인 절차가 요구되는 것이다.

③ 융통성의 원리: 학교교육계획은 고정되기보다는 융통성이 있어야 한다. 환경의 변화에 따라 학교 조직의 목적과 정책이 변화할 수 있는 장기 계획에서 특히 이 원칙이 중요하다.

④ 통합성 · 종합성의 원리: 학교교육계획의 내용은 학교 교육목표 달성을 위해 관련된 모든 요소들이 다 포함되어야 한다. 만일 필요한 제 요소들이 통합적으로 모두 포함되지 않을 경우 목표 달성의 제약 요소로 작용하여 역기능을 발휘할 수 있기 때문이다.

⑤ 참여성의 원리: 학교교육계획은 학교의 관리층만이 아니라 모든 교직원이 참여하여 의견을 제시하고 조정하며 학부모, 동창들까지도 참여의 기회를 주는 것이 바람직하다.

⑥ 현실성의 원리: 학교교육은 인적 · 물적 · 재정적 · 교육적 자원의 부족 속에서 목표를 달성하여야 한다. 따라서 수립된 계획안은 이러한 제약 조건들을 감

안하여 실현가능한 내용들로 구성되어야 한다.

⑦ 구체성의 원리: 학교교육계획은 무엇을, 언제, 어디서, 어떻게 할 것인가를 분명하고 정확하게 기술해야 한다. 학교교육계획은 구체적으로 수립되어야 하는데 한 번 수립된 학교교육계획이라 할지라도 학교 현장에서 실천 가능하고 활용이 잘 될 수 있도록 변화에 신축성 있게 적응할 수 있어야 하며 계속적인 평가와 분석을 통해 수정 · 보완되어야 한다.

2) 학교교육계획 수립의 절차

계획이 잘 되고 못되느냐는 그 과정의 절차에서 의사결정이 잘 되느냐 잘못되느냐의 결과로 나타난다. 어떤 조직체에서든지 계획이 잘 수립되기 위해서는 설정된 교육목표가 최대한으로 달성되도록 계획과정에서 의사결정이 잘 이루어져야 한다.

김종철은 기획의 절차는 일반적으로 목표 설정, 방침 수립, 행동방안 결정의 3단계를 밟아야 한다고 했다. 여기서 말하는 목표는 도달하려는 목적지를 말하며 방침은 그 목표에 도달하기 위한 기본 방향, 즉 효율적인 목표달성의 기본 지침을 묘사하는 것이다. 행동방안은 그와 같은 방침에 따라서 목표에 도달하기 위한 구체적인 수단과 방법을 의미하는 것이다. 여기서 일선 학교에서 보편적으로 적용하는 구체적인 학교교육계획 수립 절차를 살펴보기로 하겠다. 학교교육계획의 절차는 각 학교의 특수성이나 설립 목적, 기획 여건에 따라 달라질 수 있기 때문에 일률적으로 규정하기는 어렵지만 대부분 계획, 실천, 평가의 3단계로 이뤄진다, 학교교육계획의 수립 절차에 관해서 김세기, 정태범, 한국교육개발원의 모형을 제시하면 다음과 같다.

(1) 김세기의 학교교육계획 수립 절차 모형

김세기의 모형을 보면 학교교육계획의 수립 절차가 문제 분석, 규명, 학교교육 목표 설정, 학교경영 목표 및 방침 설정, 활동계획, 조직 및 인사관리 계획, 계획의 평가, 실행, 평가로 되어있다.

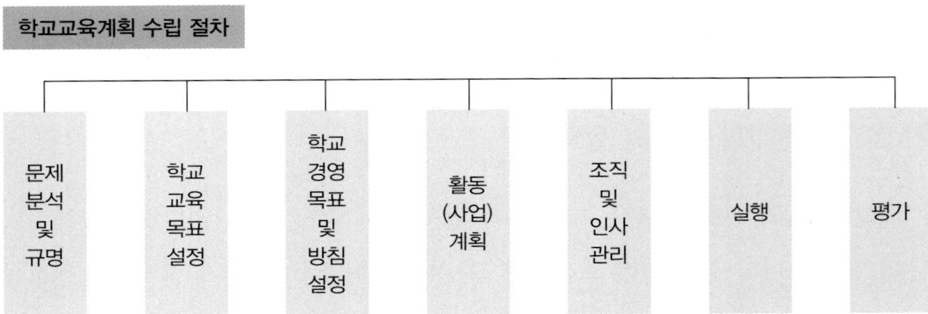

▪ 그림 8-1 | 김세기의 학교교육계획 수립 모형

(2) 정태범의 학교교육계획 수립 절차 모형

정태범의 모형을 살펴보면 학교교육계획의 수립 절차가 요구분석, 목표 및 방향 설정, 활동계획, 조직계획, 평가계획으로 되어 있다. 요구분석 단계에서는 실태, 학교 현황, 상위 목표, 전년도 경영성과 분석을 통해서 새로운 학교교육계획 수립의 자료로 삼는다. 목표 및 방향 설정 단계에서는 교육목표, 경영목표, 경영 방침 계획을 수립하고 이를 바탕으로 활동계획을 수립하게 된다. 조직계획 단계에서는 교육과정 면에서 교과활동, 특별활동, 생활지도 계획을 세우고 지원관리 면에서 교직원 관리, 학생 관리, 재무 관리, 시설, 매체, 대외관계 계획 수립을 하게 된다. 마지막 평가 단계에서는 대상과 내용에 따른 평가 계획을 세우게 된다.

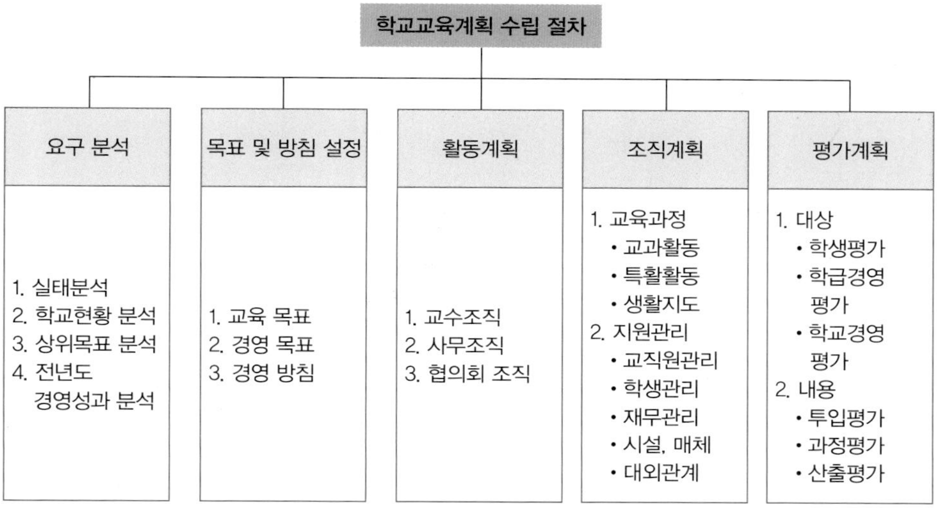

그림 8-2 | 정태범의 학교교육계획 수립 모형

(3) 한국교육개발원의 학교교육계획 수립 절차 모형

한국교육개발원의 모형을 살펴보면 학교교육계획의 수립 절차가 문제규명, 목표와 방침, 활동계획, 조직계획, 평가계획으로 되어있다. 문제규명 단계에서는 상위목표, 장학 방침, 지역 실태, 경영 실태를 바탕으로 지난해 학교교육계획의 실태와 문제점을 분석하고 규명해 본다. 목표와 방침 단계에서는 교육목표와 경영목표, 경영방침을 설정하고 이에 따라 활동계획을 수립하는데 교육과정 면과 지원관리로 나누어 수립한다. 교육과정에서는 수업계획, 특활지도, 생활지도 계획을 수립하고 지원관리에서는 인사, 재정, 자원 계획을 수립하게 된다. 조직계획 단계에서는 학생, 교직원, 유관 인사 면에서 조직 계획을 수립하고 마지막 평가계획 단계에서는 학교교육계획이 제대로 이루어졌는지 투입, 과정, 산출 면으로 나누어 평가계획을 수립하게 된다.

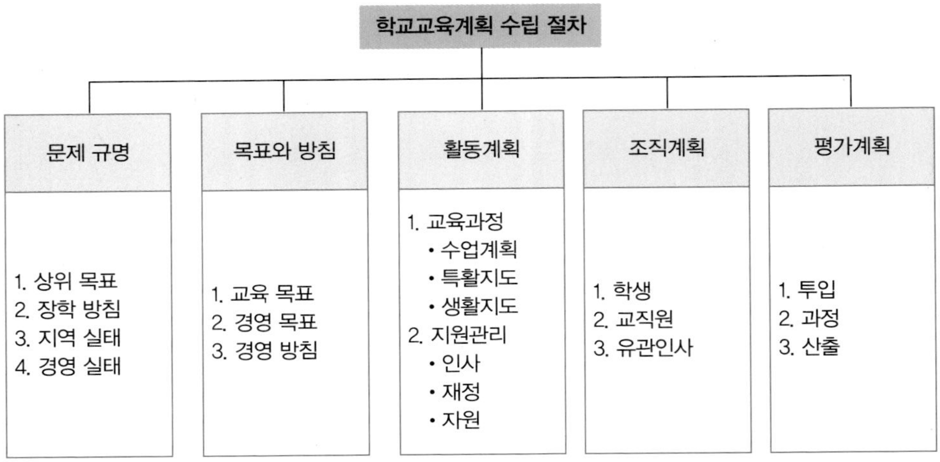

■ 그림 8-3 | **한국교육개발원의 학교교육계획 수립 모형**

이상에서 여러 학자들이 제시한 학교교육계획 수립 절차 모형을 살펴보았는데 여러 모형들의 공통점을 살펴보면 다음과 같다.

계획단계에서는 학교교육계획 수립을 위한 문제 분석 및 규명, 요구 분석을 하고 그에 따라 학교교육목표 및 방침을 설정한다. 학교교육목표에는 학생들이 최종적으로 도달할 교육적 인간상이 그려지게 된다. 실천 단계에서는 계획 단계에서 마련한 계획대로 구성원을 중심으로 조직을 편성하는 일, 편성된 조직에서 구체적으로 실천활동을 전재하는 일을 포함한다. 평가단계에서는 학교교육의 중요 영역에 대하여 투입평가를 실시하여 학교교육 현황을 진단한 다음 일정기간의 실천과정을 거치면서 각종 교육활동이 무리 없이 진행되고 있는지 확인하는 과정평가계획을 세워 실시한다. 마지막으로 실천의 결과 교육계획에서 정한 목표 달성이 어느 정도 이루어졌는가를 판정하는 산출평가를 실시하게 된다.

3) 학교교육계획의 과정

앞에서 살펴본 학교교육계획 수립 절차 모형 중에서 학교와 같이 기간과 자원이 한정되어 적용하기 용이한 정태범의 모형을 중심으로 학교교육계획의 과정을 살펴본다.

(1) 문제의 규명(계획의 기저)

학교의 교육계획을 작성하는 기저로서 먼저 교육의 요구가 무엇이며 현재 학교의 여건에서 교육의 문제는 무엇인가, 학교교육의 상위 목표, 지역사회의 실태, 학교의 여건을 중심으로 분석한다.

학교교육목표의 결정에는 교육목표 자원들, 즉 헌법, 교육법, 국가의 교육지표 등에서 교육목표 수립에 관련되는 내용을 분석해야 한다. 다음에 국가수준의 교육과정을 근간으로 하되 교육부, 교육청의 장학방침이나 주요 시책을 교육목표에 반영할 수 있도록 분석하는 일이 필요하다. 또한 전년도 학교교육목표의 달성도를 학교 여건에 비추어 분석되어야 한다.

(2) 교육목표, 경영목표 및 경영방침의 설정

학교경영목표 설정의 경우에는 상위 목표나 방침 등에서 분석한 목표를 참작하여 국가, 지역사회 및 학부모의 요구나 문제를 분석하고, 전년도 학교경영 실적이나 당면 문제를 분석하여 이를 목표 설정의 기반으로 삼는다.

① 교육목표

학교교육목표는 교육목적을 달성하기 위하여 장기적인 안목에서 학생들이 궁극적으로 도달해야 할 인간상을 제시한 것이거나 그 행동 특성을 종합적으로 명시한 것이다. 이것은 학교 내의 교육활동이 나아가야 할 방향을 밝혀 주는 지향점이 되며, 모든 의사결정의 적절성 내지는 타당성 여부를 판별해 주는 중요한 지표가 되기도 한다.

학교교육목표를 설정하는 데 있어서 앞서 지적한 상위목표, 교육과정의 일반목표 및 행정계층에 따른 시책이나 방침이 그 기초를 이룬다. 교육목표의 자원이 동일하기 때문에 각 학교별로 정하는 교육목표는 그 학교가 교육활동을 통하여 강조하려는 인간적 특성이라고 할 수 있다. 비록 교육목표 자원이 같더라도 학교마다 그 지역적 환경과 교육조건이 다르기 때문에 목표는 다르게 진술될 수 있다. 그러므로 교육목표는 구체성, 주체성, 포괄성이 있게 행동적 용어로 진술되고 지역성과 시대성이 반영된 것이어야 한다. 특히 이러한 교육목표를 결정할 때에는 전 교직원이 참여하는 집단에 의한 합리적 의사결정이 반영되어야 한다.

② 경영목표

학교경영목표는 교육목표 달성을 위한 수단적 · 실천적 활동의 방향을 제시한 것이다. 그래서 학교경영목표는 학교 경영체제에 있어서 가장 중요한 명확한 목표를 제시하는 것이다. 이는 학교경영의 결정이나 활동이 합리적인가를 판단케 하며 아울러 경영성과의 측정과 평가의 기준이 된다.

학교의 경영목표를 수립할 때 고려할 점은 학교의 교육조건, 목표달성을 위한 수단과 방법, 달성 가능한 목표치의 제시 등이 있다. 학교의 경영목표 설정에는 어떠한 학습조건에서 달성하느냐이다. 학교의 학습조건은 교과마다 비슷하기 때문에 특수한 진술을 필요로 하지 않는다. 그러나 목표달성을 위한 수단 방법에는 구체적인 진술이 따라야 하며 목표치는 가급적 계량적으로 진술되며 그만큼 목표 달성이 용이해진다. 또한 이것은 학교경영에 참여하는 모든 교직원이 투입하는 노력을 합목적적으로 유도하기 위한 경영의 기본 방향이다. 경영목표에는 교육부의 당해년도 장학목표와 방침, 교육청의 주요 시책 등이 반영되어야 하며, 학교의 여건과 지역사회의 특성이 아울러 고려되어야 한다.

③ **경영방침**

경영방침은 경영목표가 더욱 구체화된 수단으로서 경영목표 달성을 위해 채택해야 할 기본적 지침 내지 활동 원칙이다. 이는 경영목표를 어떻게 실천할 것인가 하는 수단적 지침을 마련하여 준다. 즉 경영목표 중에 교육목표 달성을 위한 수단과 지침을 마련하여 준다.

경영방침은 경영활동에 있어 중요한 의미를 갖는다. 첫째, 방침은 목표를 구체화한 것이기에 경영활동의 실천적 방향을 밝혀 준다. 둘째, 방침은 구체적인 지침을 구성원에게 주는 것이므로 목표를 명확하게 하여 에너지를 집중시킬 수 있다. 셋째, 방침은 권한의 이양을 가능케 하므로 구성원의 경영 참가가 이루어지고 책임있는 과업 수행을 하게 된다.

그러므로 경영방침의 결정은 목표 달성을 위해서 해결 대안이 무엇인가를 목표마다 분석한다. 따라서 한 개의 경영목표에 몇 개의 경영방침이 수립될 수 있다. 학교 경영방침의 구체적 실천 계획은 활동 내용, 활동 목표, 활동 대상, 활동 시기, 소요 비용, 담당자 등을 포함한다.

(3) 조직계획

학교 경영목표와 방침이 결정되면 실천단계에서 각종 활동이나 과업을 수행할 부서를 조직하고 담당자를 정하게 된다. 학교는 하나의 경영체제로서 학생, 교직원 유관인사들로 조직될 수 있으므로 목표 달성을 위해 교육지도 조직, 교무분장 조직, 운영협의회 조직, 지역사회 조직 등을 만들어 협동체제로서 학교 경영이 가능토록 한다.

① **교육지도 조직**

이 조직은 교장–교감–부장교사–담임교사(교과교사)로 이어지는 것으로 교육운영을 직접 담당한다. 이것은 교수 조직(instructional organization)으로 학교 조직의 근간이 되며 교과 조직, 특활 조직, 생활지도 조직을 포함한다.

② 교무분장 조직

이것은 교장–교감–부장교사–담당교사로 이어지는, 교육과정 운영을 간접적으로 지원하기 위한 사무적인 조직, 즉 직능 조직(functional organization)으로 교무, 연구, 과학, 체육 등의 조직을 말한다.

③ 운영협의회 조직

학교경영의 효율을 높이고 조직 구성원의 의사소통을 원활히 하기 위한 조직으로 운영협의회 조직(consultant organization)을 들 수 있는데, 전직원 협의회, 부장회의, 기획위원회, 각종 협의회, 직원친목회 등을 포함한다.

(4) 지역사회 관련 조직

학교와 지역사회와의 관계를 원활히 하고 학교의 교육활동을 촉진하기 위한 조직으로서 지역사회의 요구와 상호간의 협조가 중요시되는 현 교육과정의 특성상 중요한 조직이다. 여기에는 학교운영위원회, 자모회, 학부모단체, 학교동창회 등이 있다.

(5) 활동계획

활동계획은 학교 조직이 경영목표를 달성하고 경영방침을 실천하기 위한 일련의 세부 활동 계획이다. 이는 경영방침에 따라 구체적인 과업이나 활동을 합목적으로 연결시키는 경영활동이나 사업들을 계획하는 과정이다.

이 활동계획은 ① 교과지도, 창의적 체험활동, 생활지도를 중심으로 하는 교육과정 운영, ② 교원의 연수, 연구 활동 등을 통한 교원의 자질과 능력의 계발, ③ 교육과정의 정상적 운영을 가능토록 하는 교육조건 관리 등을 포함한다. 이 활동은 교육과정 운영을 중핵으로 하여 여러 교육조건에 유기적으로 상호 관련되게 학교 경영의 전 영역을 포괄해야 한다.

(6) 평가계획

계획 단계의 마지막 과정은 평가에 관한 계획을 수립하는 것이다. 학교교육계획에서 계략적으로 성정된 목표들이 달성될 수 있도록 모든 체제의 하위 요소들이 적절하게 투입되고, 그 과정에서 적절하게 상호 작용하여, 산출을 극대화할 수 있는지를 검토하는 계획을 말한다. 즉, 교육계획이 학교경영 목표의 달성을 위하여 최적하고 최선의 것인가를 다각적으로 평가하는 계획을 일컫는다.

그렇기 때문에 경영의 목표 달성이 가능하겠는지를 투입요인을 중심으로 평가하고, 투입에서 산출에 이르는 과정도 평가하며, 목표 달성이 되었는지를 확인하는 산출 결과를 평가하는 것 등에 대한 평가의 영역, 평가의 내용, 방법, 도구의 작성 등 총괄적 학교평가의 계획과 피드백(feedback)의 절차도 마련하여 계획을 완성하게 된다.

4) 학교교육계획서의 요건

학교교육계획으로서 구비해야 할 요건 즉, 교육계획을 수립할 때 고려해야 할 수립 및 평가의 기준을 제시하면 다음과 같다.

첫째, 목표 설정에서의 실현 가능성이다. 학교교육계획 수립 시에는 학교의 지역적 특성과 학생들의 능력 수준을 고려하여 실현 가능한 목표를 설정해야 한다. 목표를 너무 높게 잡거나 너무 낮게 설정해서도 안 된다. 실현 가능한 적정 수준으로 목표를 설정해야 한다.

둘째, 학교 구성원의 참여성이다. 교육계획 수립의 주요 지침을 만들어 전 구성원이 조직적으로 참여할 필요가 있다. 그것은 실천을 더욱 공고하게 하기 때문이다.

셋째, 교육내용 조직에서의 적정성이다. 목표의 실현을 위하여 그 교육 내용은 체계성이 있고 적절성이 있어야 한다. 지금 교육내용은 교과서가 중심이기 때문에 체계성에 있어 큰 문제는 없으나 교육내용이 학습자 중심 및 지역 중심으로 조직될 때 그 교과과정은 적절성 면에서 문제가 발생할 것이다.

넷째, 교육활동에서의 융통성이다. 교과내용은 학생들에게 융통성 있게 교육활동으로 전개되어야 한다. 학생 개개인의 존엄성이 존중되고 개별학습이 장려되는 학습 풍토가 이루어져야 할 것이다.

다섯째, 교육평가에서의 효율성이다. 학교교육의 결과는 항상 평가되어야 한다. 투입과 산출 간의 효율성 및 효과성이 적절하게 평가되어야 한다. 교육 활동은 결과보다 과정이 더 중시되어야 한다. 우리의 평가는 지식 중심으로 한정되어 평가의 타당도 및 신뢰도가 문제가 되고 있다.

3. 학교교육계획의 구성(내용)

1) 학교교육계획의 기저

(1) 국가수준 교육과정 구성 방향

① 추구하는 인간상

우리나라는 교육을 홍익인간의 이념 아래 모든 국민으로 하여금 인격을 도야하고 자주적 생활능력과 민주시민으로서 필요한 자질을 갖추게 하여 인간다운 삶을 영위하게 하고 민주국가의 발전과 인류공영의 이상을 실현하는 데 이바지하게 함을 목적으로 하고 있다(교육 기본법 제 2조).

② 학교교육목표

고등학교 교육은 중학교 교육의 성과를 바탕으로 학생의 적성과 소질에 맞는 진로개척 능력과 민주시민으로서의 자질을 함양하는 데 중점을 둔다(고등학교 예시임).

(2) 시 · 도 교육의 기본방향

시 · 도 교육의 기본방향은 ① 교육지표 ② 기본방향 ③ 중점사업(특색사업) 등으로 시 · 도교육청별로 정한다. 참고로 예시하면 다음과 같다.

① 교육지표

- 21세기를 주도하는 창의적이고 참된 인간 육성(충북)
- 바른 품성 알찬 실력 미래 여는 충남교육(충남)

② 기본방향(기본시책)(2013 충남교육청 예시)

- 품성과 실력의 감성형 인재
- 안전과 행복의 스마트 학교
- 참예의 소통의 교육공동체
- 변화와 열정의 제자 사랑
- 채움과 나눔의 교육 복지
- 청렴과 신뢰의 교육 행정

③ **특색 사업(2013 충남교육청 예시)**

- 꿈 이룸! 융합형 스마트 학생 동아리 활성화
- 공감! 영어교과서 외우기 활용 글로벌 영어 교육
- 교육 봉사형 교직원 국외체험 연수 운영
- 꿈과 희망을 주는 농어촌 '다꿈학교' 운영.

(3) 시 · 도 교육의 주요업무 추진계획

시 · 도 교육의 기본방향을 실천하는 세부항목을 주요업무 추진계획 항목으로 시 · 도 실정에 맞게 정한다. 참고로 예시하면 다음과 같다(2013 충남교육청 예시).

① **품성과 실력의 감성형 인재**

- 바른 품성을 갖춘 학생
- 알찬실력을 갖춘 학생
- 풍부한 감성을 갖춘 학생

② **안전과 행복의 스마트 학교**

- 학교폭력 없는 학교
- 스마트한 학교
- 희망찬 학교

(4) 학교현황 및 실태분석

학교현황은 학교실정에 맞게 ① 학교연혁, ② 졸업생 현황, ③ 교직원 현황, ④ 시설현황, ⑤ 교구현황, ⑥ 도서현황, ⑦ 재정현황 등으로 정하여 제시한다. 또한 실태 분석으로는 ① 지역사회 여건, ② 학생실태, ③ 교원 실태, ④ 학부모 실태 등으로 실태를 분석하여 제시한다.

(5) 전년도 학교경영 평가분석

학교별로 전년도 학교경영에 대하여 ① 우수사항 및 권장사항, ② 문제점과 대책과 전년도 학교 교육과정운영에 대하여 교사, 학생 그리고 학부모를 대상으로 설문조사 등으로 평가하여 분석과 그 대책을 교사, 학생, 학부모 별로 제시한다.

2) 학교교육목표 추진계획

학교에서 설정한 학교교육목표를 달성하기 위하여 구체적으로 추진 계획을 수립한다. 참고로 예시하면 다음과 같다(충남 A고교 예시).

(1) 학교교육 목표

(2) 학교장 경영의지

(3) 2013학년도 구현 중점

(4) 추진중점 실행을 위한 세부 추진계획

(5) 역점 · 특색사업

(6) 시책사업

3) 학교교육과정 편성 · 운영 계획

교육부 고시와 시 · 도 교육청 고시 학교교육과정 편성 · 운영지침을 근거로 학교교육 실정에 맞게 해당 학교가 지향하는 교육목표를 효율적으로 달성할 수 있도록 편성한다. 참고로 예시하면 다음과 같다(충남 A고교 예시).

(1) 학교 교육과정 편성 · 운영 방향

(2) 학교 교육과정위원회 조직

(3) 교육과정 편제 및 단위 배당

(4) 연간 수업일수 및 수업시수 확보

(5) 수준별 수업 운영 계획

(6) 선택 중심 교육과정 운영

(7) 창의적 체험활동 교육과정 운영

(8) 특별활동 교육과정 운영

(9) 토요휴업일 운영 계획

(10) 학업성적 관리 계획

4) 교육과정 운영의 실제

(1) 교과활동의 운영

교과활동의 운영은 교과별로 ① 지도대상, ② 교과목표, ③ 내용체계, ④ 지도방법, ⑤ 평가 등의 항목으로 운영의 실제를 제시한다.

(2) 창의적 체험활동의 운영

창의적 체험활동의 운영은 ① 영역 및 활동, ② 운영방법, ③ 창의적 체험활동 평가, ④ 활동 영역별 주요특기사항, ⑤ 연간 운영 계획, ⑥ 동아리 부서조직, ⑦ 봉사활동 등의 항목으로 운영의 실제를 제시한다.

(3) 특별활동의 운영

특별활동의 운영을 ① 영역 및 활동, ② 운영 방법, ③ 특별활동 평가, ④ 연간 운영 계획, ⑤ 계발활동 부서조직, ⑥ 봉사활동 등의 항목으로 운영 실제를 제시한다.

5) 학교교육과정 운영지원계획

학교 실정에 맞게 학교교육과정 운영을 위한 지원계획의 항목을 정하여 수립한다(충남 A고교 예시).

(1) 학력 NEW 프로젝트 운영을 통한 학업성취도 제고

(2) 교직원 연수계획

(3) 수업공개 활성화 추진계획

(4) 학교자율 컨설팅 장학 운영계획

(5) 교육능력개발평가 시행계획

(6) 학생생활복지부 운영계획

(7) 방과후 학교 운영계획

(8) 교과캠프 운영계획

(9) 보건체육부 운영계획

(10) 과학정보부 운영계획

(11) 실천 중심의 환경 교육 운영계획

(12) 학부모활동 지원계획

(13) 각종 위원회 운영계획

(14) 학교재정 운영계획

(15) 지역사회 협력계획

6) 학교교육과정 편성 · 운영의 평가

학교교육과정 편성 · 운영에 대하여 ① 평가 방침 및 평가 주안점, ② 부서별 교

육활동 평가, ③ 학교 경영평가 계획을 수립 시행한다.

7) 부록

부록에는 학교실정에 맞게 ① 교직원 일람표, ② 교사별 교과 담당시간, ③ 담임 배정 및 사무분장, ④ 교사 배치도, ⑤ 각종 규정 목록 등을 제시한다.

Chapter | 09

장학활동

1. 장학의 개념 | 2. 수업장학의 유형 | 3. 장학담당자의 자질 | 4. 수업컨설팅

Chapter 09

장학활동

| 개요 |

이 장은 예비교사들에게 장학에 대한 이해를 돕기 위하여 장학에 대한 개념 정의, 장학의 유형, 장학담당자의 자질 등을 알아보았으며, 요즈음 학교 현장에서 활발하게 활용하고 있는 수업컨설팅에 대하여 개념, 모형, 유형 등을 소개하였다. 이 장을 통하여 학생들이 학교 현장에 근무할 때 장학에 대한 외경심이나 두려움을 극복할 수 있을 것이다.

1. 장학의 개념

장학에 대한 개념은 누가 정의하느냐, 어떻게 접근하느냐에 따라 다양하게 설명할 수 있다. 우선 장학의 개념을 어원적으로 살펴보면, 장학을 가리키는 영어 단어 supervision은 super와 vision의 합성어다. supervision은 '위에서 바라본다' 또는 '우수한 사람이 높은 곳에서 본다'라는 의미이며, 전통적으로 감시 · 감독의 개념으로 사용되어 왔다. 그러나 오늘날은 학생의 학습행위를 돕는 교사의 교수활동을 향상시키는 데 필요한 전문적 · 기술적 · 봉사적 활동으로 일반화되고 있는 추세이다.

그리고 장학의 정의에 대한 주요 학자들의 견해를 정리하면 다음과 같다.

- 장학은 학생들의 학습을 돕기 위해 수업과정에 직접적인 영향을 미치는 방식으로 학교를 경영해 나가거나 변혁을 가져오도록 인적 · 물적 요소를 다루는 일이다(Harris, 1985).
- 수업장학행위는 학생에게 학습기회를 계속적으로 제공하고 이를 실현하며 또 이를 변화 시켜 계속적으로 개선해 나가는 방법을 활용하여 교수행위체제와 상호작용시킬 목적으로 조직이 공식적으로 제공하는 부가적인 행위체제이다(Wiles & Lovell, 1975).
- 수업장학이란 "학생의 학습을 촉진시키고 학교조직의 목적을 달성하기 위하여 교사의 행위에 직접적으로 영향을 주는 학교조직이 공식적으로 지정한 행위"이다(Alfonso & Firth, Neville, 1975).
- 장학은 학생들의 성장과 발달을 증진시키기 위하여 교사들의 활동을 전문적으로 개선 · 향상시키는 일이다(남정걸, 2003).
- 장학은 교수 행위의 개선을 위해 교사에게 제공되는 장학담당자의 모든 노력이다(윤정일 외, 2008)

이렇듯 장학에 대한 개념은 시대가 변화함에 따라 다양하게 정의되어 왔다. Harris(1985)는 장학의 개념을 학교경영이나 행정의 전체적 국면에서 파악함으로써 장학의 위치를 분명하게 제시하고 있다. 그에 의하면 학교경영은 교사의 수업을 통해 학생들의 학업성취를 이루기 위한 것이며, 장학이란 그와 같은 기능의 일부분이라고 하였다. 해리스는 장학을 학교의 주요 수업목표 성취에 직접 영향을 주기 위해 학교운영으로 유지 또는 변화시킬 목적으로 교직원이 성인과 사물과 더불어 행하는 활동이라 정의하였다(박완성, 2012).

따라서 장학이란 '교사들의 수업전문성을 향상시키기 위해 전문적 정보를 제공하는 종합적인 활동'이라고 정리할 수 있다.

2. 수업장학의 유형

Glatthorn(1984)이 제시한 선택적 장학(differentiated supervision)은 수업장학의 유형을 잘 반영하고 있다. 선택적 장학은 효과적인 장학의 방법을 선택하는 데 있어 교사의 경험이나 능력을 포함한 개인적 요인에 대한 고려가 있다는 것이다. 한편 선택적 장학은 교사들의 능력에 따라 임상장학(clinical supervision), 협동적 장학(cooperative professional development), 자기장학(self-directed development), 전통적 장학(administrative monitoring)의 방법을 선택적으로 사용할 수 있다.

여기서는 Glatthorn의 선택적 장학에서 제시된 몇 가지 방법을 중심으로 살펴보고자 한다.

1) 전통적 장학

전통적 장학은 학교 행정가들이 사용해 온 장학의 방법으로, 교장이나 교감이 짧은 시간 동안 비공식적으로 교실에 들러 수업을 관찰하는 것을 말한다. 이 방법은 오랫동안 지속되어 왔으면서도 교사들에게 평가의 두려움을 안겨 주기도 하는 매우 부담스러운 것으로 여겨지고 있다. 그러나 오늘날은 굳이 전통적 장학의 형태를 빌려 교장이나 교감이 불시에 교실을 방문하는 경우는 거의 없다(김명수 외, 2010).

약식장학이라고도 하는 이 방법은 행정가가 잠깐 비공식적으로 교실에 들러 보고 교사의 행위를 바꾸기는 어렵다. 관찰 전에 사전계획이 있었던 것도 아니고 관찰 후에 협의회가 뒤따르는 것도 아니다. 그러나 많은 행정가들이 오랫동안 이 방법을 써 왔다. 왜냐하면 모든 교사를 다 임상장학을 할 수도 없고 또 할 필요도 없기 때문에 많은 교사들은 이러한 전통적 장학을 받을 수 밖에 없다.

불가피하게 이 방법을 사용할 때에는 교실을 잠깐 들르는 것으로 끝나서는 안 된다. 어떤 충고나 느낌을 간단히 적어 해당 교사에게 피드백을 주는 것을 잊지 말아야 한다. 그렇지 않으면 수업을 감독하려고 들른 것 밖에 안 되고 또 교사를 평가하기 위한 것밖에 안 된다. 아울러 학급을 무작위로 방문하지 말고 체계적으로 스케줄과 계획에 의하여 방문해야 한다.

2) 임상장학

임상장학은 1950년대에 하버드 대학에 있던 Morris Cogan과 그의 동료들에 의해 교사 지망생들의 수업방법 개선을 위한 하나의 방법으로 개발되었다가 후에 교사의 직전교육뿐만 아니라 현직교사의 수업기술 향상을 위한 장학방법으로 발전되었다. 이러한 임상장학은 장학담당자와 교사가 일대일의 대면적인 관계 속에서 수업관찰계획의 수립 · 수업관찰 · 관찰결과에 대한 협의의 과정을 거쳐 수업지도에 관한 전반적인 문제를 해결하고 수업기술 향상을 도모하는 체계적인 지도 · 조언의 과정으로 볼 수 있다.

주 장학담당자는 교장과 교감이며, 외부 장학요원과 외부 전문가가 포함된다. 주로 교장과 교감이 주도하는 수업연구를 통해서 실시되며, 마이크로티칭(microteaching) 방법을 통해 교사가 장학담당자와 협의를 하여 자신의 수업방법의 개선점을 파악한 후, 이를 실제 수업에 적용하기 전에 일정한 과정에 따라 교수 · 평가 · 재교수의 단계를 거쳐 수업의 개선을 도모한다. 이 방법은 최소의 경비와 시간으로 특정한 학습기술을 익혀 교사의 자질을 높일 수 있는 장점이 있다.

임상장학의 대상은 갓 교단에 서는 초임교사나 경력이 있는 교사 중에서도 수업기술 향상의 필요성을 느끼는 교사가 좋다. 임상장학은 장학담당자와 교사 간의 계획된 관계 속에서 공식적으로 이루어진다.

임상장학의 주요 특징은 다음과 같다.

- 교사의 수업기술 향상이 주된 목적이다.

- 교사와 장학담당자 간의 대면적 관계와 상호작용을 중요시한다.
- 교실 내에서의 교사의 수업행동에 초점을 둔다.
- 일련의 체계적이고 집중적인 지도 · 조언의 과정이다.

(1) 임상장학의 단계

임상장학은 학자들에 따라 여러 단계로 구분하여 제시하고 있다. 임상장학의 과정을 단계별로 가장 간단히 나타내면 ① 수업관찰 전 협의회, ② 수업관찰 및 분석, ③ 수업관찰 후 협의회로 나타낼 수 있다. 이에 대해 간단히 정리하면 다음과 같다(박병량 외, 2005; 변영계, 1997).

① 수업관찰 전 협의회

수업관찰 전 협의회는 장학담당자와 교사가 공동으로 수행할 임상장학에 대한 세부적인 활동을 계획하는 단계이다. 이 단계에서 이루어지는 주요 활동은 교사와 장학담당자 간의 상호 신뢰할 만한 관계를 형성하는 일, 교사로 하여금 임상장학을 이해하고 긍정적으로 생각하게 하는 일, 수업정학의 과제(무엇을 변화 또는 개선시킬 것인가?)를 확정하는 일, 관찰할 수업에 대한 장학담당자의 이해를 높이는 일, 교사가 수업 예행연습을 하고 최종적으로 수정하는 일, 수업관찰을 위하여 '언제', '어떠한 점'을 '어떠한 방법'으로 할 것인가에 대하여 협의하는 일 등이다. 이 단계에서 특히 중요한 것은 교사와 장학담당자 간에 상호 신뢰감을 갖는 일이다.

② 수업관찰 및 분석

수업관찰 및 분석은 수업관찰 전 협의회를 마친 후 장학담당자가 임상장학 대상 교사의 수업을 관찰하여 필요한 정보와 자료를 수집하고, 이를 의미 있는 자료로 분석하는 단계이다.

수업관찰은 수업장면에서 일어나는 모든 것을 관찰할 수도 있고(무초점 관찰), 교사와 사전에 합의한 몇 가지 사항에 대해서만 관찰할 수도 있다(초점 관찰). 수업관찰의 내용은 교사와 학생의 언어행동(발문, 진술, 지시, 반응 등), 교사와 학생의 언어적 · 비언어적 상호작용, 학생이동 등이 된다. 장학담당자는 이러한 관찰내용을 기록, 일화기록, 체크리스트, 녹음, 녹화 등 다양한 관찰방법을 사용하여 기록한다. 이 단계에서 중요한 것은 정확하고 객관적인 자료를 수집하는 일이다. 관찰행위가 교사와 학생의 수업활동을 방해하지 않도록 해야 한다.

자료분석은 관찰 자료를 정리 · 해석하고 의미를 파악하는 일이다. 자료분석은 수업형태 분석, 수업내용 분석, 수업활동(과정) 분석, 질의 · 응답 분석, 학생이동 분석 등 여러 가지 측면에서 분석될 수 있다. 자료분석에는 교사의 수업행동에서 어떠한 특징이나 패턴(pattern)이 있는지를 도출하는 데 주안점을 둔다.

③ 수업관찰 후 협의회

수업관찰 후 협의회는 수업장학을 위한 협의가 본격적으로 이루어지는 단계이다. 이 단계에서 교사와 장학담당자는 수업을 관찰 · 분석한 자료를 토대로 문제점을 찾아내고, 실제 개선시키고자 한 행동이 어떻게 얼마나 나타나고 있는지를 확인하고, 개선을 위한 구체적인 방법을 찾고, 수업장학 자체를 평가하고, 차기 수업장학을 협의하는 활동을 한다. 이 단계는 교사에게 수업에 대하여 새로운 통찰을 할 수 있는 기회를 마련하고 수업방법의 개선을 위한 정보를 제공해 주는, 피드백(feedback)이 이루어지는 중요한 단계이다.

이러한 임상장학의 장점으로는 수업개선을 위해 좀 더 체계적인 장학을 할 수 있다는 것, 수업개선을 위해 전문적인 지도를 받을 수 있다는 것 등이 포함된다. 임상장학의 단점으로는 무엇보다 임상장학에 대한 부담 및 거부감이 크다는 것, 임상장학의 준비와 시행에 많은 노력이 요구된다는 것, 임상장학이 성공적으로 수행되기 위해서는 학교의 행·재정적인 지원이 요구된다는 것 등이 포함된다.

3) 동료장학

Sergiovanni와 Starratt(1993)는 동료장학을 둘 이상의 교사가 서로 수업을 관찰하고 관찰한 내용에 대해 서로가 피드백을 제공하며, 서로의 전문적 관심사에 대해서 토의함으로써 자신들의 전문적 성장을 함께 추구하는 비교적 공식화된 과정이라고 하였다. Glatthorn(1984)은 동료장학은 교사들이 그들의 전문성 성장 발달을 위하여 같이 일해 나가기로 동의하고, 서로 관찰하고, 조언하고, 전문적 관심사를 토의해 나가는 협동적 과정이라고 하였다. 이렇듯 동료장학은 동료교사들 간에 교육활동의 개선을 위하여 공동으로 노력하는 장학의 과정으로 볼 수 있다. 단위학교 내에서 실시되는 동료장학은 동료교사 간의 협조를 토대로 그들의 전문적 발달, 개인적 발달, 그리고 그들이 근무하고 있는 학교의 조직적 발달을 도모한다. 동학년 단위 또는 동교과단위로 수업연구과제의 해결이나 수업방법의 개선을 도모하기 위한 수업연구(공개)활동, 공동 관심사나 공동과제, 공동문제의 해결이나 개선을 위해 협의하는 것들이 동료장학의 전형적인 형태다. 또한 상호간에 정보, 아이디어 또는 충고, 조언을 주고받는 공식적·비공식적 행위도 넓은 의미의 동료장학으로 볼 수 있다.

동료장학이 가져다줄 수 있는 이점은 다음과 같다(Alfonso & Goldsberry, 1987).

첫째, 수업개선을 위해 교사들이 공동으로 노력함으로써 학교의 인적 자원을 최대한 활용할 수 있다.

둘째, 교사들에게 수업개선 전략의 실천에 대한 책임감을 부여함으로써 교사들로 하여금 수업개선에 크게 기여할 수 있다는 안정감과 성취감을 갖게 할 것이다. 이는 결국 학교교육의 개선에 긍정적인 효과가 있을 것이다.

셋째, 성공적인 수업개선은 적극적인 동료관계를 증진시킬 수 있다. 교사간의 적극적인 인간관계는 학교 및 학생 교육에 대한 적극적인 자세와 개인 교사간의 전문적 신장을 도모하는 데 효과가 있다. 교사 상호 간의 협동적 노력은 학생들의 성취에도 긍정적인 영향을 줄 수 있다.

주삼환(1992)이 제시한 동료장학의 형태는 다음과 같다.

- 비공식적 관찰: 피관찰 교사의 희망에 따라 수업을 관찰하고 피드백을 제공하여 관심과 문제점에 대하여 협의하는 방법이다.
- 초점관찰–자료제공: 피관찰 교사가 관심을 갖는 내용에 초점을 맞추어 수업관찰 도구에 의하여 수업관찰을 하고 여기서 수집된 관찰 자료를 수업자에게 전해주며, 분석이나 평 가는 수업자에게 맡기는 방법이다.
- 소규모–현직연수위원회: 3~5명의 교사들이 집단을 이루어 집단의 요구를 분석하며, 교육과정과 수업을 관찰하여 분석하고, 관찰 자료에 근거하여 피드백을 제공해 주고, 관찰 기록을 나누어 갖는 가운데 현직연수의 목표를 달성하는 방법이다.
- 팀티칭: 교사들이 팀을 이루어 약점을 보완하고 강점을 살려 자연스럽게 수업관찰을 하고 피드백을 제공해 주는 방법이다.
- 임상장학에 의한 동료장학: 임상장학의 방법을 교내 동료교사들끼리 실천하여 임상장학의 효과를 거둔다.
- 동료코치: 운동선수들이 트레이너와 코치의 지도를 받아 새로운 전략과 기술을 익히는 것과 같은 관계를 장학에 도입한 것이다.
- 동료연수회: 교내 직원연수회에 외부의 초청강사 대신 학교 내부의 동료 교사 중에서 유능한 자원인사를 찾아 강연, 강의, 실험, 실기연수를 하고 좋은 수업이나 문제의 수업 장면을 담은 비디오테이프를 구해서 같이 시청한 다음 토의하는 방법이다.

이렇게 동료적 관계에서 장학을 실행하려면 교사는 서로 도와줄 수 있는 자질과 기술을 가지고 있어야 하며, 동료에게 조력을 제공하고 교수방법의 개선을 돕기 위해서는 교사는 기술적 · 인간적 · 비평적 자질을 보유하고 있어야 한다. 또한 관찰하고 자료를 분석하는 기술이 필요하고, 문제를 발견하고 대안을 제시할 수 있어야 한다. 그리고 대화하고 래포(rapport)를 형성하고 협의를 원활하게 수행할 수 있는 기술이 있어야 하며, 장학의 원리와 규칙에 대한 기초적 이해도 필요하다(김정한, 2002).

이러한 동료장학의 장점으로는 임상장학에 비해 상대적으로 교사들의 부담 및 거부감을 적게 갖는다는 것, 동료교사들 간에 인간관계가 돈독하고 장학에 대한 이해와 기술이 갖추어져 있을 경우에는 큰 비용을 들이지 않고서도 긍정적인 효과를 가져올 수 있다는 것, 동료교사의 수업관찰 및 비판을 통해 자신의 수업개선을 도모할 수 있다는 것 등이다. 동료장학의 단점으로는 동료교사라 하더라도 쉽게 서로의 수업을 관찰하고 비판하기가 쉽지 않다는 것, 장학에 대한 기술과 이해가 뒷받침 되지 않은 상태에서 시행하면 노력한 것에 비해 효과를 거두기가 어렵다는 것 등이 포함된다.

4) 자기장학

자기장학은 교사 스스로가 자신의 전문적 발달을 위하여 외부의 통제나 지도에 의하지 않고 스스로 체계적인 계획을 세우고 이를 실천하는 과정이다. 자기장학이 일반 자기연수나 자기발전 노력과 구별되는 점은 교사 자신이 전문성 향상을 위한 구체적 프로그램을 세우고 이를 독립적으로 실천해 나간다는 점이다. 따라서 장학 담당자의 지도가 없이도 스스로 자신의 전문성 향상을 위하여 노력할 수 있는 의지와 능력이 있는 교사들에 대해서는 자기장학을 하도록 유도하는 것이 바람직하다.

교사들의 자기 수업의 실태를 평가하기 위한 7단계의 과정은 다음과 같다(Beach & Reinhartz, 2000).

- 1단계: 교사가 자신의 교수에 대하여 분석하고 성찰하는 단계다. 교사가 자기의 수행에 대하여 알아보려고 할 때는 효과적인 교수행위 목록을 참고하는 것이 좋다. 이 목록이 수업효율성에 관계된 중요한 결정을 내리고자 하는 교사에게 도움을 줄 것이다.
- 2단계: 자기평가의 단계다. 교사가 남겨 놓은 기록이 있는 정보와 자기 수업행위에 대한 목록을 점검한 뒤에는 자신의 수행이 얼마나 효과적이었는가를 판단하게 된다. 교사가 기록되어 있는 자신의 지각을 분석해 나갈 때 자신의 전문적 자아에 대한 인식을 비로써 시작하게 된다.
- 3단계: 교사가 타인으로부터 피드백을 받아 자기를 평가해 보는 단계다. 피드백은 장학담당자, 동료교사, 학생들에게서 얻을 수 있다. 타인의 지각은 교사가 전문적 자아상을 정립 하는데 큰 도움을 준다. 오디오와 비디오로 기록을 남기는 것은 교사의 교수 특성을 이해하는 데 크게 도움을 준다.
- 4단계: 타인으로부터 얻은 정보의 정확성을 결정하는 단계다. 자기 평가에서 가장 중요한단계는 교사가 자신의 인성이나 전문적 특성에 대하여 정확한 인식을 하게 되는 단계다. 교사들은 자신의 비효과적인 교실행위에 대하여 합리화 하거나 이유를 설명할 수 있다. 그러나 자기평가가 효과적으로 되려면 교사들이 자신들의 교실행위를 정직하게 있는 그 대로 인정하고 필요하다면 행동을 변화시킬 수 있다는 자세를 가져야 한다. 교사는 모든창구를 통하여 모은 자료를 객관적으로 비교할 수 있는 능력을 길러야 한다. 사람마다 다른 견해와 입장의 차이에서 나올 수 있는 정보의 격차를 발견해 낼 수 있는 지각도 필요하다.
- 5단계: 개선을 위한 전략의 수립단계이다. 교사들은 자신들의 수업행위를 향상시키고 전문적 성장을 가져다줄 수 있는 전략을 모색하게 된다. 물론 장학담당자에게 자문이나 제안을 받을 수 있다.
- 6단계: 자신이 결정한 수업행위의 변화를 실행에 옮기는 단계다. 교사들은 새

로운 활동을 실천하면서 자신의 달라진 행동을 확인한다.
- 7단계: 교사는 변화의 효과성에 대하여 재평가하고 추가적인 변화가 필요한지를 결정한다.

다음은 자기장학의 기초를 다지기 위하여 일반적으로 학교현장에서 활용할 수 있는 자기장학의 주요 방법은 다음과 같다(변영계 외, 2011).

- 스스로 자신의 수업을 녹음 또는 녹화하고 이를 분석하여 자기반성과 자기발전의 자료로 삼는 방법
- 자신의 수업이나 생화지도, 특별활동 지도, 학급관리 · 경영 등과 관련하여 학생들과의 면담이나 학생을 대상으로 한 의견 조사를 통해 자기발전과 자기반성의 정보를 수집하는 방법
- 교직활동 전반에 관련된 서적이나 전문자료를 탐독 · 활용하여 자기 발전의 자료로 삼는 방법
- 전공교과 영역, 교육학 영역 또는 관련 영역에서 대학원과정(4년제 대학과정, 방송통신대학과정 사이버 대학원 등 포함) 수강을 통해 자기 발전을 도모하는 방법
- 교직전문단체, 연구기관, 학술단체, 대학 또는 관련 사회기관이나 단체 등 전문기관을 방문하거나 전문가의 면담을 통하여 자기발전의 자료나 정보를 입수하는 방법
- 각종연수, 교과연구회, 학술발표회, 강연회, 시범수업 공개회에 참석하거나 학교 상호방문 프로그램에 참여하여 자기발전을 도모하는 방법
- TV나 라디오 등 방송매체가 제공하는 교원연수 프로그램이나 교원연수 관련 비디오, 동영상 등의 시청을 통하여 자기발전을 도모하는 방법

자기장학은 자신의 교수방법에 대하여 적극적으로 개선하려고 노력하는 교사들에게는 매우 효과적인 장학방법이라고 할 수 있다. 또 자기발전 지향적이고 반성적

인 사고에 능한 교사들에게는 매우 효과적이며, 아울러 자신의 개성과 적성에 맞는 방법으로 자유롭게 수업개선을 도모할 수 있다는 것이 가장 큰 장점이다. 그러나 단기적으로 가시적인 효과를 보기 어렵고 제3자가 개입하지 않기 때문에 동기유발 효과가 약해질 수 있어 실패 가능성이 높다는 것이 단점이 된다.

5) 자체연수

자체연수는 교직원들의 교육활동 개선을 위하여 그들의 필요와 요구에 기초하여 학교내 · 외의 인적, 물적 자원을 활용하여 단위학교 자체에서 실시하는 연수활동이다. 자체연수는 학교의 형편과 교직원들의 필요와 요구를 바탕으로 교직원들의 전문적 발달, 개인적 발달, 학교의 조직적 발달을 지향하며 교장, 교감, 부장교사, 교사를 포함하여 교내외의 교직원 또는 외부 전문가나 장학요원들이 연수담당자가 되어 진행한다. 교직원들 간의 체육활동, 취미활동, 종교활동 등도 넓은 의미에서 자체연수에 포함되는 활동으로 이해할 수 있다(변영계 외, 2011).

따라서 자체연수의 주요 특징은 다음과 같이 정리할 수 있다(이윤식, 1999)

- 교사들의 자율성과 협동성을 기초로 한다.
- 학교의 형편과 교사들의 필요와 요구에 기초하여 그 내용과 방법에서 다양하고 융통성있게 운영된다.
- 교사들의 전문적 발달뿐 아니라 개인적 발달, 그리고 학교의 조직발달까지 도모할 수 있다.
- 학교의 전반적인 운영계획과 연계하여 원칙적으로 일정 계획에 의거하여 실시된다.

수업장학의 다섯 가지 기본 형태를 개념, 주된 장학담당자, 영역, 형태, 대상, 공식성 정도 등의 기준에 비추어 비교 · 정리하면 〈표 9 -1〉과 같다(변영계 외, 2011).

표 9-1 | 수업장학의 유형

기본 형태	개념	주(主)장학 담당자	영역	형태	대상	공식성
임상 장학	교사들의 수업기술 향상을 위해 교장(외부장학요원, 전문가)이 주도하는 체계적이고 개별적인 지도 · 조언과정	교장, 교감(외부장학요원, 전문가 포함)	교사의 전문적 발달	수업연구(교장, 교감 주도), 마이크로티칭	초임교사, 수업기술향상의 필요성을 느끼는 교사	공식적
동료 장학	동료교사들 간에 교육활동의 개선을 위하여 공동으로 노력하는 과정	동료 교사	교사의 전문적 · 조직적 발달	동학년 협의회, 동교과 협의회, 동료 간 수업연구	전체 교사, 협동적으로 일하기를 원하는 교사	공식적 + 비공식적
자기 장학	교사 개인이 자신의 발달을 위하여 스스로 체계적인 계획을 세우고 이를 실천하는 과정	교사 자신	교사의 전문적 발달	자기수업 분석, 대학원 수강,각종 자기연찬	전체 교사, 자기분석, 자기지도의 기술을 가지고 있는 교사	비공식적
약식 장학(전통적 장학)	교장, 교감이 간헐적으로 짧은 시간동안의 학급순시나 수업참관을 통하여 교사들의 수업 및 학급경영활동을 관찰하고 이에 대해 교사들에게 지도 · 조언을 제공하는 과정	교장, 교감	교사의 전문적 · 개인적 · 조직적 발달	학급순시, 수업참관 등	전체 교사	비공식적
자체 연수	교직원의 교육활동 개선을 위하여 그들의 필요와 요구에 기초하여 학교내외의 인적 · 물적 자원을 활용하여 단위학교 자체에서 실시하는 연수활동	전 교직원		각종 교내연수 등	전 교직원	공식적

3. 장학담당자의 자질

1) 장학담당자란

장학담당자는 장학행정조직에서 장학업무를 수행하는 장학사(관), 연구사(관), 뿐 아니라 교육행정조직의 장인 교육감–교육장–교장(감)을 포함해서 일선학교의 부장교사, 팀 리더, 동료 교사까지도 모두 포함하여 장학적 역할을 담당하는 자라고 할 수 있다. 이들은 행정조직의 각 단계에 따라 그 기능이 다소 차이가 나기는 하지만, 장학담당자는 장학사(관)의 직명을 가진 사람뿐만 아니라 교사의 전문적 성장과 수업 개선을 도와주는 역할을 담당하는 사람 모두를 일컫는다(배종근 외, 1991). 따라서 장학담당자를 정의하면, 법률상 장학담당자로서의 신분을 가지고 있는 사람 외에 교사의 수업기술 향상과 학생들의 학습방법 발전을 도와주는 사람까지도 장학담당자라 할 수 있다.

2) 장학담당자의 자질

Wiles와 Bondi(2000)는 장학담당자의 자질에 기본이 되는 8가지 분야를 설명하였다.

(1) 인간개발자로서의 장학담당자

모든 교육자의 주된 과제는 학생들을 위하여 가장 좋은 학습경험을 설계하는 것이다. 성장해 가는 아이들이 무엇을 필요로 하는지를 알려면 그들의 발달과정에 대한 깊은 지식이 있어야 한다. 학교에 다니는 아동들의 학습 준비도는 각기 다르며 각자의 재능과 흥미도 다르게 마련이다. 모든 학생은 적절한 시기에 발달과업을 성공적으로 이행해야 한다.

(2) 교육과정 개발자로서의 장학담당자

교육과정 개발은 순환적 작업이다. 장학담당자는 학교교육 목적을 분석하고, 나아가야 할 철학과 목표를 분명히 하고, 우선순위를 정하고, 개발에 필요한 개념을 분명히 해야 한다. 장학담당자는 교육과정 개발노력에 대한 평가와 새로운 요구에 대한 인식을 가져야 한다. 장학담당자는 교육의 질을 통제하는 집행자로서 교육과정 개발에 높은 식견을 지녀야 한다.

(3) 수업전문가로서의 장학담당자

장학담당자의 주요 과업은 학생들의 학습 기회를 높여 주는 것이다. 이를 위하여 장학자는 연구, 의사소통, 교수 등에 대한 전문성을 나타내야 한다. 장학담당자는 수업의 분석가이며 수업에 관련한 적절한 지식을 제공해 주는 자원인사가 되어야 한다. 특히 수업전문가로서 그들의 경험과 지식을 전해 주고, 교사들과 새로운 아이디어를 나누고, 교수모형을 보여 주거나 교수의 실재를 시연해 보임으로써 교사를 도와줄 수 있다.

(4) 인간관계 전문가로서의 장학담당자

장학담당자는 같이 일하는 집단이나 개인의 요구에 민감해야 하며 상대의 이야기를 잘 들어주고 그 뜻을 정확하게 이해할 수 있어야 한다. 장학담당자가 교육계에 종사하는 전문인의 동기를 이해하는 것은 매우 중요하며 이들의 동기를 조직목표와 연결시키는 기술이 매우 필요하다. 장학담당자는 교육의 질 향상을 목표로 하는 소집단이나 협의회 등의 문제를 분석하고, 해결방안을 모색하고, 성공적으로 회의하고 협의해 나가도록 이끌어 가는 인간관계 기술이 필요하다.

(5) 교사능력 개발자로서의 장학담당자

수업개선을 위하여 가장 중요한 것은 교사능력 개발계획을 세우는 일이다. 장학담당자는 교사들의 현직교육에 대한 훈련모형을 가지고 있어야 한다. 교사능력 발달을 위한 개발계획은 교사 개인의 요구에 맞는 종합적이고 장기적인 고려를 가지고 세워야 한다. 교사 개인의 결함이나 결핍을 교정시켜 주기 위한 것이 현직교육의 주목적이 되어서는 안 되며, 개인의 성장과 발달을 위한 계속적인 노력의 일환으로 교사능력 개발 프로그램이 진행되어야 한다.

(6) 행정가로서의 장학담당자

장학담당자는 많은 시간을 다른 행정가들과의 상호관계 속에서 보낸다. 학교체제는 상호 연결된 팀 의사결정을 하는 경우가 많으므로 장학담당자에게도 행정가로서의 업무처리 기술이 필요하다. 그들은 정보를 관리해야 하며 기록을 보관하고 관리하는 서기적인 일을 해야 한다. 장학담당자가 행정가와 함께 일하기 위해서는 행정가로서 통합적으로 사고할 수 있는 능력도 필요하다.

(7) 변화 주도자로서의 장학담당자

전통적으로 장학담당자는 수업개선을 위하여 교사들과 직접 일해 나가는 경우가 많았으나 교육조직 규모가 커지고 책무성에 대한 압력이 높아지면서 사람을 만나고 직접 도와주는 역할보다 의미 있는 변화를 일어나게 하고, 이 변화를 효과적으로 관리하는 역할에 더 중점을 두게 되었다. 또한 교육의 질 관리에 대한 요구가 증대되면서 교육 프로그램 진행에 대한 공적 관심이 높아지고 이 일을 맡은 장학담당자들에 대한 법규적 책무성도 높아지고 있는 것이 현실이다. 아울러 장학담당자는 작은 부분을 꼼꼼히 살펴보아야 하는 동시에 이들을 묶어서 전체를 통합적으로 볼 수 있는 시각도 있어야 한다.

(8) 평가자로서의 장학담당자

장학담당자는 교사의 수행을 평가하고 교육 프로그램의 결과를 평가하고 수업의 과정과 질을 평가한다. 장학담당자는 평가 결과에서 얻은 정보를 정리하여 교육과정 운영계획에 필요한 자료로 활용하거나, 교사들의 성장을 위한 기초자료로 이용하거나, 학교발전계획 수립을 위한 정보로 사용할 수 있다.

또한 교육의 질적 변화를 가져오기 위하여 장학담당자는 교사들의 능력을 개발하여 수업의 질을 높이는 방법에 대한 지식이 있어야 하고, 교사들과 변화 지향적이고 긍정적인 관계를 맺어 나갈 수 있는 인간관계 기술이 필요하며 계획하고, 관찰하고, 협의하고, 교육의 변화를 평가할 수 있는 집행자로서의 자질이 있어야 한다.

4. 수업컨설팅

수업컨설팅이 교육계에 빠르게 확산되고 있다. 해가 갈수록 그 속도는 빨라지고 열기는 강해지고 있다. 수업컨설팅이 무엇이기에 이럴까? 이 장에서 수업컨설팅의 개념과 절차, 모형과 유형 그리고 수업장학과의 관계에 대하여 간단히 소개하고자 한다.

1) 수업컨설팅의 개념

수업컨설팅의 개념을 한마디로 정의하기는 어렵다. 그것은 수업컨설팅도 사람과 관점에 따라 다르게 이해하기 때문이다. 다음은 다양하게 정의된 수업컨설팅에 대한 개념들이다.

- 수업컨설팅은 의뢰 교사가 문제를 의뢰하면, 컨설턴트 교사가 수업 전문성 기준과 수업 관찰이나 면담, 자료 등에 기초하여 문제점을 확인하고 수집된 객관적 자료를 분석하여 문제와 관련된 교사의 수행 수준을 진단하고, 진단 결과에 대해 적절한 조언과 처방을내리는 일련의 문제 해결력의 지원과정이다(이회진 외, 2006).
- 수업컨설팅은 수업 능력이 이미 검증된 교사들이 동료 교사들의 수업을 개선하도록 도와주는 활동인데, 지도보다는 상담에 초점을 두고 있으며, 장학에 비해 의뢰 교사와 컨설턴트가 더 평등하면서 상호작용적인 관계에 있다(이용숙, 2007).
- 수업컨설팅은 수업 능력이 검증된 교사가 동료교사의 수업 개선을 위해 지도 · 조언하는 일련의 체계적인 과정이다(권덕원, 2007).
- 수업컨설팅은 실제 수업 상황 속에서 수업의 한 주체로서의 교사의 고민, 필요, 딜레마상황 등에 초점을 맞추어, 수업자 자신, 동료 교사, 외부의 수업컨설팅 전문가 등이 협력하여 지속적으로 수업에 대한 진단, 처방, 실행을 통해 실질적인 개선을 이루어 가는 자기주도적인 전문서 신장의 과정이다(설규주, 2007).

수업컨설팅의 개념에 대한 여러 가지 의견을 종합하면, 수업컨설팅은 수업 개선을 목적으로 하고, 주로 교사를 대상으로 하며, 동료교사나 전문가가 컨설턴트의 역할을 수행한다는 공통점을 가지고 있다.

반면, 어떻게 수업을 개선할 것이냐, 즉 방법에 관해서는 다소의 이견을 보이고 있다. 어떤 정의는 진단, 조언, 처방, 실행 등과 같이 구체적인 방법을 명시하고 있는가 하면, 어떤 정의는 지도 · 조언 등과 같이 기존의 장학과 구분이 거의 되지 않는 방법을 언급하고 있으며, 또 다른 정의는 장학과 구분하기 위해 지도보다는 상담에 강조점을 두기도 한다(진동섭 외, 2011).

결론적으로 수업컨설팅의 개념을 정리하면 '수업컨설팅은 수업관련 문제를 해결하기 위해 도움을 요청한 교사에게 교내외의 수업컨설턴트들이 적절한 조언과 처방을 내리는 일련의 체계적인 과정이다'라고 정의할 수 있다.

2) 수업컨설팅과 수업장학과의 관계

수업컨설팅은 학교컨설팅의 하위 개념이면서 하나의 유형이다(진동섭 외, 2011). 학교컨설팅은 장학과 다른 개념이지만 수업컨설팅은 장학과 유사점을 많이 가지고 있다. 그것은 장학이 장학요원이나 전문가에 의한 체계적이고 개별적인 지도 · 조언 과정을 거친다거나 자율적이고 협동적인 요소가 있다는 점이다. 그러나 상이점도 많이 가지고 있다. 그것은 수업컨설팅의 개념 속에는 학교컨설팅의 의미와 원리 등이 들어 있으며 의뢰인의 자발성, 컨설턴트의 전문성, 자문성, 독립성, 한시성, 학습성 등이 강조되기 때문이다. 그러나 큰 틀에서 보면 수업개선을 위해 지도 · 조언을 한다는 점에서는 수업장학과 수업컨설팅은 같은 뿌리를 갖고 있다고 하겠다.

3) 수업컨설팅의 모형

(1) 목표

수업컨설팅의 목표는 교사의 수업 개선이다. 수업과 관련하여 문제를 가지고 있는 교사가 컨설팅을 의뢰하면, 컨설턴트는 다양한 해결방안을 개발하여 의뢰인에게 제공하고, 의뢰인은 컨설턴트가 제안한 해결 방안을 실행에 옮겨 자신의 당면문제나 과제를 해결한다.

(2) 대상

수업컨설팅의 대상은 교사의 수업과 직·간접적으로 관련된 문제나 과제를 의미한다. 즉 수업방법 개선, 수업설계 능력 함양, 새로운 수업방법 습득, 수업분석법 학습, 수업평가 등이다.

(3) 과업

교사의 수업 개선을 돕기 위한 구체적인 과업으로는 ① 의뢰교사의 문제에 대한 정확한 진단, ② 의뢰교사의 문제를 해결할 수 있는 방안의 개발과 이의 실행에 필요한 여러 가지 지원, ③ 의뢰교사를 대상으로 한 교육과 훈련, ④ 수업 또는 수업컨설팅 우수 사례의 발굴 및 의뢰인과 비슷한 어려움에 처한 교사들에 대한 문제해결 사례와 정보 제공 등이 있다(진동섭 외, 2011).

(4) 의뢰인

수업컨설팅에서 의뢰인은 교사이다. 교사들은 그들의 수업에 직·간접적으로 영향을 미치는 모든 문제나 과제에 대해 컨설팅을 요청할 수 있다.

(5) 컨설턴트

수업컨설팅에서는 의뢰인과 컨설턴트 사이의 편안하고 수평적인 관계가 매우 중요하다. 이들 간의 수평적이고 원만한 관계형성은 컨설팅 과제 수행에 커다란 영향을 미친다. 따라서 원활하고 수평적인 의사소통이 가능하고, 교사들이 선호하는 우수한 동료교사가 유력한 컨설턴트가 될 수 있다. 아울러 요즈음 늘어나고 있는 수석교사도 아주 중요한 컨설턴트 자원이다.

(6) 수업컨설팅 관리자

수업컨설팅이 이루어지려면 도움을 받고 싶은 교사와 도움을 줄 수 있는 컨설턴트를 연결시켜 주는 고리가 필요하다. 이 연결 고리의 역할을 하는 사람 혹은 조직을 컨설팅 관리자라고 한다. 수업컨설팅 관리자는 개인일 수도 있고 집단일 수도 있다. 교내에서 실시하는 수업컨설팅의 경우, 특정 교사나 교장, 교감이 컨설팅 관리자의 역할을 수행할 수 있다.

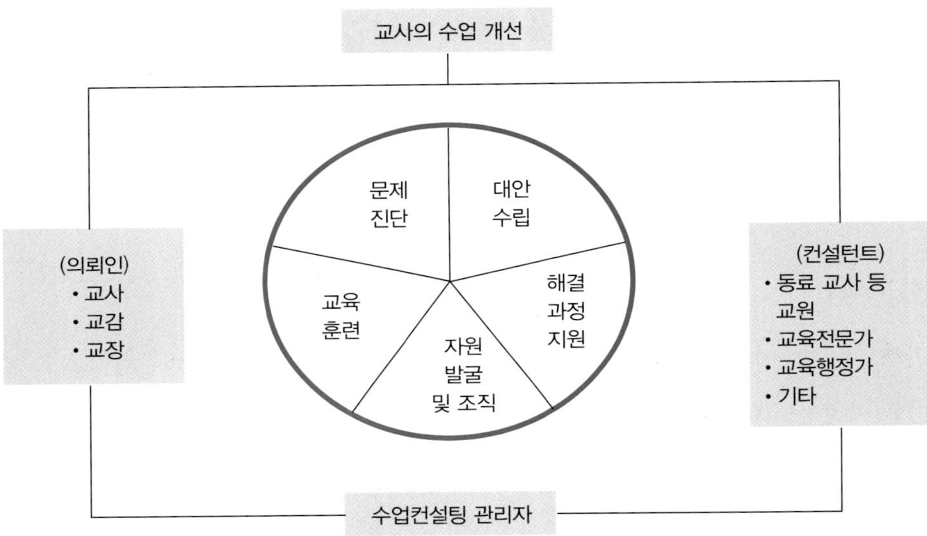

그림 9-1 | 수업컨설팅의 모형

출처: 진동섭 외(2011). p.102.

4) 수업컨설팅의 유형

수업컨설팅은 과제의 성격, 의뢰인과 컨설턴트의 접촉방식(컨설팅 방식), 주체(컨설팅 관리자)의 성격 등에 따라 여러 유형으로 구분할 수 있으며, 각 유형에 따라 수업컨설팅은 각기 다른 모습을 지닌다. 여기서는 ① 과제의 성격에 따라 교과별 수업컨설팅, ② 접촉 방식에 따라 온라인과 오프라인 수업컨설팅, ③ 지원 주체에 따라 전국단위, 시 · 도교육청 단위, 교과연구회단위, 학교단위 수업컨설팅 등으로 구분하고, 각 유형의 특징을 간략히 설명하기로 한다(진동섭 외, 2011).

(1) 교과별 수업컨설팅

교과별 수업컨설팅은 가장 흔히 활용되는 수업컨설팅의 유형이다. 수업컨설팅 과제가 어느 교과인지에 따라 국어과 수업컨설팅, 수학과 수업컨설팅, 영어과 수업컨설팅 등으로 구분하는 방식이다.

(2) 접촉 방식별 수업컨설팅

수업컨설팅이 실행되는 과정에서 의뢰교사와 컨설턴트가 어떤 방식으로 접촉하느냐에 따라 온라인 수업컨설팅, 오프라인(面對面) 수업컨설팅 등으로 구분할 수 있다. 온라인 수업컨설팅은 인터넷을 포함한 통신매체를 통해서 컨설팅이 이루어지는 경우를 말하며, 온라인 방식이 아닌 나머지 수업컨설팅은 오프라인 수업컨설팅에 해당한다.

(3) 지원 주체별 수업컨설팅

수업컨설팅 관리자의 역할을 누가 수행하느냐에 따라 수업컨설팅의 유형은 전국단위 수업컨설팅, 시 · 도교육청단위 수업컨설팅, 학교단위 수업컨설팅, 교과연구회 수업컨설팅 등으로 구분할 수 있다. 이에 자세히 언급하면 다음과 같다.

첫째, 전국단위 수업컨설팅은 의뢰 교사와 수업컨설턴트를 연결시켜 주는 수업컨설팅 관리자의 역할을 전국단위의 기관에서 수행하는 유형이다.

둘째, 시 · 도교육청단위 수업컨설팅은 의뢰 교사와 수업컨설턴트를 연결시켜 주는 수업컨설팅 관리자의 역할을 시 · 도교육청이나 시 · 도교육청 산하 기관에서 수행하는 유형이다.

셋째, 학교단위 수업컨설팅은 의뢰 교사와 수업컨설턴트를 연결시켜 주는 수업컨설팅관리자의 역할을 학교 내부의 인사가 수행하는 유형이다. 수업컨설턴트가 주로 학교 내부에 존재한다.

5) 수업컨설팅의 절차

(1) 교과별 수업컨설팅의 절차

수업컨설팅은 수업컨설팅을 신청한 교사가 자신의 문제점을 알고 컨설팅을 요청한 경우와 문제점을 정확히 알지 못한 채 수업 개선을 위한 컨설팅을 요청한 두 가지 경우로 구분된다(이경언 외, 2006). 그리고 각 유형에 해당되는 수업컨설팅의 절차는 다음의 [그림 9-2]와 [그림 9-3]과 같다.

수업컨설팅의 절차 1은 수업컨설팅의 주제가 이미 정해져 있는 경우나 교사가 자기 수업의 문제 상황을 파악하고 있는 경우 이루어지는 컨설팅 절차이다. 이 경우의 수업컨설팅은 계획 협의회에서 문제 상황에 대한 관찰 기준이나 관점을 설정하고, 그것에 따라 수업을 관찰하고 분석하는 것을 강조한다. 수업 관찰과 분석 후에는 의뢰인의 수업개선을 위한 처방이 이루어진다.

수업컨설팅의 절차 2는 수업컨설팅을 의뢰받은 후 문제 상황을 진단하고, 개선 방안을 수립하는 경우의 수업컨설팅 절차이다. 이 수업컨설팅에서는 문제 상황의 진단과 해결 방안 탐색을 위해 컨설턴트와 의뢰교사의 사전 협의회와 사후 협의회가 이루어진다.

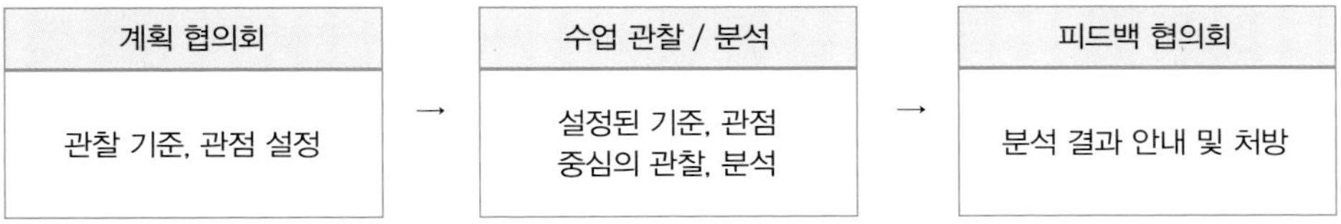

그림 9-2 | 교과 수업컨설팅의 절차 1

출처: 이경언 외(2006). p.68.

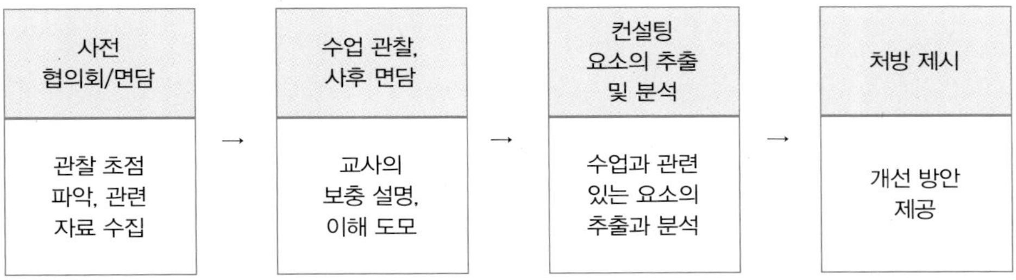

그림 9-3 | 교과 수업컨설팅의 절차 2

출처: 이경언 외(2006). p.68.

(2) 단위학교 수업컨설팅의 절차

단위학교 수업컨설팅은 대개 마이크로티칭(microteaching) 기법을 사용한다는 점이다. 마이크로티칭 기법에 따른 수업 분석은 ① 교수학습 과정안 작성, ② 학습목표 진술, ③ 교사의 언어적 표현, ④ 비언어적 표현, ⑤ 모둠학습 운영, ⑥ 학습지 제작 활용, ⑦ 교사의 발문, ⑧ 교실 내 상호작용, ⑨ 수업 매체 활용 등을 대상으로 다양하게 이루어지고 있으며, 이는 의뢰인의 수업컨설팅 목적과 문제에 따라 독립적이거나 순차적, 혹은 동시에 여러 양태로 이루어지기도 한다.

순서	내용
수업컨설팅 준비 및 진단	• 의뢰 교사가 교수-학습 과정안 작성 • 사전 협의회 실시-문제 진단 • 교수-학습 과정안 수정 보안
⇩	⇩
수업컨설팅 실시	• 동학년 수업 공개 실시 • 동학년 수업 협의회 실시: 수업 관찰 결과 논의 • 컨설팅 신청교사의 수업 공개(컨설턴트 및 전 교사의 수업 참관) • 보완 협의 및 수업컨설팅 결과의 환류
⇩	⇩
수업컨설팅 평가	• 수업컨설턴트(평가 분과 교사)의 참관록 및 수업 분석 결과표 공유
⇩	⇩
피드백	• 컨설팅 신청 교사의 피드백 보완 계획 수립 및 실행 • 컨설팅 종료 또는 재개

그림 9-4 | 단위학교 수업컨설팅 절차

출처: 진동섭 외(2006). p.117.

Chapter 10

인사, 복무

1. 교육인사행정 | 2. 교원의 임용 | 3. 교직원의 배치

4. 기간제교원의 임용 | 5. 복무 | 6. 교원의 상훈과 징계

Chapter 10 인사, 복무

| 개요 |

교사가 되기 위해서는 교사자격증을 취득한 후 임용고시에 합격하고 임용절차를 거쳐 교사가 된다. 10장은 교원의 인사로 교육인사행정의 개념과 원리, 교원의 임용, 교직원의 배치, 기간제 교원의 임용에 관한 내용으로 특히 각급학교의 임용후보자 경쟁시험에 대하여 2012년도에 행한 임용후보자 선정 경쟁시험 모집요강을 요약하여 제시, 임용시험준비생에게 도움이 되도록 하였고 교원의 복무로는 교육공무원의 의무와 책임, 교원의 근무시간, 교원 휴직과 복직 그리고 교원의 상훈과 징계를 정확히 이해할 수 있도록 하였다.

1. 교육인사행정

1) 교육인사행정의 개념과 원리

교육인사행정(教育人事行政)이란 "교육활동의 주체가 되는 교원과 이들이 교육활동에 전념할 수 있도록 도와주고 제반 행정활동을 수행할 수 있는 유능한 교육전문직과 일반직을 확보하고, 그들의 자질을 향상시키며 근무 의욕을 높여주는 일련의 행정지원 활동(서정화, 1994)" 또는 "교육목표를 효율적으로 달성하기 위하여 교육활동에 필요하고 유능한 인력의 채용과 그들의 계속적인 능력 발전 그리고 사기앙양을 도모하는 역동적 과정(김창걸, 2005)"이라 할 수 있다. 협의로는 학교교육을 담당할 인적자원을 확보, 교육, 배치, 관리하고 그들을 위한 근무조건을 확립하며, 전문성을 향상시키는 연수 등 일련의 행정지원활동을 의미한다.

Castetter는 교육조직에서의 인사행정의 목표를 다음과 같다고 보았다.

① 교육조직의 목표를 달성

② 교육조직 구성원들로 하여금 소정의 지위를 획득하고 일정 수준의 과업을 수행하도록 도와줌.

③ 이들의 경력 상의 발전을 극대화시킴.

④ 조직의 목표와 개인의 목표 간에 조화를 이루게 함.

이러한 교육인사행정을 제대로 하기 위해 따라야 할 일반적인 원리로는 전문성 확립의 원리, 업적주의와 경력주의 사이의 적절한 균형의 원리, 공정성 유지의 원리, 적재적소 배치의 원리, 그리고 적정 수급의 원리 등이 중요하게 인식된다.

교육인사행정의 영역을 광범위하게 보면, 교육활동에 종사하는 인적 자원의 신분과 자격, 수요와 공급, 양성, 선발 · 임용 · 배치, 근무 평정, 승진, 전보, 전직, 징계, 퇴직, 현직 교육, 근무 조건, 복지 · 후생, 노사 관계 관리, 그리고 교직단체 관리 등이 포함된다.

2) 교육인사행정의 대상

교육인사행정의 대상은 크게 국 · 공립계통의 교육 관련자와 사립계통의 교육 관련자로 구분된다. 국 · 공립계통의 교육 관련자는 특정직으로서의 교육공무원, 일반직 공무원, 기타 별정직 공무원으로 분류된다. 교육공무원에는 교원과 교육전문직이 있다.

법률적 의미로의 교원에는 유치원 교사·원감·원장, 초·중등학교 교사·교감·교장, 대학 총장·부총장·학장·교수·부교수·조교수·전임강사·조교 등이 모두 포함된다. 교육전문직은 장학사·장학관, 교육연구사·교육연구관을 지칭한다. 사립계통 교육 관련자는 국·공립 계통 교육 관련자에 준한다. 유치원 교사, 원감, 원장과 초·중등학교 교사, 교감, 교장은 법정 자격 기준을 갖춘 사람으로서 교육부장관이 수여하는 해당 자격증을 소지한 사람 중에서 소정의 절차를 거쳐 임용한다.

2. 교원의 임용

1) 임용의 정의

교원(敎員)은 각급 학교에서 학생을 가르치는 사람을 통틀어 이르는 말, 즉 교사, 교감(원감), 교장(원장), 교수, 총장, 학장, 전임강사 등으로 교육공무원법과 국가공무원법의 적용 대상이다.

임용(任用)이란 신규채용, 승진, 승급, 전직(轉職), 전보(轉補), 겸임, 파견, 강임(降任), 휴직, 직위해제, 정직(停職), 복직, 면직, 해임 및 파면을 말한다(교육공무원법 제2조 제6항).

2) 임용의 원칙(교육공무원법 제10조)

(1) 교육공무원의 임용은 그 자격, 재교육성적, 근무성적, 그 밖에 실제 증명되는 능력에 의하여 한다.

(2) 교육공무원의 임용은 교원으로서의 자격을 갖추고 임용을 원하는 모든 사람에게 능력에 따른 균등한 임용의 기회가 보장되어야 한다.

3) 공무원 임용의 결격사유(국가공무원법 제33조)

(1) 피성년후견인 또는 피한정후견인

(2) 파산선고를 받고 복권되지 아니한 자

(3) 금고 이상의 실형을 선고받고 그 집행이 종료되거나 집행을 받지 아니하기로 확정된 후 5년이 지나지 아니한 자

(4) 금고 이상의 형을 받고 집행유예 기간이 끝난 날부터 2년이 지나지 아니한 자

(5) 금고 이상의 형의 선고유예를 받은 경우에 그 선고유예 기간 중에 있는 자

(6) 법원의 판결 또는 다른 법률에 따라 자격이 상실되거나 정지된 자

(6)-② 공무원으로 재직기간 중 직무와 관련하여 형법 제355조 및 제356조에 규정된 죄를 범한 자로서 300만 원 이상의 벌금형을 선고받고 그 형이 확정된 후 2년이 지나지 아니한 자

(7) 징계로 파면 처분을 받은 때부터 5년이 지나지 아니한 자

(8) 징계로 해임 처분을 받은 때부터 3년이 지나지 아니한 자

4) 유치원 · 초등학교 · 특수학교(초등) 교사 신규채용(교육공무원 임용후보자 선정 경쟁시험 규칙 참조)

(1) 응시연령 및 분야별 응시자격

① 응시연령: 제한 없음. 단, 교육공무원법 제47조(정년)에 해당되지 않는 자

② 분야별 응시자격

<table>
<tr><th colspan="2">구분</th><th>응시자격</th></tr>
<tr><td colspan="2">유치원 교사</td><td>유치원 준교사 이상의 자격증 소지자 또는 다음 년 2월 말 이내 취득 예정자</td></tr>
<tr><td colspan="2">초등학교 교사</td><td>초등학교 준교사 이상의 자격증 소지자 또는 다음 년 2월 말 이내 취득 예정자</td></tr>
<tr><td rowspan="2">특수 학교 교사</td><td>유치원</td><td>특수학교(유치원) 준교사 이상의 자격증 소지자 또는 다음 년 2월 말 이내 취득 예정자</td></tr>
<tr><td>초등</td><td>특수학교(초등학교) 준교사 이상의 자격증 소지자 또는 다음 년 2월 말 이내 취득 예정자</td></tr>
</table>

(2) 응시자격 제한: 다음 각 호의 어느 하나에 해당하는 경우에는 응시할 수 없음

① 교육공무원법 제10조의 4(결격사유)에 해당하는 자

② 교육공무원법 제10조의 3(채용의 제한)에 해당하는 자

③ 교육공무원임용령 제11조의 4(부정행위자에 대한 조치) 제1항, 제2항 해당자

④ 교원자격검정령시행규칙 제2조 제2항 관련 [별표 1] 표시과목이 표시된 초등학교 교사 자격증 소지자

⑤ 아동 · 청소년의성보호에관한법률 제44조(아동 · 청소년 관련 교육기관 등에의 취업제한 등) 제1항 해당자

⑥ 기타 관계법령에 의하여 임용에 결격사유가 있는 자

(3) 시험일정

<table>
<tr><th>구분</th><th>시험일</th><th>시험과목</th><th>시험시간</th><th>대상</th></tr>
<tr><td rowspan="3">1차 시험</td><td rowspan="3">매년 11월경</td><td>교직논술</td><td>09:00 ~ 10:00 (60분)</td><td rowspan="3">선발예정분야별 응시자 전원</td></tr>
<tr><td>교육과정 A</td><td>10:40 ~ 11:50 (70분)</td></tr>
<tr><td>교육과정 B</td><td>12:30 ~ 13:40 (70분)</td></tr>
</table>

2차 시험	매년 1월초	심층면접	1차 합격자 발표 시 안내 〈홈페이지 안내〉	선발예정분야별 1차 시험 합격자
		교수 · 학습 과정안 작성		
		수업실연		
		영어면접		
		영어수업실연		

※ 2013학년도 공립 유 · 초 · 특수학교 교사 임용후보자 선정 경쟁 임용시험 시행결과 예시임.

(4) 시험과목 · 출제범위 · 출제형식 · 배점

① 1차 시험

선발 분야	시험과목	배점	출제 범위	문항수	시간 (분)	비이고
유치원 교사	교직논술	20	유치원 교직 · 교양 전 영역	1	60	논술형 (원고지 1,200자 이내)
	교육과정	80	유치원 교육과정 전 영역	16문항 내외	140	기입형, 서술형
초등 학교 교사	교직논술	20	초등학교 교직 · 교양 전 영역	1	60	논술형 (원고지 1,200자 이내)
	교육과정	80	초등학교 교육과정 전 영역	22문항 내외	140	기입형, 서술형
특수 학교 (초등) 교사	교직논술	20	특수학교 교직 · 교양 전 영역	1	60	논술형 (원고지 1,200자 이내)
	교육과정	80	특수교육학 전 영역 특수교육 교육과정 (초등) 전 영역 초등학교 교육과정 전 영역	16문항 내외	140	기입형, 서술형

※ 2013학년도 공립 유 · 초 · 특수학교(초등) 교사 임용후보자 선정경쟁 임용시험 시행결과 예시임.

② 2차 시험

선발 분야	시험 과목	배점	출제 범위	문항수	시간(분)	비 고
유치원 교사	심층면접	40	교사로서의 적성, 교직관, 인격 및 소양	3문항 내외	10	구술형
	교수학습 과정안작성	20	교과과정의 일정 주제에 대한 교수학습 과정안 작성	1	60	서술형
	수업실연	40	교사로서의 학습지도 능력과 의사소통 능력	1	15	구술형
초등학교 교사	심층면접	30	교사로서의 적성, 교직관, 인격 및 소양	3문항 내외	10	구술형
	교수 · 학습 과정안작성	20	교과과정의 일정 단원에 대한 교수학습 과정안 작성	1	60	서술형
	수업실연	30	교사로서의 학습지도 능력과 의사소통 능력	1	15	구술형
	영어면접	10	영어 의사소통 능력	2문항 내외	5	구술형
	영어수업 실연	10	영어로 진행하는 수업 능력	1	5	구술형
특수학교(초등) 교사	심층면접	30	교사로서의 적성, 교직관, 인격 및 소양	3문항 내외	10	구술형
	교수 · 학습 과정안작성	20	교과과정의 일정단원에 대한 교수학습 과정안 작성	1	60	서술형
	수업실연	30	교사로서의 학습지도 능력과 의사소통 능력	1	15	구술형
	영어면접	10	영어 의사소통 능력	2문항 내외	5	구술형
	영어수업 실연	10	영어로 진행하는 수업 능력	1	5	구술형

※ 2013학년도 공립 유 · 초 · 특수학교(초등) 교사 임용후보자 선정경쟁 임용시험 시행결과 예시임.

(5) 합격자 결정

① 기본원칙

• 1차 시험은 각 과목별 만점의 40퍼센트 이상 득점자에 한하여 합격자를 사정

하고 최종합격자는 2차 시험 응시자에 한하여 합격자 사정을 한다.

- 시험점수는 소수점 이하 둘째 자리까지 산출한다(소수점 셋째 자리에서 반올림).
- 대학성적 반영점수 및 지역가산점은 1차 시험의 성적에 반영하되, 1차 시험 과목별 만점의 40퍼센트 이상 득점자에 한하여 가산점을 부여한다.
- 취업지원대상자 가점은 시험단계별(1, 2차 시험), 과목별로 부여되며 과목별 만점의 40퍼센트 이상 득점자에 한하며, 가점을 받아 시험에 합격하는 취업지원대상자는 선발 예정분야별 선발예정인원의 30퍼센트를 초과할 수 없으며, 이 경우 가점에 의한 선발 예정인원을 산정하는 경우 소수점 이하는 버린다.

② 1차 시험 합격자 결정

- 합격자수: 선발예정인원의 1.5배수로 하며 합격선에 동점자가 있을 경우 모두 합격처리한다.
- 결정방법: 1차 시험의 성적에 대학성적 반영 점수, 지역가산점 및 취업지원대상자 가점을 합산한 총점이 높은 사람 순으로 한다.

③ 최종 합격자 결정

- 합격자 결정: 선발 예정 인원
- 결정방법: 1차 시험성적(취업지원대상자 가점 포함)과 2차 시험성적(취업지원대상자 가점 포함)을 합산한 총점이 높은 사람 순으로 결정하되, 동점자가 있을 경우 아래 동점자 처리기준에 따른다.
- 동점자 처리 순위
  - 제1순위: 취업지원 대상자
  - 제2순위: 2차 시험성적이 높은 사람
  - 제3순위: 병역의무를 필한 자(원서접수 마감일 기준 6개월 이내 전역 예정자 포함)
  - 제4순위: 수업실연(2차 시험) 성적이 높은 사람(영어수업실연 제외)

– 제5순위: 심층면접(2차 시험) 성적이 높은 사람

※ 동점자 처리기준의 시험성적은 취업지원대상자 가점을 제외한 시험성적임.

5) 중등학교 교사(특수학교 · 보건 · 전문상담 · 영양교사 포함)

(1) 모집분야별 응시자격

모집분야	응 시 자 격
중등학교 교사	ㅇ 선발예정 표시과목의 중등학교 준교사 이상 교원자격증 소지자 및 부전공 표시과목 교원자격증 소지자【다음 해 2월 해당과목 교원자격증 취득예정자 포함】
특수학교 교사 (중등)	ㅇ 전공표시과목에 관계없이 특수학교(중등) 준교사 이상 교원자격증 소지자(치료교육, 재활복지, 직업교육 포함)【다음 해 2월 해당과목 교원자격증 취득예정자 포함】 ※ 특수학교 교사(이료)자격증 소지자는 제외
보건교사	ㅇ 보건 · 양호교사(1급, 2급) 자격증 소지자【다음 해 2월 교원자격증 취득예정자 포함】
전문상담 교사	ㅇ 전문상담교사(1급, 2급) 자격증 소지자【다음 해 2월 교원자격증 취득예정자 포함】 ㅇ 전문상담교사(초등, 중등, 특수) 자격증 소지자
영양교사	ㅇ 영양교사(1급, 2급) 자격증 소지자【다음 해 2월 교원자격증 취득예정자 포함】

교원자격검정령시행규칙 부칙 제3조 및 제4조(개정 2000.1.28. 교육부령 제761호)에 의거 명칭이 변경되거나 통합된 표시과목은 종전 표시과목 자격증 소지자도 응시 가능하다.

선발예정과목	응시대상 표시과목	선발예정과목	응시대상 표시과목
물리	물리, 과학(물리)	영어	영어, 외국어(영어)
화학	화학, 과학(화학)	중국어	중국어, 외국어(중국어)
생물	생물, 과학(생물)	기술	기술, 기술 · 가정
지구과학	지구과학, 과학(지구과학), 과학(지학)	가정	가정, 기술 · 가정
일반사회	일반사회, 사회(일반사회)	식물자원 · 조경	식물자원 · 조경, 농업, 원예, 임업, 조경
역사	역사, 사회(역사)	전기 · 전자 · 통신	전기 · 전자 · 통신, 공업, 전기, 전자, 통신, 전자계산기, 전자기계
지리	지리, 사회(지리)	기계 · 금속	기계 · 금속, 공업, 기계, 금속, 자동차, 전자기계, 조선, 중기

도덕 · 윤리	윤리, 국민윤리, 도덕 · 윤리	상업정보	상업정보, 상업

(2) 응시연령

제한 없음. 단, 교육공무원법 제4조(정년)에 해당되지 않는 자

6) 시험과목별 출제범위 및 배점

(1) 제1차 시험

시험과목	출제 범위 및 내용	출제 비율		배점			비고
		교과 교육학	교과 내용학	일반 교과	실기 · 실험 교과	비교수 교과	
교육학	ㅇ 교육학 개론, 교육철학 및 교육사, 교육과정 및 교육평가, 교육방법 및 교육공학, 교육심리학, 교육사회학, 교육행정 및 교육경영			20			기입형, 서술형 및 논술형
전공	ㅇ 교육과학기술부 고시 제2008-117호(2008.8.1.) [별표 1] '표시과목의 대학의 관련학부(전공 · 학과) 및 기본이수과목 또는 분야'에 제시된 과목 ※ 영어 과목: 영어듣기 평가 포함 -교과교육학: 표시과목의 교과교육학(론)으로 교육과정, 교수학습 및 방법, 교육평가, 교재론 등 (※ 제2차 시험도 동일하게 적용) -교과내용학: 표시과목의 교과교육학(론)을 제외한 과목 (※ 제2차 시험도 동일하게 적용) ※ 비교수교과는 교과내용학에서 100% 출제 (※ 제2차 시험도 동일하게 적용)	25~35%	75~65%	80			기입형, 서술형 및 논술형
계(배점)				100			

※ 2013학년도 공립 중등학교 교사 임용후보자 선정경쟁시험 시행결과 예시임.

(2) 제2차 시험

시험과목	출제 범위 및 내용	배 점			비고
		일 반 교 과	실기 · 실험 교과	비교수 교과	
교직적성 심층면접	ㅇ 교원으로서의 적성, 교직관, 인격 및 소양 [중등 외국어 과목은 해당 외국어로 실시]	40	40	100	
교수 · 학습 지도안 작성	ㅇ 교수 · 학습 지도안 작성 [중등 외국어 과목은 해당 외국어로 실시]	15	10	·	비교수 교과 제외
수업실연	ㅇ 수업실연 [중등 외국어 과목은 해당 외국어로 실시]	45	20	·	비교수 교과 제외
실기 · 실험 평가	■ 체육 –수영: 자유형(크롤) 50m, 평영 50m –육상: 트랙, 도약, 투척 영역 중 1개 –체조: 맨손체조, 매트운동, 뜀틀운동 영역 중 1개 –구기 종목: 배구, 농구, 핸드볼, 축구 영역 중 1개 ■ 미술 –수채화, 전통회화(수묵채색화), 조소, 디자인 ■ 음악 –청음, 시창, 피아노 연주, 단소 ※ 세부 평가내용은 제2차 시험 합격자 발표시 공고함.	·	30	·	
계(배점)		100	100	100	

※ 2013학년도 공립 중등학교 임용후보자 선정경쟁시험 시행결과 예시임.

3. 교직원의 배치

1) 교직원 배치기준

초 · 중등교육법 제19조, 제19조의 2, 초 · 중등교육법시행령 제36조의 2, 제40조의 2, 지방교육행정기관 및 공립의 각급 학교에 두는 국가공무원의 정원에 관한

규정 시행규칙에 의하여 교육감이 배정한다.

구분	배치 기준
초등학교 중학교 고등학교	• 교장 · 교감 · 수석교사 및 교사를 둔다. 다만, 학생 수가 100명 이하인 학교나 학급 수가 5학급 이하인 학교 중 교원의 수가 최소 배치기준 이하에 해당하는 학교는 교감을 두지 아니할 수 있다. 그러나 교육감이 필요하다고 인정하는 경우에는 교감을 둘 수 있으며 이때 교감은 수업을 담당하여야 한다. • 수석교사는 학급을 담당하지 아니한다. 다만, 학교 규모 등 학교 여건에 따라 학급을 담당할 수 있다. • 학급에는 학급담당교원을 두되, 학생의 수가 일정 규모 이상이거나 학급관리를 위하여 필요한 경우에는 학급담당교원 1명을 더 둘 수 있다. • 학교 운영에 필요한 행정직원 등 직원을 둔다. • 원활한 학교 운영을 위하여 교사 중 교무(校務)를 분담하는 보직교사를 둘 수 있다. • 학교별 교사의 정원: 시 · 도별 총학생수와 지역군별(地域群別) 교사 1인당 학생 수를 고려한 계산식에 따라 총 교사수를 교육부에서 배정받아각 학교별 학생 수와 제반 여건을 고려하여 교육감이 정한다. • 학교에 전문상담교사를 두거나 하급 교육행정기관마다 2명 이내의 전문상담순회교사를 둔다. • 교과 담당교사 외에 실기교사, 양호교사, 전문상담교사 및 사서교사를 둘 수 있다. • 학급담당 교원 외에 체육, 음악, 미술, 영어, 기타 교과전담 교사를 둘 수 있다(초등).

2) 보직교사 배치기준(2013학년도 인천광역시교육청 보직교사 배치 기준 참고)

구분	배치 기준
초등학교	가. 6학급 이상 11학급 이하의 학교에는 2인 나. 12학급 이상 17학급 이하의 학교에는 4인 이내 다. 18학급 이상 23학급 이하의 학교에는 6인 이내 라. 24학급 이상 29학급 이하의 학교에는 8명 이내 마. 30학급 이상 35학급 이하의 학교에는 10명 이내 바. 36학급 이상의 학교에는 12명 이내 사. 5학급 이하인 학교로서 교감을 두지 아니하는 학교 또는 5학급 이하의 분교장에는 1명 ※ 교육부장관이 지정하는 연구학교에는 보직교사 1인을 더 둘 수 있다.
중학교	가. 3학급 이상 5학급 이하의 학교에는 2인 나. 6학급 이상 8학급 이하의 학교에는 3인 다. 9학급 이상 11학급 이하의 학교에는 5인 이내 라. 12학급 이상 17학급 이하의 학교에는 8명 이내 마. 18학급 이상의 학교에는 11명 이내 바. 2학급 이하의 분교장에는 1인 ※ 체육중학교의 경우와 11학급 이하의 학교로서 교육부장관이 지정하는 연구학교의 경우에는 보직교사 각 1명을 더 둘 수 있다.
고등학교	가. 3학급 이상 5학급 이하의 학교에는 2인 나. 6학급 이상 8학급 이하의 학교에는 3인 다. 9학급 이상 17학급 이하의 학교에는 8인 이내 라. 18학급 이상의 학교에는 11인 이내 ※ 실업과를 설치한 고등학교 및 체육고등학교의 경우와 8학급 이하의 학교로서 교육부장관이 지정하는 연구학교의 경우에는 보직교사 각 1인을 더 둘 수 있다.

※ 보직교사 명칭은 '부장교사'로 하며, 학교별 보직교사의 종류 및 그 업무분장은 학교의 장이 정한다.

※ 중등학교의 장은 교육감의 승인을 받아 배치 기준에 따른 수의 보직교사 외에 다음 기준에 부합하는 보직교사를 더 둘 수 있다.

- 특성화고의 경우 6학급 이상인 학과에 보직교사 1인을 둘 수 있다.
- 기숙사를 운영하는 경우 기숙사 야간 학생지도를 위한 보직교사 1인을 둘 수 있다.
- 공동실습소를 운영하는 학교는 보직교사 1인을 둘 수 있다.
- 진로진학상담교사가 배치된 학교는 보직교사 1인을 둘 수 있다.

3) 보직교사의 임용(서울특별시교육청, 정책 81810-460, '00.2.9)

(1) 보직교사의 임무

① 보직교사는 법령이 정하는 바에 따라 학생을 지도한다.

② 보직교사는 학교경영자가 해당 부서에 관련된 합리적인 의사 결정에서부터 교사의 교육활동에 이르기까지 연락 · 조정 · 지도의 교량적 역할을 능동적으로 수행한다.

③ 실업계 고등학교의 보직교사 중 학과장은 해당 학과 학생지도와 교육기자재 등을 관리한다.

(2) 보직교사의 임용자격

① 보직교사의 임명은 학교장이 행하되, 임용후보자명부에 등재된 순위에 의하여 결원된 보직의 3배수 내에서 임용한다.

② 보직교사는 임용예정 부서의 원활한 업무 수행을 위하여 자격, 경력 및 학력 등 제반사항을 고려하여 임용한다.

③ 보직교사 임용후보자의 명부는 당해 학교의 실정을 감안하여 작성한다.

(3) 보직교사의 임용관리

① 보직교사는 1년 단위(매년 3월 1일부터 다음해 2월 말까지)로 임용함을 원칙으로 하며, 임용 7일 이내에 관할 교육청에 보고하여야 한다.

② 보직교사는 다음의 각 항에 해당되는 경우를 제외하고는 그 의사에 반하여 보직교사를 면할 수 없다.

- 학교 또는 학과의 폐지, 변경이 있거나 학급의 감축이 있을 경우
- 휴직, 징계 처분 또는 직위해제 처분을 받은 경우

- 형사사건에 관련된 혐의가 있는 경우
- 임용권을 달리하는 학교(기관)간의 전보
- 직무수행 능력이 부족하거나 근무성적이 극히 불량한 경우
- 감사 결과 인사 조치된 경우
- 기타 특별한 사유가 있는 경우

4. 기간제교원의 임용

고등학교 이하 각급 학교 교원의 임용권자는 다음 각 호의 어느 하나에 해당하는 경우에 예산의 범위에서 기간을 정하여 교원 자격증을 가진 사람을 교원으로 임용할 수 있다(교육공무원법 제32조).

- 교원이 교육공무원법 제44조 제1항 각 호의 어느 하나의 사유로 인하여 휴직하게 되어 후임자의 보충이 불가피한 경우
- 교원이 파견 · 연수 · 정직 · 직위해제 등 대통령령으로 정하는 사유로 직무를 이탈하게 되어 후임자의 보충이 불가피한 경우
- 특정 교과를 한시적으로 담당하도록 할 필요가 있을 경우
- 교육공무원이었던 사람의 지식이나 경험을 활용할 필요가 있는 경우
- 유치원 방과 후 과정을 담당하도록 할 필요가 있는 경우

※ 교육공무원법 제44조 제1항(교육공무원 휴직사유)

- 신체상 · 정신상의 장애로 장기요양이 필요할 경우
- 병역법에 따른 병역 복무를 위하여 징집되거나 소집된 경우
- 천재지변이나 전시 · 사변 또는 그 밖의 사유로 생사(生死)나 소재(所在)를 알 수 없을 경우

- 그 밖에 법률에 따른 의무를 수행하기 위하여 직무를 이탈하게 된 경우
- 학위취득을 목적으로 해외유학을 하거나 외국에서 1년 이상 연구 또는 연수를 하게 될 경우
- 국제기구, 외국기관, 국내외의 대학 · 연구기관, 다른 국가기관, 재외 교육기관 또는 대통령령으로 정하는 민간단체에 임시로 고용되는 경우
- 만 8세 이하(취학 중인 경우에는 초등학교 2학년 이하)의 자녀를 양육하기 위하여 필요하거나 여성 교육공무원이 임신 또는 출산하게 될 경우
- 만 19세 미만의 아동(제7호에 따른 육아휴직의 대상이 되는 아동은 제외한다)을 입양(入養)하는 경우
- 교육부장관 또는 교육감이 지정하는 연구기관이나 교육기관 등에서 연수하게 된 경우
- 사고 또는 질병 등으로 장기간 요양이 필요한 부모, 배우자, 자녀 또는 배우자의 부모를 간호하기 위해서 필요한 경우
- 배우자가 국외 근무를 하게 되거나 제5호에 해당하게 된 경우
- 교원의노동조합설립및운영등에관한법률 제5조에 따라 노동조합 전임자로 종사하게 된 경우

1) 임용기간

기간제교원의 임용기간은 1년 이내로 하며 필요한 경우 3년의 범위 안에서 이를 연장할 수 있다.

2) 신분

(1) 고등학교 이하 각급 학교에 예산의 범위 내에서 기간을 정하여 임용하는 교

원에 해당한다.

(2) 기간제교원은 정규교원 임용에서 어떠한 우선권도 인정되지 않는다.

(3) 정규교원과의 차이

① 정규교원에게 인정되는 교육공무원법상의 신분 보장 등 관련 규정의 적용이 배제된다.

② 교육공무원법 제32조 제1항 제4호(퇴직교원 계약임용제에 따라 임용된 사람)를 제외하고는 책임이 무거운 감독업무의 지위에 임용될 수 없다(교육공무원법 제32조 제2항).

3) 보수

(1) 기간제교원의 보수는 공무원보수규정 제8조의 규정에 의하여 산정된 호봉액을 지급하되, 다음의 단서 조항을 적용하여 고정급으로 지급한다.

※ 유치원, 초등학교, 중학교, 고등학교의 기간제교원에 대하여는 제8조(초임호봉의 획정) 규정에 의하여 산정된 봉급액을 지급하되 고정급으로 한다. 다만, 교육공무원법 제32조 제1항 제4호(교원이었던 자의 지식이나 경험을 활용할 필요가 있을 때)에 의한 기간제교원의 봉급은 14호봉을 넘지 못한다.

(2) 호봉의 재획정: 계약기간 중 호봉 재획정을 하지 아니하고 최초 호봉을 고정급으로 한다.

(3) 공무원수당규정에 기간제교원에 대한 수당지급 제한 또는 금지 규정이 없는 한 예산의 범위 내에서 교육공무원에게 지급하는 제 수당을 지급한다(임시교원 보수지급에 관한 질의: 법무 811-173, '83. 10. 6).

4) 퇴직금 및 건강보험 적용

(1) 근로기준법 제34조의 규정에 의한 퇴직금 지급 여부는 근로연수 1년 이상에 해당되는 경우, 퇴직금 지급 대상자에 해당된다.

(2) 건강보험 적용 여부는 공무원 및 사립학교교직원건강보험법 제5조 제3호 및 동법시행령 제10조의 규정에 의하여 3월 이상의 기간 동안 임용되는 임시직 등의 공무원에게 해당된다.

5. 복무

1) 교원의 복무

공립 교원의 복무는 교육공무원법 및 국가공무원복무규정에 따라 교육공무원의 신분으로 교원이 교육목적을 효율적으로 달성하기 위해서는 교원의 행동규범을 준수해야 하며 공무원으로 성실의무를 비롯하여 신분상 직무 전념 의무를 진다. 즉 교원의 복무는 교육공무원 신분으로 교직생활을 하면서 지켜야 할 전반적인 자세와 행동규범을 의미한다. 사립학교 교원은 사립학교법이나 기타별도규정에 명시된 경우 이외에는 공립학교 교원의 복무규정에 준하여 적용된다.

2) 교직원의 임무

교직원이란 학교에 두는 교원(교사, 교감, 교장)과 직원(행정직원)을 말하며 교직원의 임무는 다음과 같이 규정하고 있다(초 · 중등교육법 제20조).

(1) 교장은 교무를 통할(統轄)하고, 소속 교직원을 지도 · 감독하며, 학생을 교육

한다.

(2) 교감은 교장을 보좌하여 교무를 관리하고 학생을 교육하며, 교장이 부득이한 사유로 직무를 수행할 수 없는 때에는 그 직무를 대행한다. 다만, 교감이 없는 학교에서는 교장이 미리 지명한 교사(수석교사를 포함한다)가 교장의 직무를 대행한다.

(3) 수석교사는 교사의 교수 · 연구 활동을 지원하며, 학생을 교육한다.

(4) 교사는 법령이 정하는 바에 따라 학생을 교육한다.

(5) 행정직원 등 직원은 법령에서 정하는 바에 따라 학교의 행정사무와 그 밖의 사무를 담당한다.

3) 교육공무원의 의무와 책임

교원(국가공무원, 교육공무원 신분)의 의무는 신분상의 의무와 직무상의 의무로 나누어 살펴보면 다음과 같다(교육부, 2002, 270-274).

(1) 신분상의 의무

① 선서의 의무(국가공무원법 제55조)

공무원은 취임할 때에 소속기관장 앞에서 선서하여야 한다.

② 품위유지의 의무(국가공무원법 제63조)

공무원은 직무의 내외를 불문하고 그 품위를 손상하는 행위를 하여서는 아니 된다.

③ **영리업무 및 겸직금지(국가공무원법 제64조)**

가. 공무원은 공무이외에 영리를 목적으로 하는 업무에 종사하지 못하며 장의 허가 없이 다른 직무를 겸할 수 없다.

나. 공무 이외에 영리를 목적으로 하는 업무의 한계(국가공무원복무규정 제25조)는 다음과 같다.

- 공무원이 상업 · 공업 · 금융업 기타 영리적인 업무를 스스로 경영하여 영리를 추구함이 현저한 업무
- 공무원이 상업 · 공업 · 금융업 기타 영리를 목적으로 하는 사기업체의 이사 · 감사 · 업무를 집행하는 무한책임사원 · 지배인 · 발기인 기타의 임원이 되는 것
- 그의 직무와 관련이 있는 타인의 기업에 투자하는 행위
- 기타 계속적으로 재산상의 이득을 목적으로 하는 업무를 행하는 것

  * 영리행위 금지에 관한 예외: 교육공무원과 정부출연 연구기관의 연구원은 그 소속기관의 장의 허가를 받아 벤처기업의 대표자 또는 임 · 직원을 겸임 또는 겸직할 수 있다. 다만, 직무상의 능률을 저해할 우려가 없는 경우에만 할 수 있다(벤처기업육성에관한특별조치법 제16조의 2).

다. 공무원이 영리를 목적으로 하지 않는 다른 업무를 겸직하고자 하는 경우 사전에 소속기관장의 허가를 받으면 겸직이 가능하다.

④ **정치운동의 금지(국가공무원법 제65조)**

가. 공무원은 정당이나 그 밖의 정치단체의 결성에 관여하거나 이에 가입할 수 없다.

나. 공무원은 선거에서 특정 정당 또는 특정인을 지지 또는 반대하기 위한 다음의 행위를 하여서는 아니 된다.

- 투표를 하거나 하지 아니하도록 권유 · 운동을 하는 것

• 서명운동을 기도(企圖) · 주재(主宰)하거나 권유하는 것
• 문서나 도서를 공공시설 등에 게시하거나 게시하게 하는 것
• 기부금을 모집 또는 모집하게 하거나, 공공자금을 이용 또는 이용하게 하는 것
• 타인에게 정당이나 그 밖의 정치단체에 가입하거나 가입하지 아니하도록 권유 운동 을 하는 것

다. 공무원은 다른 공무원에게 제1항과 제2항에 위배되는 행위를 하도록 요구하거나 정치적 행위에 대한 보상 또는 보복으로서 이익 또는 불이익을 약속하여서는 아니 된다.

⑤ **집단 행위의 금지**(국가공무원법 제66조)

가. 공무원은 노동운동이나 그 밖의 공무 외의 일을 위한 집단 행위를 하여서는 아니 된다. 다만, 사실상 노무에 종사하는 공무원은 예외로 한다.

(2) 직무상의 의무

① **성실 의무**(국가공무원법 제56조)

모든 공무원은 법령을 준수하며 성실히 직무를 수행하여야 한다.

② **복종의 의무**(국가공무원법 제57조)

공무원은 직무를 수행할 때 소속 상관의 직무상의 명령에 복종하여야 한다.

③ **직장 이탈 금지**(국가공무원법 제58조)

가. 공무원은 소속 상관의 허가 또는 정당한 사유가 없으면 직장을 이탈하지 못한다.

나. 수사기관이 공무원을 구속하려면 그 소속기관의 장에게 미리 통보하여야 한다. 다만, 현행범은 그러하지 아니한다.

④ 친절 공정의 의무(국가공무원법 제59조)

공무원은 국민전체의 봉사자로서 친절하고 공정하게 직무를 수행해야 한다.

⑤ 종교 중립의 의무(국가공무원법 제59조의 2)

가. 공무원은 종교에 따른 차별 없이 직무를 수행하여야 한다.

나. 공무원은 소속 상관이 제1항에 위배되는 직무상 명령을 할 경우에는 이에 따르지 아니할 수 있다.

⑥ 비밀엄수의 의무(국가공무원법 제60조)

공무원은 재직 중은 물론 퇴직 후에도 직무상 알게 된 비밀을 엄수(嚴守)하여야 한다.

⑦ 청렴의 의무(국가공무원법 제61조)

가. 공무원은 직무와 관련하여 직접이든 간접이든 사례 · 증여 또는 향응을 주거나 받을 수 없다.

나. 공무원은 직무상의 관계가 있든 없든 그 소속 상관에 증여하거나 소속공무원으로부터 증여를 받아서는 안 된다.

⑧ 품위 유지의 의무(국가공무원법 제63조)

공무원은 직무의 내외를 불문하고 그 품위를 손상하는 행위를 하여서는 아니 된다.

⑨ **교원의 교육 및 연구 활동의 의무**

가. 교원은 교육자로서 갖추어야 할 품성과 자질을 향상시키기 위하여 노력하여야 한다(교육기본법 제14조 제2항).

나. 교원은 교육자로서의 윤리의식을 확립하고 이를 바탕으로 학생에게 학습윤리를 지도하고 지식을 습득하게 하며, 학생 개개인의 적성을 계발할 수 있도록 노력하여야 한다.(교육기본법 제14조 제3항)

다. 교원은 특정 정당 또는 정파를 지지하거나 반대하기 위하여 학생을 지도하거나 선동하여서는 안 된다(교육기본법 제14조 제4항).

라. 교육공무원은 그 직책을 수행하기 위하여 끊임없이 연구와 수양에 힘써야 한다(교육공무원법 제38조).

(3) 교원의 근무시간

① 공무원의 1주간 근무시간은 점심시간을 제외하고 40시간으로 하며 토요일은 휴무(休務)함을 원칙으로 한다(국가공무원복무규정 제9조).

평일: 09:00~18:00(점심시간 12:00~13:00)

단, 초 · 중등교원의 근무시간은 단위학교별 탄력적 근무 시간제를 적용한다(평일 8시간).

② **근무시간의 변경**

학교장은 직무의 성질, 지역 또는 학교의 특수성으로 교육활동을 위해 필요한 경우 근무시간을 단축하지 않는 범위 내에서 소속 교원의 출퇴근 시간을 변경 · 지정할 수 있으며, 이 경우 변경된 근무시간을 감독청에 통보하여야 한다(국가공무원복무규정 제110조).

③ **시간외 근무 및 공휴일 근무**(복무규정 제11조 근거)

가. 학교장은 다음의 경우 근무시간외 근무를 명할 수 있다.

- 보충수업, 자율학습지도
- 등 · 하교 및 방과 후의 학생 생활지도
- 학사 사무처리
- 기타 학교장이 교육활동상 필요하다고 인정하는 경우

나. 학교장은 특별한 사유발생시 공휴일 근무를 명할 수 있다(그 다음 정상 근무일을 휴무할 수 있다).

다. 근무시간 외 근무자 및 휴일 근무자에 대하여 예산의 범위 내에서 수당을 지급한다(공무원 수당규정 제15조~17조).

④ 근무사항의 관리(공무원근무상황에관한규칙 제2조, 제4조)

가. 각급 기관장은 엄정한 근무기강 확립을 위해 노력하여야 한다.

나. 근무상황은 근무상황부 또는 근무상황카드에 의하여 관리한다.

다. 휴가, 지참, 조퇴 및 외출과 근무지 내 출장을 하고자 할 때는 근무상황부 또는 근무상황카드에 의하여 사전에 학교장의 허가를 받아야 한다. 다만, 불가피한 사유는 사후에 지체 없이 허가를 받아야 한다.

라. 전보, 파견, 전출, 휴직 및 장기간 출장, 휴가 등일 때는 교장이 지정한 자에게 그 담당 업무를 인계하여야 한다.

마. 퇴근 시 문서 및 물품을 잠금장치가 된 지정 서류함에 보관하여야 한다.

(4) 교원의 휴직과 복직

① **휴직제도의 목적**

교원의 휴직제도는 공무원이 재직 중 일정한 사유로 직무에 종사할 수 없는 경우에 면직시키지 아니하고 일정 기간 동안 신분을 유지하면서 직무에 종사하지 않고 질병치료, 법률상의 의무수행, 능력 개발을 위한 연수기회를 부여하는 등, 공무원의 신분을 보장하기 위한 것이다(교육부, 2002: 175-177).

② 휴직사유 및 기간

가. 직권휴직(교육공무원법 제44조, 제45조, 공무원보수규정 제15조, 제28조, 사립학교법 제59조): 임용권자는 아래 경우 본인 의사에 불구하고 휴직을 명하여야 한다.

종류	질병휴직	병역휴직	생사불명	법정의무수행	노조전임자
근거	제1호	제2호	제3호	제4호	제5호
요건	신체 · 정신상의 장애로 장기요양을 요할 때	병역의 복무를 위하여 징 · 소집된 때	천재 · 지변 · 전시 · 사변, 기타의 사유로 생사 · 소재가 불명한 때	기타 법률상 의무수행을 위해 직무를 이탈하게 된 때	교원노동조합 전임자로 종사하게 된 때

기간	1년 이내	복무기간	3월 이내	복무기간	전임기간
재직 경력 인정	• 경력평정: 미 산입 (단, 공무상 질병인 경우 산입) • 승급제한 (단, 공무상 질병인 경우 포함)	• 경력평정: 산입 • 승급인정	• 경력평정: 제외 • 승급제한	• 경력평정: 산입 • 승급인정	• 경력평정: 산입 • 승급인정
결원 보충	결원보충 불가	6월 이상 휴직 시 결원 보충	결원보충 불가	6월 이상 휴직 시 결원보충	6월 이상 휴직 시 결원보충
봉급	• 봉급 7할 지급 (결핵은 8할) • 공무상 질병은 전액 지급	지급 안 함	지급 안 함	지급 안 함	지급 안 함
수당	• 공통수당: 보수와 같은 비율로 지급 • 기타수당: 휴직사유별 차등 지급	지급 안 함	지급 안 함	지급 안 함	지급 안 함
기타	• 의사진단서 첨부				

나. 청원휴직(교육공무원법 제44조 제1항, 제45조 제1항)

종류	유학 휴직	교용 휴직	육아 휴직	연수 휴직	간병 휴직	동반 휴직
근거	제5호	제6호	제7호	제8호	제9호	제10호
요건	학위취득을 목적으로 해외유학을 하거나 외국에서 1년 이상 연구·연수하게 된 때	국제기구, 외국기관 또는 재외국민 교육기관에 임시로 고용된 때	만 8세 이하(취학 중인 경우에는 초등학교 2학년 이하를 말한다)의 자녀를 양육하기 위하여 필요하거나 여성 교육공무원이 임신 또는 출산하게 된 때	교육부장관이 지정하는 국내의 연구기관·교육기관 등에서 연수하게 된 때	사고 또는 질병 등으로 장기간의 요양을 요하는 부모, 배우자, 자녀 또는 배우자의 부모의 간호를 위하여 필요 한 때	배우자가 국외근무를 하거나 제5호(유학휴직)에 해당된 때
기간	3년 이내(학위취득의 경우 3년 연장 가능)	고용기간	1년 이내(여교원은 2년 연장 가능)	3년 이내	1년 이내(재직기간 중 총 3년)	3년 이내(3년 연장 가능)
경력인정	5할 산입	산입	산입	5할 산입	제외	제외
승급	• 승급인정	• 승급인정(비상근은 각 5할 산입)	• 승급인정	• 승급제한	• 승급제한	• 승급제한
결원보충	6월 이상 휴직 시 결원보충 가능					
보수	봉급 5할 지급	지급 안 함				
수당	• 공통수당: 5할 지급 • 기타수당: 미지급	지급 안 함	기본급의 40%(하한 50만원, 상한 100만 원~50만 원 초과분은 85% 지급, 나머지 15%는 복직 후 6월 이후에 지급)	지급 안 함		
기타			출산휴가 별도 신청 가능			

③ **복직(국가공무원법 제73조)**

복직이란 휴직, 직위체제 또는 정직 중인 자의 직위복귀를 말하며 복직 시기는 휴직사유 소멸 시 30일 이내 임용권자에게 신고하여야 하며 임용권자는 지체 없이 복직조치 한다. 또한 휴직기간이 만료된 공무원이 30일 이내 복귀신고하면 당연 복직된다.

④ **퇴직**

가. 교육공무원의 정년퇴직(교육공무원법 제47조)

교육공무원의 정년은 62세로 퇴직일은 정년이 달한 날이 속하는 학기의 말일로 하고 정년퇴직자의 신분은 정년퇴직일 전까지 유지한다.

나. 명예퇴직(교육공무원법 제36조, 국가공무원 명예퇴직수당지급규정 제3조)

- 대상자: 교육공무원으로 20년 이상 근속한 자로 정년 전에 자진 퇴직하는 경우에는 예산의 범위 안에서 명예퇴직수당을 지급할 수 있다.
- 교장이 임기만료 전에 자진하여 퇴직하는 경우 그 정년은 62세로 본다.
- 수당지급액 산정(동 규정 제4조 별표)

정년 잔여기간	산정 기준
1년 이상 5년 이내인 자	퇴직 당시(특별승진자는 특별승진 직전) 월봉금액의 반액 × 정년잔여월수
5년 초과 10년 이내인 자	퇴직 당시 월봉금액의 반액$\times\left\{60+\frac{\text{정년잔여월수}-60}{2}\right\}$
10년 초과인 자	정년 잔여 10년인 자와 동일금액(10년 초과 정년 잔여기간에 대하여는 수당을 지급하지 아니함)

6. 교원의 상훈과 징계

1) 재직교원의 상훈

교육공무원은 재직 중 정부포상은 상훈법 · 상훈법시행령에 근거하여 재직 중 직무에 정려하여 국가 및 교육발전에 기여한 국가공무원 및 사립학교 교원에 대하여 포상한다.

(1) 재직교원의 정부포상

① 종류 및 경력기간

구분	경력기간	비고
근정훈장(황조, 홍조, 녹조, 옥조)	15년 이상	실 교육경력이 5년 이상이어야 한다.
근정포장	10년 이상	
대통령 · 국무총리 · 장관 표창	5년 이상	

② 추천 제외 대상

- 재직 중 징계처분(불문경고 처분 포함)을 받은 자
- 공 · 사 생활을 통하여 각종 비위, 부조리 등으로 물의를 일으켜 정부서훈이 합당하지 않다고 판단되는 자
- 국무총리표창 이상의 정부 포상을 2년 이내에 받은 자. 단, 훈장을 받은 자는 5년 이내에 다시 훈장(훈장의 종류 불문)을 받을 수 없다.

(2) 퇴직교원의 정부포상

① 훈격 결정 기준

- 근정훈장: 재직연수에 해당하는 근정훈장

구분	옥조(5등급)	녹조(4등급)	홍조(3등급)	황조(2등급)	청조(1등급)
재직 년 수	33년 이상~ 36년 미만	36년 이상~ 38년 미만	38년 이상~ 40년 미만	40년 이상	대학총장 경력자 특별 추천

- 근정포장: 재직기간 30년 이상~33년 미만
- 대통령 표창: 재직기간 28년 이상~30년 미만
- 국무총리 표창: 재직기간 25년 이상~28년 미만
- 교육부장관 표창: 재직기간 15년 이상~25년 미만

② **제외 대상**

- 재직 중 징계처분을 받은 자. 다만, 징계 등이 사면되거나 중요 비위(금품 · 향응수수, 공금횡령 · 유용비위)가 아닌 징계가 말소된 경우에는 포상할 수 있다.
- 공 · 사생활을 통하여 각종 비위, 부조리 등으로 물의를 일으켜 정부서훈이 합당치 않다고 판단되는 자는 포상하지 아니한다.
- 국무총리 표창 이상의 정부 포상을 받은 자는 2년 이내에 다시 정부 포상을 받을 수 없다. 단, 훈장을 받은 자는 5년 이내에 다시 훈장(훈장의 종류 불문)을 받을 수 없으며, 퇴직 공무원(사립학교 교원 포함) 포상은 상위 등급의 훈장 및 타종의 포장과 표창 수여가 가능하다.

  ※ 교육부 장관 표창을 받은 자는 1년 이내에 다시 교육부 장관 표창을 받을 수 없다.
- 이미 받은 훈 · 포장은 동일 종류의 동일 등급 또는 하위 등급의 훈 · 포장 대상으로 추천할 수 없다.

2) 교원의 징계

교원의 징계는 국가공무원법 제78조에 근거하여 징계사유가 ① 국가공무원법 및 국가공무원법에 의한 명령에 위반했을 때 ② 직무상의 의무에 위반하거나, 직무를 태만할 때 ③ 직무 내 · 외를 불문하고 그 체면 또는 위신을 손상하는 행위를 한 때 등이 해당될 때 징계위원회의 징계 · 심의 · 의결을 거쳐 결정한다.

(1) 징계의 종류 및 신분조회(국가공무원법, 교육공무원징계령, 공무원보수규정, 교육공무원 징계 등 기록말소 제 시행지침)

종류		기간	신분	보수, 퇴직급여
중징계	파면	–	• 공무원 관계로부터 배제 • 5년간 공무원 임용될 수 없음	• 퇴직급여액의 $\frac{1}{2}$ 지급 • 재직기간 5년 미만인 자는 $\frac{3}{4}$ 지급
	해임	–	• 공무원 관계로부터 배제 • 3년간 공무원 임용될 수 없음	• 퇴직급여액 전액 지급
	강등		• 1계급 강등+정직 3월 • 18개월 + 정직처분기간 승진 못 함 • 처분기간 경력 평정에서 제외 • 징계기록말소 제한기간 9년	• 21월 승급 제한 • 보수 $\frac{2}{3}$ 감액
	정직	1~3개월	• 신분은 보유하나 직무에 종사 못 함 • 18개월 + 정직처분기간 승진 못 함 • 처분기간 경력 평정에서 제외 • 징계기록말소 제한기간 7년	• 18개월 + 정직처분기간 승급 제한 • 보수 감액
경징계	감봉	1~3개월	• 12개월 + 감봉처분기간 승진 못 함 • 징계기록말소 제한기간 5년	• 12개월 + 감봉처분기간 승급 제한 • 보수 $\frac{1}{3}$ 감액
	견책	–	• 6개월간 승진 제한 • 징계기록말소 제한기간 3년	• 6개월간 승급 제한
불문(경고)			• 징계기록말소 제한기간 1년 • 표창대상 심사에서 제외	
직위해제			• 징계기록말소 제한기간 2년	• 보수의 8할 지급

(2) 교원의 징계위원회

<table>
<tr><th colspan="2">구분</th><th>구성</th><th>징계 심의 · 의결 대상</th></tr>
<tr><td rowspan="2">일반
징계
위원회</td><td>시 · 도
교육청</td><td>위원장 1인 포함 위원 5인 이상 9인 이하
(위원장: 부교육감)</td><td>• 공립 각급 학교 교장(원장), 교감(원감)
• 시 · 도 교육청 관할기관의 장학관(교육연구관), 장학사(교육연구사), 교사
• 공립고등학교 교사
• 공립유치원, 초등학교, 중학교 교사의 중징계</td></tr>
<tr><td>지역
교육청</td><td>위원장 1인 포함 위원 5인 이상 9인 이하
(위원장: 설치기관의 차 순위자
*위원 일부를 관할 학교장, 교감으로 임명 가능)</td><td>• 공립유치원, 초등학교, 중학교 교사의 경징계</td></tr>
</table>

(3) 징계양정의 기준

교원의 징계양정의 기준은 다음과 같다(교육공무원 징계양정 등에 관한 규칙).

비위의 정도 및 과실 / 비위의 유형	비위의 정도가 무겁고 고의가 있는 경우	비위의 정도가 무겁고 중과실인 경우 비위의 정도가 가볍고 고의가 있는 경우	비위의 정도가 심하고 경과실인 경우 비위의 정도가 약하고 중과실인 경우	비위의 정도가 약하고 경과실인 경우
1. 성실의무 위반				
가. 공금횡령 · 유용, 업무상 배임	파면	파면–해임	해임–강등	정직–감봉
나. 직권남용으로 다른사람의 권리 침해	파면	해임	강등–정직	감봉
다. 직무태만 또는 회계질서 문란	파면	해임	강등–정직	감봉–견책
라. 시험문제를 유출하거나 학생의 성적을 조작하는 등 학생 성적과 관련한 비위 및 학교생활기록부 부당 정정과 관련한 비위	파면	해임	해임–강등–정직	감봉–견책
마. 신규채용, 특별채용, 승진, 전직, 전보 등 인사와 관련한 비위	파면	해임	해임–강등–정직	감봉–견책
바. 「학교폭력예방 및 대책에 관한 법률」에 따른 학교폭력을 고의적으로 은폐하거나 대응하지 아니한 경우	파면	해임	해임–강등–정직	감봉–견책
사. 그 밖의 성실의무 위반	파면–해임	강등–정직	감봉	견책

2. 복종의무 위반 가. 지시사항 불이행으로 업무추진에 중대한 차질을 준 경우 나. 그 밖의 복종의무 위반	파면 파면–해임	해임 강등–정직	강등–정직 감봉	감봉–견책 견책
3. 직장 이탈 금지 위반 가. 집단행위를 위한 직장 이탈 나. 무단결근 다. 그 밖의 직장 이탈 금지 위반	 파면 파면 파면–해임	 해임 해임–강등 강등–정직	 강등–정직 정직–감봉 감봉	 감봉–견책 견책 견책
4. 친절 공정의무 위반	파면–해임	강등–정직	감봉	견책
5. 비밀 엄수의무 위반 가. 비밀의 누설 · 유출 나. 비밀 분실 또는 해킹 등에 의한 비밀 침해 및 비밀 유기 또는 무단 방치 다. 개인정보 부정 이용 및 무단 유출 라. 개인정보 무단 조회 · 열람 및 관리 소홀 등 마. 그 밖의 보안관계 법령 위반	파면 파면–해임 파면–해임 파면–해임 파면–해임	파면–해임 강등–정직 해임–강등 강등–정직 강등–정직	강등–정직 정직–감봉 정직 감봉 감봉	감봉–견책 감봉–견책 감봉–견책 견책 견책
6. 청렴의무 위반	파면	파면–해임	해임–강등–정직	감봉
7. 품위 유지 의무 위반 가. 성희롱 및 성매매 나. 성폭력 다. 미성년자에 대한 성폭력 라. 학생에 대한 상습적이고 심각한 신체적 폭력 마. 그 밖의 품위 유지 의무 위반	 파면–해임 파면 파면 파면 파면–해임	 해임–강등 해임 파면 해임 강등–정직	 정직–감봉 강등–정직 파면–해임 해임–강등–정직 감봉	 견책 감봉–견책 강등–정직 감봉–견책 견책
8. 영리 업무 및 겸직 금지의무 위반	파면–해임	강등–정직	감봉	견책
9. 정치운동 금지 위반	파면	해임	강등–정직	감봉–견책
10. 집단행위 금지 위반	파면	해임	강등–정직	감봉–견책

※ 비고: 제7호에서 "성희롱"이란 「국가인권위원회법」 제2조 제3호 과목에 따른 성희롱을 말한다.

출처: 교육공무원 징계양정 등에 관한 규칙(교육부령 제6호, 2013. 3. 23).

(4) 교원의 징계 재심

① 교원징계재심위원회(교원지위향상을위한특별법 근거)

각급 학교 교원의 징계처분 기타 그 의사에 반하는 불리한 처분에 대하여 교육부에 교원징계재심위원회(위원장, 5~7명 이내의 위원으로 구성)를 두어 재심을 함으로 교원의 신분 보장을 강화하여 그 지위를 향상시키고 교육발전을 도모한다.

② **재심청구 절차**

- 재심청구: 재심청구는 각급 학교 교원으로 징계처분 기타 그 의사에 반하여 불리한 처분을 받았을 때 처분이 있는 것을 안 날부터 30일 이내에 하여야 한다.
- 재심청구서 접수통지 및 변명서 제출: 재심위원회는 청구서 내용을 검토한 후 변명서 제출 요구 후 제출된 변명서 부본은 지체 없이 청구인에게 송달한다.
- 심사기일 지정 · 통지: 청구인과 피청구인에게 심사 일시 및 장소를 통지하여 출석할 수 있도록 한다(교원징계처분등의재심에관한규정).
- 재심사건 심사: 재심사건에 대하여 위원장, 위원, 심사과장 재심당사자 및 증인이 참석하여 징계 기타 재심청구의 원인이 된 사실에 대하여 심사한 후 결정한다.
- 결정서 작성 후 송부: 재심사건에 대하여 결정을 한 때에는 결정서를 작성하고 결정서 정본을 지체 없이 당사자에게 송부한다.
- 행정소송 제기: 재심위원회 결정에 대하여 불복할 때 결정서 접수 후 60일 이내에 교원만이 행정소송을 제기할 수 있다(교원지위향상을위한특별법).

Chapter | 11

공문서 작성 및 관리

1. 공문서 관리 등 행정업무의 처리 | 2. 공문서의 작성 및 관리 | 3. 공문서의 시행

4. 문서의 접수 · 처리 | 5. 업무관리시스템의 구축 · 운영 | 6. 업무관리시스템을 활용한 문서 관리

11 Chapter 공문서 작성 및 관리

개요

교사는 수업 이외에 다양한 업무를 담당하고 있다. 학교에서 교사의 업무는 크게 나누어 학생을 가르치는 교수업무와 교무실에서 주로 이루어지는 행정업무로 볼 수 있다. 11장에서는 교사가 담당하는 행정업무 중 공문서 작성 및 관리를 행정업무의효율적인운영에관한규정(대통령령 제25186호, 2014.2.18. 일부개정)과 행정업무의효율적운영에관한규정시행규칙(행정안전부령 제60호, 2014.2.18. 일부개정)에 근거하여 공문서 관리 등 행정업무 처리, 공문서의 작성 및 관리, 공문서의 시행, 문서의 접수 · 처리, 업무관리 시스템의 구축 · 운영에 의한 공문서 처리 등을 자세히 설명함으로써 예비교사 및 현직교사가 공문서 처리에 활용할 수 있는 자료를 제공하고자 한다.

1. 공문서 관리 등 행정업무의 처리

1) 공문서의 개념

문서란 사전적 정의로 “글이나 기호 따위로 일정한 의사나 관념 또는 사상을 나타낸 것”을 뜻한다. 문서는 일반적으로 사람의 의사나 사물의 형태 · 관계 등을 문자 · 기호 · 숫자 등을 활용하여 종이 등 매체에 기록 · 표기한 것을 말하는데, 행정기관의 의사도 문서의 형태로 표시된다. 행정상 공문서라 함은 행정기관 또는 공무원이 직무상 작성하고 처리한 문서 및 행정기관이 접수한 문서를 말한다.

공문서는 대통령령으로 정한 공문서의 작성 및 처리에 관한 제반 사항을 규정한 행정업무의효율적운영에관한규정(대통령령 제25186호) 및 행정업무의효율적운영에관한규정시행규칙(안전행정부령 제60호)에 의해 관리되고 처리된다.

행정업무의효율적운영에관한규정 제3조 제1호에 "공문서란 행정기관에서 공무상 작성하거나 시행하는 문서(도면 · 사진 · 디스크 · 테이프 · 필름 · 슬라이드 · 전자문서 등의 특수매체기록을 포함한다)와 행정기관이 접수한 모든 문서를 말한다."라고 규정하고 있으며, 전자문서에 대해서는 제3조, 제2호에서 "컴퓨터 등 정보처리 능력을 가진 장치에 의하여 전자적인 형태로 작성되거나, 송신 · 수신 또는 저장된 문서"로 규정하고 있다. 한편 민원사무처리에관한법률시행령 제25조 제1항에는 행정기관의 장이 ① 출력매수의 제한조치, ② 위 · 변조방지조치, ③ 출력한 문서의 진위확인조치 등을 취하여 민원인에게 통지한 전자문서를 민원인이 출력한 경우 이를 행정업무의효율적운영에관한규정 제3조 제1호에 따른 공문서로 인정하고 있다.

2) 공문서의 종류

공문서는 유통대상, 처리단계, 문서의 성질에 따라 구분할 수 있다. 유통대상에 의한 문서로는 대내문서, 대외문서로 구분된다.

(1) 대내문서는 당해 기관 내부에서 유통되거나 보조기관 또는 보좌기관 상호 간 협조를 하거나 보고통지를 위하여 수신 · 발신하는 문서로 지시 · 명령 또는 협조를 하거나 보고 또는 통지를 위하여 수발하는 문서를 말한다.

(2) 대외문서는 해당 기관이외에 다른 행정기관(소속기관포함)이나 국민, 단체 등에 발신 · 수신하는 문서를 말한다.

행정업무의효율적운영에관한규정에서의 공문서의 종류는 법규문서, 지시문서, 공고문서, 비치문서, 민원문서, 일반문서로 구분된다.

(1) 법규문서: 헌법 · 법률 · 대통령령 · 총리령 · 부령 · 조례 · 규칙 등에 관한 문서

(2) 지시문서: 훈령 · 지시 · 예규 · 일일명령 등 행정기관이 그 하급기관이나 소속 공무원에 대하여 일정한 사항을 지시하는 문서

(3) 공고문서: 고시 · 공고 등 행정기관이 일정한 사항을 일반인에게 알리는 문서

(4) 비치문서: 행정기관이 일정한 사항을 기록하여 행정기관 내부에 비치하면서 업무에 활용하는 대장 · 카드 등의 문서

(5) 민원문서: 민원인이 행정기관에 허가, 인가, 그 밖의 처분 등 특정한 행위를 요구하는 문서와 그에 대한 처리 문서

(6) 일반문서: 제①호부터 제⑤호까지의 문서에 속하지 아니하는 모든 문서

3) 공문서의 전자적 처리(행정업무의효율적운영에관한규정 제5조)

행정기관의 장(법령에 따라 행정권한을 위임받거나 위탁받은 자를 포함한다. 이하 같다)은 문서의 기안 · 검토 · 협조 · 결재 · 등록 · 시행 · 분류 · 편철 · 보관 · 보존 · 이관 · 접수 · 배부 · 공람 · 검색 · 활용 등 처리절차를 전자문서시스템 또는 업무관리시스템상에서 전자적으로 처리하도록 하여야 한다.

4) 공문서의 성립 및 효력 발생(행정업무의효율적운영에관한규정 제6조)

(1) 문서는 결재권자가 해당 문서에 서명(전자이미지서명, 전자문서서명 및 행정전자서명을 포함한다. 이하 같다)의 방식으로 결재함으로써 성립한다.

(2) 문서는 수신자에게 도달(전자문서의 경우는 수신자가 관리하거나 지정한 전자적 시스템 등에 입력되는 것을 말한다)됨으로써 효력을 발생한다.

⑶ 제2항에도 불구하고 공고문서는 그 문서에서 효력발생 시기를 구체적으로 밝히고 있지 않으면 그 고시 또는 공고 등이 있은 날부터 5일이 경과한 때에 효력이 발생한다.

2. 공문서의 작성 및 관리

1) 공문서 작성의 일반원칙(행정업무의효율적운영에관한규정 제7조, 동규정 시행규칙 제2조)

⑴ 문서는 국어기본법 제3조 제3호에 따른 어문규범에 맞게 한글로 작성하되, 뜻을 정확하게 전달하기 위하여 필요한 경우에는 괄호 안에 한자나 그 밖의 외국어를 함께 적을 수 있으며, 특별한 사유가 없으면 가로로 쓴다.

⑵ 문서의 내용은 간결하고 명확하게 표현하고 일반화되지 않은 약어와 전문용어 등의 사용을 피하여 이해하기 쉽게 작성하여야 한다.

⑶ 문서에는 음성정보나 영상정보 등이 수록되거나 연계된 바코드 등을 표기할 수 있다.

⑷ 문서에 쓰는 숫자는 특별한 사유가 없으면 아라비아 숫자를 쓴다.

⑸ 문서에 쓰는 날짜는 숫자로 표기하되, 연 · 월 · 일의 글자는 생략하고 그 자리에 온점을 찍어 표시하며, 시 · 분은 24시각 제에 따라 숫자로 표기하되, 시 · 분의 글자는 생략하고 그 사이에 쌍점을 찍어 구분한다. 다만, 특별한 사유가 있으면 다른 방법으로 표시할 수 있다.

⑹ 문서 작성에 사용하는 용지는 특별한 사유가 없으면 가로 210밀리미터, 세로 297밀리미터의 직사각형 용지로 한다.

⑺ 공문서(이하 "문서"라 한다)의 내용을 둘 이상의 항목으로 구분할 필요가 있으

면 그 항목으르 순서(항목 구분이 숫자인 경우에는 오름차순, 한글인 경우에는 가나다순을 말한다)대로 표시하되, 상위 항목부터 하위 항목까지 1., 가., 1), 가), (1), (가), ①, ㉮의 형태로 표시한다. 다만, 필요한 경우에는 ㅁ, ㅇ, -, · 등과 같은 특수한 기호로 표시할 수 있다.

구분	항목부호
첫째 항목	1., 2., 3., 4., ·······
둘째 항목	가., 나., 다., 라., ······· 하., 거., 너., ·······
셋째 항목	1), 2), 3), 4) ·······
넷째 항목	가), 나), 다), 라) ······· 하), 거), 너) ···
다섯째 항목	(1), (2), (3), (4) ·······
여섯째 항목	(가), (나), (다), (라) ······· (하), (거), (너) ···
일곱째 항목	①, ②, ③, ④ ·······
여덟째 항목	㉮, ㉯, ㉰, ㉱, ······· ㉻ ·······

(8) 문서에 금액을 표시할 때에는 행정업무의효율적운영에관한규정(이하 "영"이라 한다) 제7조 제4항에 따라 아라비아 숫자로 쓰되, 숫자 다음에 괄호를 하고 다음과 같이 한글로 적어야 한다.

(예시) 금113,560원(금일십일만삼천오백육십원)

2) 공문서의 기안 및 기안문의 구성(행정업무의효율적운영에관한규정 제8조, 동규정시행규칙 제3조, 제5조, 제6조)

(1) 공문서의 기안

① 문서의 기안은 전자문서로 하는 것을 원칙으로 한다. 다만, 업무의 성질상 전자문서로 기안하기 곤란하거나 그 밖의 특별한 사정이 있으면 그러하지 아니

한다.

② 문서의 기안은 안전행정부령으로 정하는 별지 제1호 서식이나 별지 제2호 서식의 기안문으로 하여야 한다. 다만, 관계 서식이 따로 있는 경우에는 그 내용을 관계 서식에 기입하는 방법으로 할 수 있다.〈개정 2013.3.23〉

③ 제2항에도 불구하고, 대통령 또는 국무총리의 결재를 받아야 하는 문서의 기안은 별지 제3호 서식이나 별지 제4호 서식에 따른 기안문으로 하되, 특별한 결재 절차에 사용하는 기안문은 따로 정하여 사용할 수 있다. 제2항과 제3항에 따른 별지 제2호 서식과 별지 제4호 서식은 보고서, 계획서, 검토서 등 발신할 필요가 없는 내부결재문서에만 사용한다.

④ 둘 이상의 행정기관의 장의 결재가 필요한 문서는 그 문서 처리를 주관하는 행정기관의 장의 결재를 받은 후 관계 행정기관의 장의 결재를 받아 공동명의로 시행하여야 한다. 이 경우 발신 명의에는 문서 처리를 주관하는 행정기관의 장의 명의를 맨 위에 표시하며, 관계 행정기관의 장의 명의는 바로 밑에 표시하고, 관계 행정기관의 장이 둘 이상인 경우로서 동일 직급인 경우에는 정부조직법에 따른 부 · 처 · 청의 순위대로 표시하고, 동일 직급이 아닌 경우에는 상위 직급의 행정기관의 장의 명의부터 표시한다.

⑤ 기안문에는 발의자와 보고자의 직위나 직급의 앞 또는 위에 발의자는 ★표시를, 보고자는 ⊙표시를 한다. 다만, 각 호의 문서에는 발의자와 보고자의 표시를 생략할 수 있다.〈개정 2013.3.23.〉

1. 검토나 결정이 필요하지 아니한 문서
2. 각종 증명 발급, 회의록, 그 밖의 단순 사실을 기록한 문서
3. 일상적 · 반복적인 업무로서 경미한 사항에 관한 문서

⑥ 기안하려는 여러 문서의 내용이 서로 관련성이 있는 경우에는 각 문서의 내용을 하나의 기안으로 일괄하여 기안할 수 있다. 이 경우 특별한 사유가 없으면 각각 다른 생산등록번호를 사용하여 같은 날짜로 시행하여야 한다.

⑦ 기안문에 첨부되는 계산서 · 통계표 · 도표 등 작성상의 책임을 밝힐 필요가 있다고 인정되는 첨부물에는 작성자를 표시하여야 한다.

⑧ 기안자, 검토자 또는 협조자는 기안문의 해당란에 직위나 직급을 표시하고 서명하되, 검토자나 협조자가 영 제9조 제3항 또는 제4항에 따라 다른 의견을 표시하는 경우에는 직위나 직급 다음에 "(의견 있음)"이라고 표시하여야 한다.

⑨ 총괄책임자(처리과의 업무분장 상 여러 개의 단위업무를 총괄하는 책임자를 말한다. 이하 같다)는 총괄책임자가 총괄하는 단위업무를 분담하는 사람이 기안한 경우 그 기안문을 검토하고 검토자란에 서명을 하되, 다른 의견이 있으면 직위나 직급 다음에 "(의견 있음)"이라고 표시하고 기안문 또는 별지에 그 의견을 표시할 수 있다. 다만, 총괄책임자가 출장 등의 사유로 검토할 수 없는 등 부득이한 경우에는 검토를 생략할 수 있으며 서명란에 출장 등 검토할 수 없는 사유를 적어야 한다.

(2) 기안문의 구성(행정업무의효율적운영에관한규정시행규칙 제4조)

① 제3조 제1항에 따라 기안문을 별지 제1호 서식으로 작성하는 경우 기안문은 두문, 본문, 및 결문으로 구성한다.

② 제1항에 따른 두문(이하 "두문"이라 한다)은 행정기관명과 수신 란으로 구성하되, 다음 각 호의 구분에 따라 표시한다. 이 경우 두문의 여백에는 행정기관의 로고 · 상징 · 마크 · 홍보문구 또는 바코드 등을 표시할 수 있다.

1. 행정기관명에는 그 문서를 기안한 부서가 속하는 행정기관명을 표시하되, 다른 행정기관명과 동일한 경우에는 바로 위 상급기관명을 함께 표시할 수 있다.
2. 수신 란에는 다음 각 목과 같이 표시한다.

   가. 수신자가 없는 내부결재문서인 경우에는 "내부결재"로 표시한다.

나. 수신자가 있는 경우에는 수신자명을 표시하고, 그 다음에 이어서 괄호 안에 업무를 처리할 보조기관이나 보좌기관을 표시하되, 보조기관이나 보좌기관이 분명하지 아니한 경우에는 ○○업무담당과장 등으로 쓸 수 있다. 다만, 수신자가 여럿인 경우에는 두문의 수신 란에 "수신자 참조"라고 표시하고 제1항에 따른 결문(이하 "결문"이라 한다)의 발신 명의 다음 줄에 수신자란을 따로 설치하여 수신자명을 표시할 수 있다.

③ 제1항에 따른 본문(이하 "본문"이라 한다)은 제목, 내용 및 붙임(문서에 다른 서식 등이 첨부되는 경우에만 해당한다)으로 구성한다.

④ 문서에 다른 서식 등이 첨부되는 경우에는 본문의 내용이 끝난 줄 다음에 "붙임" 표시를 하고 첨부물의 명칭과 수량을 적되, 첨부물이 두 가지 이상인 경우에는 제2조 제1항에 따라 항목을 구분하여 표시하여야 한다.

⑤ 본문의 마지막에는 다음과 같이 "끝" 표시 등을 한다.

1. 본문의 내용(본문의 붙임이 있는 경우에는 붙임을 말한다)의 마지막 글자에서 한 글자 띄우고 "끝" 표시를 한다. 다만, 본문의 내용이나 붙임에 적은 사항이 오른쪽 한계선에 닿은 경우에는 다음 줄의 왼쪽 한계선에서 한 글자 띄우고 "끝" 표시를 한다.
2. 제1호에도 불구하고, 본문의 내용이 표 형식으로 끝나는 경우에는 표의 마지막 칸까지 작성되면 표 아래 왼쪽 한계선에서 한 글자를 띄운 후 "끝" 표시를 하고, 표의 중간까지만 작성된 경우에는 "끝" 표시를 하지 않고 마지막으로 작성된 칸의 다음 칸에 "이하 빈칸"으로 표시한다.

⑥ 결문은 다음 각 호의 사항으로 구성한다.

1. 발신 명의
2. 기안자 · 검토자 · 협조자 · 결재권자의 직위나 직급(각급 행정기관이 6급 이하 공문원이 직급을 대신하여 대외적으로 사용할 수 있도록 정한 대외직명을 포함

한다. 이하 제6조에서 같다) 및 서명(전자이미지서명과 전자문자서명을 포함한다. 이하 같다.)

3. 공공기록물 관리에관한법률시행령 제20조에 따른 생산등록번호(이하 "생산등록번호"라 한다) 및 접수등록번호(이하 "접수등록번호"라 한다), 시행일 및 접수일
4. 행정기관의 우편번호 · 주소 · 홈페이지주소 · 전화번호 · 팩스번호, 공무원의 전자우편주소와 공개 구분

3) 문서의 검토 및 협조(행정업무의효율적운영에관한규정 제9조)

(1) 기안문은 결재권자의 결재를 받기 전에 보조기관 또는 보좌기관의 검토를 받아야 한다. 다만, 보조기관 또는 보좌기관이 출장 등의 사유로 검토할 수 없는 등 부득이한 경우에는 검토를 생략할 수 있으며, 이 경우 검토자의 서명란에 출장 등의 사유를 적어 야 한다.

(2) 기안문의 내용이 행정기관 내의 다른 보조기관 또는 보좌기관의 업무와 관련이 있을 때에는 그 보조기관 또는 보좌기관의 협조를 받아야 한다.

(3) 보조기관 또는 보좌기관이 제1항에 따라 기안문을 검토하는 경우에 그 내용과 다른 의견이 있으면 기안문을 직접 수정하거나 기안문 또는 별지에 그 의견을 표시하여야 한다.

(4) 보조기관 또는 보좌기관이 제2항에 따라 협조하는 경우에 그 내용과 다른 의견이 있으면 기안문 또는 별지에 그 의견을 표시하여야 한다.

4) 공문서의 결재(행정업무의효율적운영에관한규정 제10조, 동규정시행규칙 제7조)

문서는 해당 기관의 장의 결재를 받아야 한다. 가만, 보조기관 또는 보좌기관의 명의로 발신하는 문서는 그 보조기관 또는 보좌기관의 결재를 받아야 한다(동규정 제1항).

결재란 당해 사안에 대하여 기관의 의사를 결정할 권한이 있는 자가 그 의사를 결정하는 행위로 ① 좁은 의미의 결재, ② 전결, ③ 대결이 있다.

(1) 결재(좁은 의미)는 법령의 규정에 의하여 소관 사항에 대한 기관의 의사를 결정할 권한을 가진 자(주로 행정기관의 장)가 직접 그 의사를 결정하는 행위를 말한다.

(2) 전결이라 함은 행정기관의 장으로부터 사무의 내용에 따라 결재권을 위임받은 자가 행하는 결재를 말하며 행정기관의 장은 업무의 내용에 따라 보조기관 또는 보좌기관이나 해당 업무를 담당하는 공무원으로 하여금 위임전결하게 할 수 있으며, 그 위임전결 사항은 해당 기관의 장이 훈령이나 지방자치단체의 규칙으로 정한다.

(3) 대결이라 함은 결재권자가 휴가 · 출장 기타의 사유로 결재할 수 없을 때에는 그 직무를 대리하는 자가 행하는 결재를 말한다. 결재할 수 있는 사람이 휴가, 출장, 그 밖의 사유로 결재할 수 없을 때에는 그 직무를 대리하는 사람이 대결하고 내용이 중요한 문서는 사후에 보고하여야 한다(동규정 제3항).

(4) 문서의 전결 및 대결 표시

① 결재권자의 서명란에는 서명날짜를 함께 표시한다.

② 위임 전결하는 경우에는 전결하는 사람의 서명 란에 "전결" 표시를 한 후 서명하여야 한다.

③ 대결(代決)하는 경우에는 대결하는 사람의 서명 란에 "대결" 표시를 한 후

서명하되, 위임전결사항을 대결하는 경우에는 전결하는 사람의 서명 란에 "전결" 표시를 한 후 대결하는 사람의 서명 란에 "대결" 표시를 하고 서명하여야 한다.

④ 제2항과 제3항의 경우에는 서명 또는 "전결" 표시를 하지 아니하는 사람의 서명란은 만들지 아니한다.

5) 공문서의 등록(행정업무의효율적운영에관한규정 제11조, 동규정시행규칙 제8조)

행정기관은 문서를 생산(제6조 제1항에 따라 문서가 성립된 경우를 말한다. 이하 같다)하였을 때에는 지체 없이 공공기록물관리에관한법률시행령 제20조에 따라 생산등록번호(이하 "생산등록번호"라 한다)를 부여하고 등록하여야 한다.

(1) 법규문서에는 연도 구분과 관계없이 누적되어 연속되는 일련번호(이하 "누년 일련번호"라 한다)를 부여한다.

(2) 지시문서 중 훈령 및 예규에는 누년 일련번호를 부여하고, 일일명령에는 연도별로 구분하여 매년 새로 시작되는 일련번호로서 연도 표시가 없는 번호(이하 "연도별 일련번호"라 한다)를 부여하며, 지시에는 연도 표시와 연도별 일련번호를 붙임표(–)로 이은 번호(이하 "연도 표시 일련번호"라 한다)를 부여한다.

(3) 공고문서에는 연도 표시 일련번호를 부여한다.

3. 공문서의 시행

결재 받은 문서는 시행문을 작성하여 관인 날인 또는 서명 후 직접 처리하여야 할 행정기관에 발신한다.

1) 시행문의 작성(행정업무의효율적운영에관한규정 제12조, 동규정시행규칙 제9조)

(1) 결재를 받은 문서 가운데 발신하여야 하는 문서는 별지 제1호 서식에 기안문의 구성(동규정시행규칙 제4조)에 다라 작성하여 발신한다.

(2) 시행문의 수신자가 여럿인 경우 그 수신자 전체를 함께 표시하여 시행문을 작성 · 시행할 수 있다. 다만, 수신자의 개인정보 보호 등을 위하여 필요할 때에는 수신자별로 작성 · 시행하여야 한다.

(3) 행정기관의 장이 소속공무원 또는 소속기관에 발신하는 시행문이나 보조기관 및 보좌기관 상호간에 발신하는 시행문 중에서 다음 각 호의 어느 하나에 해당하는 시행문은 업무관리 시스템 또는 전자문서시스템의 전자게시판이나 행정기관의 홈페이지 등에 게시된 때에 시행된 것으로 본다.

① 단순한 업무에 관한 지시

② 자료요구, 업무연락, 통보, 공지사항, 일일명령 등

2) 발신 명의(행정업무의효율적운영에관한규정 제3조, 동규정시행규칙 제10조)

(1) 문서의 발신 명의는 행정기관의 장으로 한다. 다만, 합의제기관의 권한에 속하는 문서의 발신 명의는 그 합의제기관으로 한다.

(2) 제1항에도 불구하고 행정기관 내의 보조기관 또는 보좌기관 상호간에 발신하는 문서는 해당 보조기관 또는 보좌기관의 명의로 한다.

(3) 발신할 필요가 없는 내부결재문서는 발신 명의를 표시하지 아니한다.

(4) 행정기관의 장의 권한을 대행하거나 직무를 대리하는 사람이 발신 명의와 함께 본인의 성명을 적는 경우에는 다음 예시와 같이 “권한대행” 또는 “직무대

리"의 표시를 하고 그 직위를 적어야 한다.

(예시)

ㅇㅇㅇ군수 권한대행 ㅇㅇㅇ

(또는 직무대리)

부　군　수

3) 관인 날인 또는 서명(행정업무의효율적운영에관한규정 제14조, 동규정시행규칙 제11조)

(1) 행정기관의 장 또는 합의제기관의 명의로 발신하는 문서의 발신 명의에는 관인(전자이미지관인을 포함한다. 이하 이 조에서 같다)을 찍는다. 관인을 찍는 경우에는 발신 명의 표시의 마지막 글자가 인영의 가운데에 오도록 한다. 다만, 등본 · 초본 등 민원서류를 발급할 때 사용하는 직인은 발신 명의 표시의 오른쪽에 찍을 수 있다. 행정기관의 장의 명의로 발신하는 문서의 발신 명의에는 행정기관의 장이 관인의 날인(捺印)을 갈음하여 서명(전자문자서명과 행정전자서명은 제외한다)을 할 수도 있다.

(2) 행정기관 내의 보조기관 또는 보좌기관 상호 간에 발신하는 문서의 발신 명의에는 보조기관 또는 보좌기관이 서명을 한다. 서명하는 경우에는 발신 명의 표시의 마지막 글자 위에 서명하여야 한다.

(3) 보조기관이나 보좌기관의 직무를 대리하는 사람이 보조기관이나 보좌기관의 발신 명의에 서명을 하는 경우에는 서명 앞에 "직무대리" 표시를 하여야 한다.

(4) 일일명령 등 단순 업무처리에 관한 지시문서와 행정기관 간의 단순한 자료요구, 업무연락, 통보 등을 위한 문서에는 발신 명의 표시의 오른쪽에 관인생략이나 서명생략(보조기관 또는 보좌기관 상호간에 발신하는 문서만 해당한다) 표시를 하고 관인날인 또는 서명을 생략할 수 있다.

(5) 처리과의 장은 관인의 인영을 인쇄하여 사용하려면 미리 관인을 관리하는 부서의 장과 협의하고 해당 행정기관의 장의 승인을 받아야 한다.

(6) 처리과의 장은 관인의 인영을 인쇄하여 사용하는 경우에는 다른 법령에 특별한 규정이 없으면 별지 제5호 서식의 관인인쇄용지 관리대장을 갖추어 두고 관인의 인영을 인쇄하여 사용한 내용을 기록하고 유지하여야 한다.

(7) 관보나 신문 등에 실리는 문서에는 관인을 찍거나 서명하지 아니하며, 경미한 내용의 문서에는 안전행정부령으로 정하는 바에 따라 관인 날인 또는 서명을 생략할 수 있다.

(8) 관인을 찍어야 할 문서로서 다수의 수신자에게 동시에 발신 또는 교부하거나 알리는 문서에는 관인의 날인을 갈음하여 관인의 인영을 인쇄하여 사용할 수 있다. 이 경우 실제 규격대로 인쇄하기 어려운 경우에는 관인의 실제 규격보다 축소하여 인쇄할 수 있다.

4) 문서의 발신(행정업무의효율적운영에관한규정 제15조, 동규정시행규칙 제12조)

(1) 문서는 직접 처리하여야 할 행정기관에 발신한다. 다만, 필요한 경우에는 행정조직상의 계통에 따라 발신한다.

(2) 하급기관이 바로 위 상급기관 외의 상급기관(바로 위 상급기관에 대한 지휘 · 감독권을 가지는 상급기관을 말한다)에 발신하는 문서 중에는 필요하다고 인정되는 문서는 그 바로 위 상급기관을 거쳐 발신하여야 한다.

(3) 상급기관이 바로 아래 하급기관 외의 하급기관(바로 아래 하급기관의 지휘 · 감독을 받는 하급기관을 말한다)에 발신하는 문서 중에서 필요하다고 인정되는 문서는 그 바로 아래 하급기관을 거쳐서 발신하여야 한다.

(4) 다음 각 호의 어느 하나에 해당하는 경우에는 해당 문서를 생산한 처리과의

장의 승인을 받아 이미 발신한 문서의 수신자를 변경하거나 추가하여 다시 발신할 수 있다.

① 결재권자나 해당 문서를 생산한 처리과의 장의 지시가 있는 경우

② 수신자의 명칭이 변경된 경우

③ 착오로 인하여 수신자를 누락하였거나 잘못 지정한 경우

④ 해당 업무와 관련된 기관의 요청이 있는 경우

(5) 문서는 처리과에서 발신하되, 관인을 찍는 문서인 경우로서 전자문서인 경우에는 처리과의 기안자나 문서의 수인 · 발신업무를 담당하는 사람이 전자이미지관인을 찍고, 종이문서인 경우에는 관인을 관리하는 사람이 관인을 찍는다.

(6) 수신자의 변경이나 추가를 승인한 처리과의 장은 승인 날짜를 업무관리시스템 또는 전자문서시스템으로 관리하여야 한다. 다만, 종이문서인 경우에는 기안문의 결재권자 서명란 오른쪽 여백에 서명을 하고 승인날짜를 적는 방법으로 표시하여야 한다.

5) 문서의 발신방법 등(행정업무의효율적운영에관한규정 제16조, 동규정시행규칙 제13조)

(1) 문서는 정보통신망을 이용하여 발신하는 것을 원칙으로 한다.

(2) 업무의 성질상 발신방법이 적절하지 아니하거나 그 밖의 특별한 사정이 있으면 우편 · 팩스 등의 방법으로 문서를 발신할 수 있으며, 내용이 중요한 문서는 등기우편이나 그 밖에 발신 사실을 증명할 수 있는 특수한 방법으로 발신하여야 한다.

(3) 행정기관이 아닌 자에게는 행정기관의 홈페이지나 행정기관이 공무원에게 부여한 전자우편주소를 이용하여 문서를 발신할 수 있다.

(4) 행정기관의 장은 문서를 수신 · 발신하는 경우에 문서의 보안 유지와 위조, 변조, 분실, 훼손 및 도난 방지를 위한 적절한 조치를 마련하여야 한다.

(5) 결재권자는 비밀사항이거나 누설되면 국가안전보장, 질서유지, 경제안정, 그 밖의 국가이익을 해칠 우려가 있는 내용의 문서를 결재할 때에는 그 문서 내용의 암호화 등 보안 유지가 가능한 발신방법을 지정하여야 한다.

(6) 업무관리시스템 또는 전자문서시스템 등을 이용하여 정보통신망으로 문서를 발신하거나 수신하였을 때에는 그 발신 또는 수신 기록을 전자적으로 관리하여야 한다.

(7) 우편 · 팩스 등의 방법으로 문서를 발신한 때에는 그 발신기록을 증명할 수 있는 관계 서류 등을 기안문과 함께 보존하여야 한다.

(8) 결재권자가 암호화 등의 발신방법을 지정한 경우에는 문서 본문의 마지막에 "암호" 등으로 발신할 방법을 표시하여야 한다.

(9) 비밀로 분류된 문서는 수신자의 응답이 있는 경우에만 발신하여야 하며, 문서의 제목 다음이나 본문의 "끝" 표시 또는 "이하 빈칸" 표시 다음에 따옴표("")를 하고 그 안에 비밀등급을 표시하여 발신하여야 한다.

4. 문서의 접수 · 처리

1) 문서의 접수(행정업무의효율적운영에관한규정 제18조, 동규정시행규칙 제15조)

(1) 문서는 처리과에서 접수하여야 하며, 접수한 문서에는 접수일시와 접수등록번호(이하 "접수등록번호"라 한다)를 전자적으로 표시하되, 종이문서인 경우에는 접수인을 찍고 접수일시와 접수등록번호를 적는다. 접수인을 찍을 경우에

는 특별한 사유가 없으면 접수한 문서의 오른쪽 위 여백에 찍어야 한다.

(2) 제1항에도 불구하고 문서과에서 받은 문서는 문서과에서 접수일시를 전자적으로 표시하거나 적고 지체 없이 처리과에 배부하여야 한다. 이 경우 처리과는 배부 받은 문서에 접수등록번호를 표시하거나 적는다.

(3) 행정기관은 문서의 접수 및 배부 경로에 관한 정보를 임의로 수정 또는 삭제되지 아니하도록 관리하여야 한다.

(4) 처리과에서 문서 수신 · 발신 업무를 담당하는 사람은 접수한 문서를 처리담당자에게 인계하여야 하고, 처리담당자는 ① 결재권자로부터 처리지침을 받아야 할 필요가 있는 문서, ② 민원문서, ③ 행정기관이나 보조기관 또는 보좌기관 간의 업무협조에 관한 문서, ④ 접수된 문서를 처리하기 위하여 미리 검토할 필요가 있는 문서, ⑤ 그 밖에 공무원의 신상(身上), 교육 · 훈련 등과 관련하여 공무원이 알아야 할 필요가 있는 문서인 경우에는 공람할 자의 범위를 정하여 그 문서를 공람하게 할 수 있다. 이 경우 전자문서를 공람하였다는 기록이 업무관리시스템 또는 전자문서시스템 상에서 자동으로 표시되도록 하여야 한다.

(5) 공람을 하는 결재권자는 문서의 처리기한과 처리방법을 지시할 수 있으며, 필요하면 조직 관계 법령 또는 제60조에 따라 업무 분장된 담당자 외에 그 문서의 처리담당자를 따로 지정할 수 있다.

(6) 행정기관의 홈페이지나 행정기관이 부여한 공무원의 전자우편주소 등 정보통신망을 이용하여 행정기관이 아닌 자로부터 받은 문서는 제1항부터 제5항까지의 규정에 따라 처리한다. 이 경우 해당 문서에 대한 위조 · 변조 방지 조치 등으로 인하여 접수일시와 접수등록번호를 표시할 수 없으면 그 문서에 표시하지 아니할 수 있고 발신자의 주소와 성명 등이 불분명할 때에는 접수하지 아니할 수 있다.

(7) 둘 이상의 보조기관 또는 보좌기관과 관련 있는 문서의 경우에는 관련성이 가

장 높은 보조기관 또는 보좌기관이 처리과로서 문서를 접수한다.

(8) 문서를 접수한 처리과는 문서와 관련이 있는 다른 보조기관 또는 보좌기관에 접수한 문서의 내용을 통보하여야 한다.

(9) 경유문서를 접수한 기관은 해당 기관장의 명의로 다른 경유기관의 장이나 최종 수신자에게 경유문서를 첨부하여 발신하여야 한다. 이 경우 해당 기관의 의견이 있으면 그 의견을 시행문 본문에 표시하거나 첨부하여 보내야 한다.

(10) 당직근무자가 문서를 받았으면 다음 근무시간 시작 후 지체 없이 문서과에 인계하여야 한다.

(11) 감열(感熱)기록방식의 팩스로 보존기간이 3년 이상인 문서를 수신하였을 때에는 그 문서를 복사하여 접수하여야 한다. 이 경우 수신한 문서는 폐기한다.

2) 문서의 반송 및 재배부(행정업무의효율적운영에관한규정시행규칙 제16조)

(1) 행정기관의 장은 접수한 문서에 형식상의 흠이 있으면 그 문서의 생산등록번호, 시행일, 제목 및 반송사유를 구체적으로 밝혀 발신한 행정기관의 장에게 반송할 수 있다.

(2) 행정기관의 장은 접수한 문서가 다른 행정기관의 소관사항인 경우에는 그 문서를 지체 없이 소관 행정기관의 장에게 이송하여야 한다.

(3) 처리과에서 그 소관에 속하지 아니하는 문서를 접수한 경우에는 지체 없이 문서과로 보내야 하며, 문서과로부터 배부받은 문서의 경우에는 재배부 요청을 하여야 한다. 이 경우 문서과는 그 문서를 즉시 소관 처리과로 재배부하여야 한다.

5. 업무관리시스템의 구축 · 운영

1) 업무관리시스템(행정업무의효율적운영에관한규정 제21조)

⑴ 행정기관의 장은 업무처리의 모든 과정을 효율적으로 관리하기 위하여 업무관리시스템을 구축 · 운영하여야 한다.

⑵ 중앙행정기관, 지방자치단체 또는 지방교육행정기관의 장은 업무관리시스템을 구축 · 운영하는 경우 그 소속기관 등을 포함하여 구축 · 운영할 수 있다.

2) 업무관리 시스템의 구성 및 운영(행정업무의효율적운영에관한규정 제22조, 동규정시행규칙 제20조)

업무관리시스템에는 행정기관 업무의 기능별 단위 과제의 담당자 · 내용 · 추진 실적 등을 기록 · 관리하기 위한 카드(이하 "과제관리카드"라 한다)와 문서의 작성 · 검토 · 결재 · 등록 · 공개 · 공유 등 문서처리의 모든 과정을 기록 · 관리하는 카드(이하 "문서관리카드"라 한다) 등이 포함되어야 한다. 이 경우 문서관리카드는 다음 각 호의 사항을 포함하여야 한다. 〈개정 2014.2.18.〉

1. 기안 내용
2. 의사결정 과정에서 제기된 의견, 수정 내용과 지시 사항
3. 의사결정 내용

⑴ 과제관리카드에는 표제, 실적관리, 접수관리, 계획관리, 품질관리, 홍보 관리, 고객관리 부분과 그 밖에 필요한 사항이 포함되어야 한다.

⑵ 문서관리카드는 문서정보, 보고경로, 시행정보, 관리정보 부분과 그 밖의 필요한 사항이 포함되어야 한다.

3) 업무관리시스템에 의한 기안 및 시행(행정업무의효율적운영에관한규정 시행규칙 제21조)

(1) 문서의 기안은 별지 제6호 서식의 문서관리카드로 할 수 있다.

(2) 문서관리카드로 기안을 하는 경우에 검토자 · 협조자 및 결재권자는 "끝" 표시 등을 생략할 수 있고, 보고경로 부분의 의견 · 지시란에 의견을 표시할 수 있으며, "전결", "대결"의 표시를 생략할 수 있다.

6. 업무관리시스템을 활용한 문서 관리

교육부, 시 · 도교육청과 한국교육학술정보원(KERIS)이 공동으로 개발한 업무관리시스템을 활용하면 공문서 관련 업무를 전자방식으로 편리하게 처리할 수 있다.

현재 각급 학교에서 활용하고 있는 업무관리시스템의 "업무처리 〉 문서 관리"의 주요 내용인 문서 관리의 이해, 문서 기안, 문서 결재, 문서 발송, 문서 접수처리 등을 간략히 소개하고자 한다.

1) 문서 관리 이해하기

(1) 문서관리카드란

① 공문서를 작성하거나 보고, 협조 등을 처리하고 처리 과정에서 제기된 의견이나 관련자료, 의사 결정 내용 등을 모두 기록해서 관리하는 카드를 말한다.

② 업무담당자는 보고서나 각종 문서를 작성하기 위해서 업무관리시스템에서 문서관리카드(결재정보와 본문)를 작성한다.

(2) 문서처리의 절차

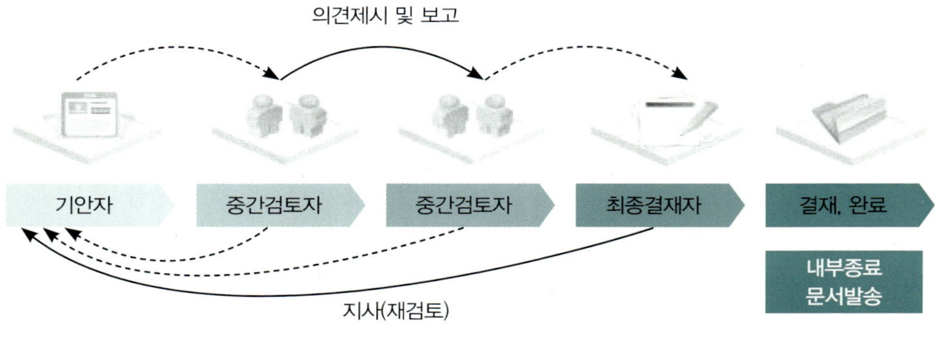

2) 문서 기안

공용서식, 샘플서식, 연계기안, 임시저장으로 나누어진 메뉴에서 기안자가 사용할 서식을 선택하여 문서를 기안할 수 있는 기능을 제공한다.

(1) 공용서식

- 사용자들이 공통적으로 쓸 수 있는 서식함(사용대상: 일반사용자)

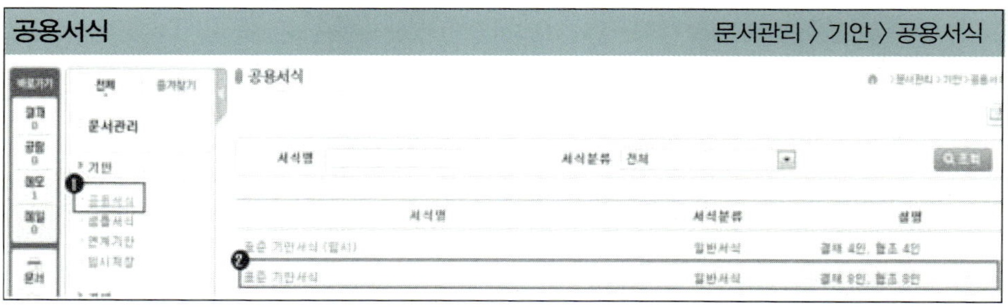

① 공용서식에서 사용하고자하는 서식 선택

② 서식을 클릭하면 해당 서식의 문서관리카드 기안 화면이 나타나고 결재정보, 본문을 입력할 수 있음.

(2) 문서관리카드 기안

- 문서 작성을 위한 문서정보 및 본문을 입력(사용 대상: 일반사용자)

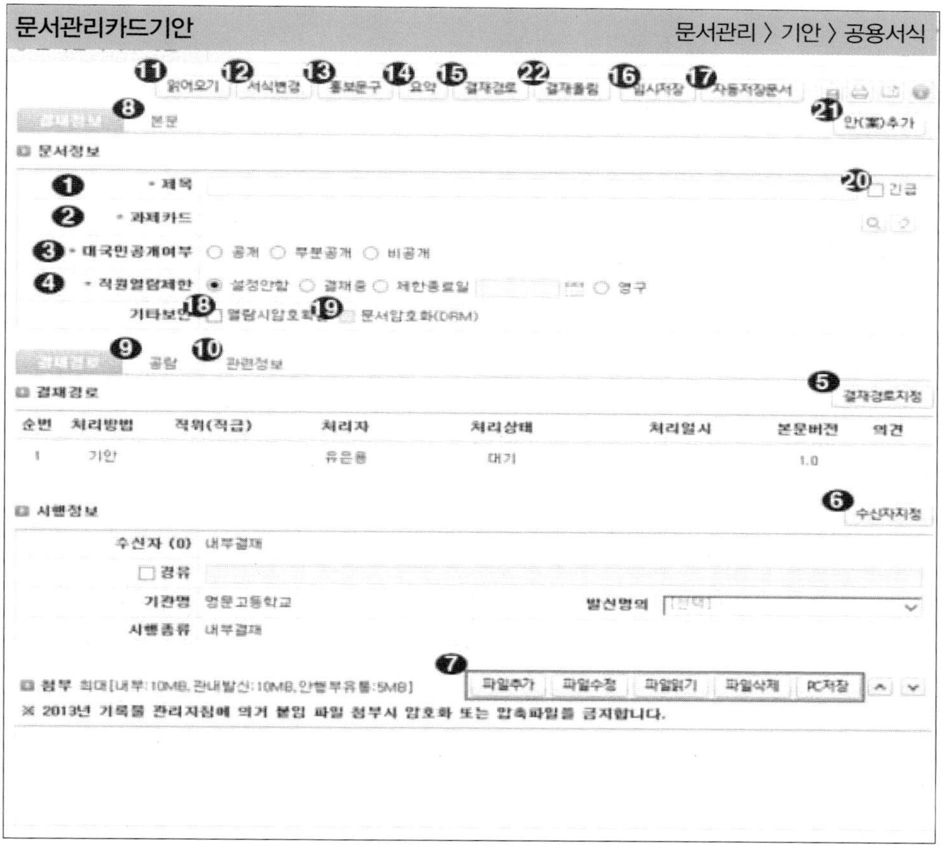

① 문서 제목을 입력

② 단위과제카드를 선택하기 위해 아이콘을 클릭하여 단위과제카드를 조회 · 선택하고 아이콘을 클릭하여 지움.

③ 공개제한부분을 선택하고 사유를 입력

④ 열람제한을 설정

⑤ '결재경로지정' 버튼을 클릭하여 문서의 결재경로를 지정

⑥ '수신자지정' 버튼을 클릭하여 문서의 수신자를 지정

⑦ '파일추가' 버튼을 클릭하면 첨부파일을 등록할 수 있도록 문서열기 화면이 나타나고 문서를 첨부할 수 있음.

⑧ '본문' 탭을 클릭하여 본문 입력

⑨ '공람' 탭을 클릭하여 기안 시 문서 공람자를 지정할 수 있음.

⑩ '관련정보' 탭을 클릭하여 작성중인 문서와 관련된 문서카드, 메모, 지시 등을 선택하여 정보를 지정함.

⑪ '읽어오기' 버튼을 클릭하여 PC에 저장된 업무관리시스템 결재문서(*.hwp)를 읽어와서 본문에 입력 할 수 있음.

⑫ '서식변경' 버튼을 클릭하여 작성중인 문서의 서식 변경

⑬ '홍보문구' 버튼을 클릭하여 본문에 기관(학교)의 홍보문구를 변경할 수 있음.

⑭ 기안문서에 대한 요약문을 작성하고자 할 때 '요약' 버튼을 클릭하여 요약문서 작성 화면이 나타나고 요약문서를 작성

⑮ '결재경로' 버튼을 클릭하여 결재경로를 지정(⑤번과 동일기능)

⑯ '임시저장' 버튼을 클릭하여 작성중인 문서를 임시저장 할 수 있음.

⑰ '자동저장문서' 버튼을 클릭하여 자동저장 된 문서를 불러올 수 있음.

⑱ '열람시암호확인'을 체크하여 중요 문서에 인증서 암호 확인을 할 수 있음.

⑲ '문서보안(DRM)'을 체크하여 문서 및 첨부파일에 DRM을 설정

⑳ '긴급'을 체크하여 긴급을 요구하는 문서 상태로 지정

㉑ '안(案)추가' 버튼을 클릭하여 다른 기안을 추가, 일괄기안 처리

㉒ '결재올림' 버튼을 클릭하여 문서 기안처리

3) 문서 결재

결재 메뉴에서는 본인에게 도착한 문서를 결재할 수 있으며, 권한과 문서의 처리 상태에 따라 재작성, 회수, 삭제, 공람 등의 업무를 수행할 수 있다.

(1) 결재대기 조회 (사용대상: 일반사용자)

- 메뉴이동: 문서관리 〉 결재 〉 결재대기

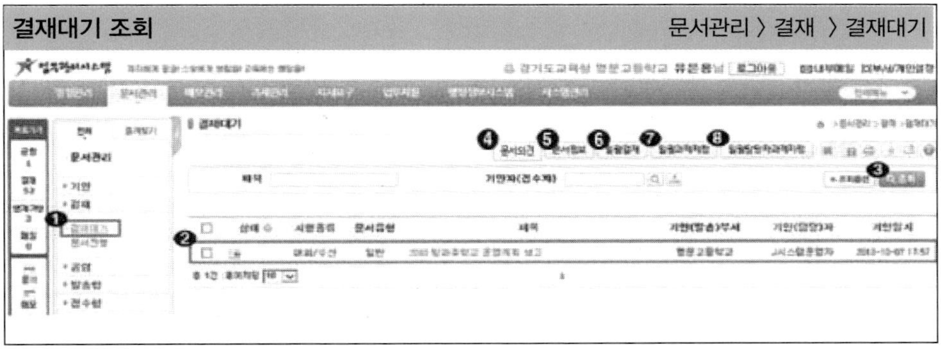

① 결재대기를 클릭하여 결재문서목록 확인

② 결재대기에서 조회된 문서제목을 클릭하여 해당 문서의 문서관리카드를 열고 결재할 수 있음.

③ 특정문서를 찾는 경우 조회옵션을 입력 후 '조회' 버튼을 클릭하여 검색

④ 의견이 작성된 문서의 의견을 일괄로 조회할 수 있음.

⑤ 결재대기 문서를 선택하고 '문서정보' 버튼을 클릭하면 문서의 세부정보 확인

⑥ 결재대기 문서를 선택하고 '일괄결재' 버튼을 클릭하면 선택된 문서가 일괄결재 처리

⑦ 결재대기 문서를 선택하고 '일괄과제지정' 버튼을 클릭하면 선택된 문서의 과제를 일괄로 지정

⑧ 결재대기 문서를 선택하고 '일괄담당자과제지정' 버튼을 클릭하면 선택된 문서의 담당자 및 과제를 일괄로 지정

4) 문서 발송(발송함)

발송함 메뉴에서는 기안자 및 처리과 담당자가 발송해야 할 문서, 발송한 문서를 확인하고 발송처리, 발송보류 등의 업무를 수행할 수 있다.

(1) 발송대기 조회

■ 발송처리 해야 할 문서들의 목록을 보여 줌(사용 대상: 일반사용자).

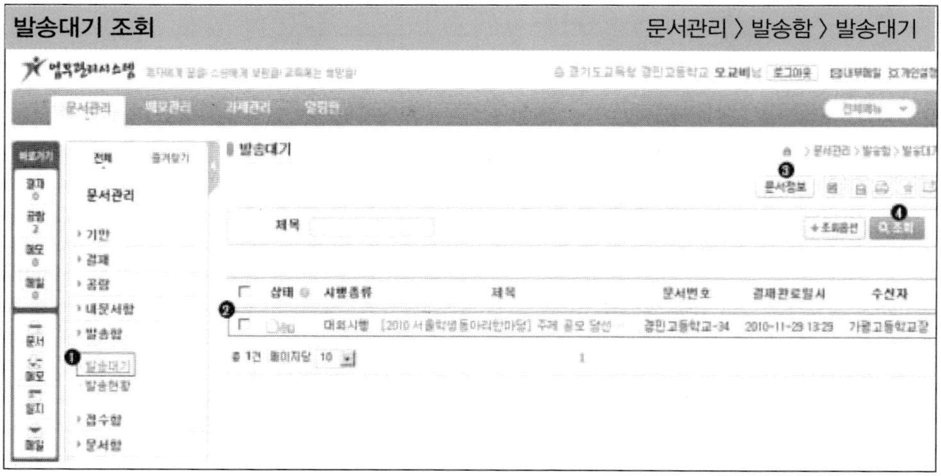

① 결재가 완료된 시행문은 기안자의 발송대기 또는 처리과 문서담당자의 발송처리로 도착. 발송처리는 '발송처리' 참고

② 발송대기에서 조회된 문서제목을 클릭하면 해당 문서의 내용 확인 및 발송처리를 할 수 있음.

③ 문서 선택 후 '문서정보' 버튼을 클릭하여 문서의 세부정보를 확인

④ 특정 문서를 찾는 경우 제목을 입력 후 '조회' 버튼을 클릭하여 검색

(2) 문서관리카드 발송

■ 문서를 발송처리하거나 발송보류 처리(사용 대상: 일반사용자, 처리과 문서담당자)

발송할 문서관리카드 확인 문서관리 〉 발송함 〉 발송대기

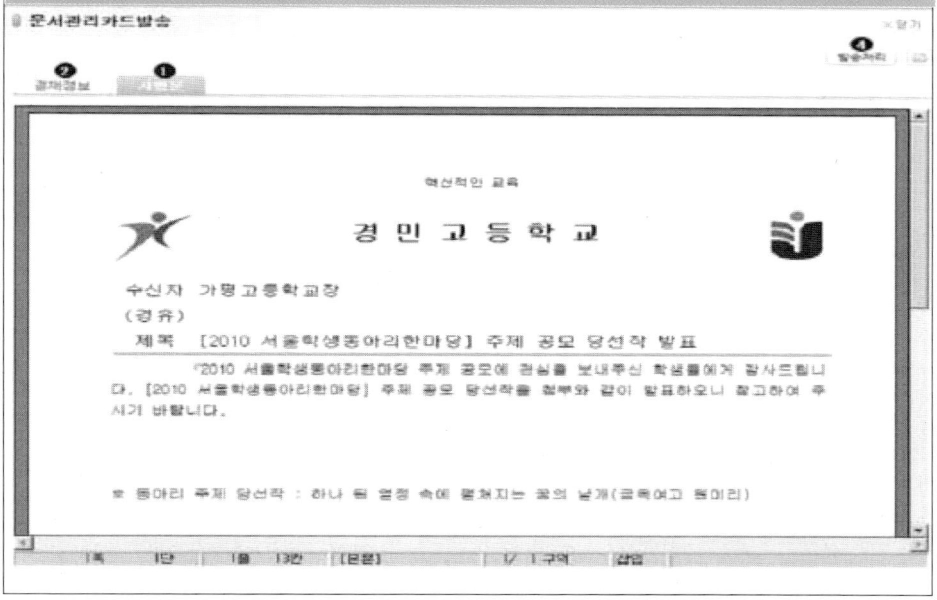

① 목록에서 제목 클릭 시 '시행문' 탭이 먼저 활성화되어 본문내용을 확인

② 결재정보 확인이 필요한 경우 '결재정보' 탭에서 확인

③ 첨부문서가 있는 경우 '읽기' 버튼을 이용하여 확인하거나 'PC저장' 버튼을 클릭하여 본인 PC에 저장

④ '발송처리' 버튼을 클릭하여 발송처리 또는 발송보류를 선택

5) 접수문서 처리(접수)

접수함 메뉴에서는 학교(기관) 및 부서에 도착한 문서를 확인할 수 있으며, 권한에 따라 접수 업무를 수행할 수 있다.

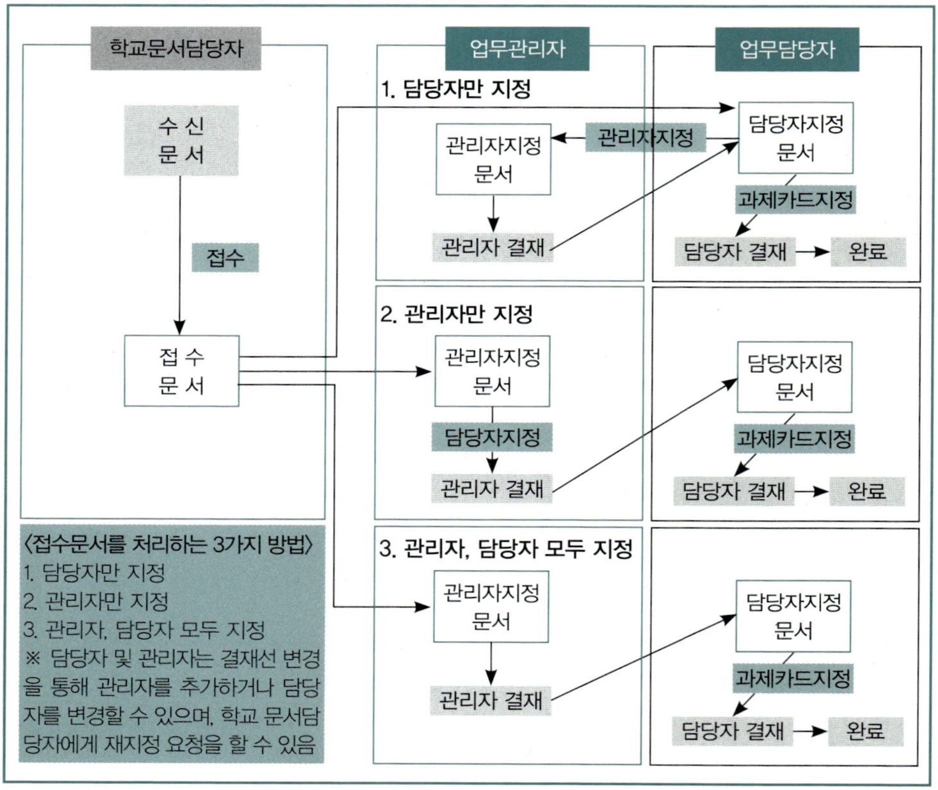

(1) 접수대기 조회

■ 처리과문서담당자 권한을 가진 사용자에게 메뉴가 나타남(사용 대상: 처리과 문서담당자).

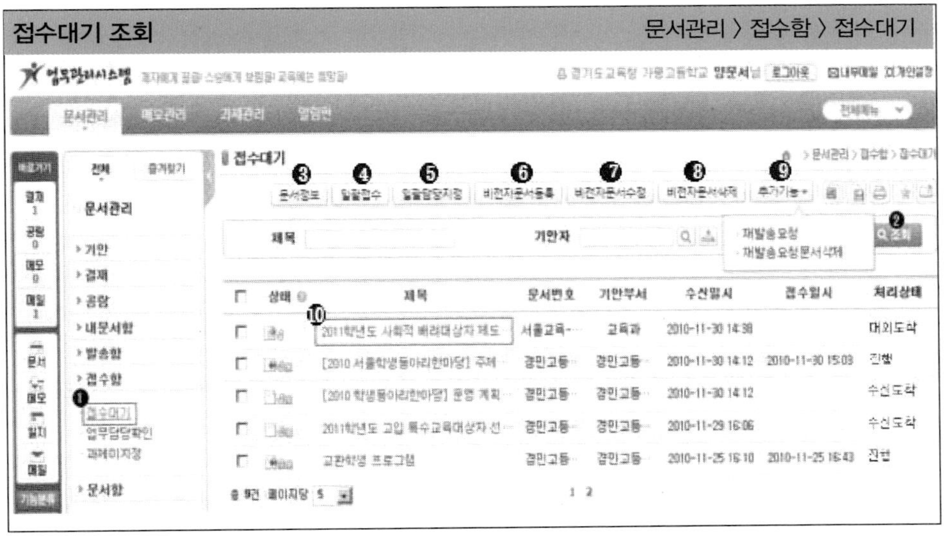

① 처리과에 도착한 문서는 처리과 문서담당자의 접수대기로 도착

② 특정 문서를 찾는 경우 제목이나 기안자를 입력 후 '조회' 버튼을 클릭하여 검색

③ 문서 선택 후 '문서정보' 버튼을 클릭하여 문서의 발송상태 정보를 확인

④ 처리상태가 '도착'인 문서를 2개 이상 선택 후 '일괄접수' 버튼을 클릭하여 목록에서 접수처리. 자세한 사용방법은 '접수처리'와 동일함.

⑤ 처리상태가 '접수'인 문서를 2개 이상 선택 후 '일괄접수' 버튼을 클릭하여 담당자를 일괄로 지정, 자세한 사용방법은 '결재경로지정'과 동일함.

⑥ 전자문서가 아닌 서면문서로 도착한 문서를 시스템에 등록해야 할 필요가 있는 경우 '비전자문서등록' 버튼을 클릭하여 등록

⑦ 등록된 비전자문서를 수정해야 할 경우 '비전자문서수정' 버튼을 클릭하여 수정

⑧ 등록된 비전자문서를 삭제해야 할 경우 '비전자문서삭제' 버튼을 클릭하여 삭제

⑨ 문서유통을 통해 수신된 문서의 경우 '추가기능 – 재발송요청' 버튼을 클릭하여 재발송요청을 할 수 있으며, 이미 재발송요청된 유통 문서를 삭제해야 할 경우 '추가기능 – 재발송요청문서삭제' 버튼을 클릭하여 삭제

⑩ 제목 클릭 시 해당 문서의 본문 및 결재정보를 확인하고 접수 처리

■ 행정업무의 효율적 운영에 관한 규정 시행규칙 [별지 제1호서식]

행 정 기 관 명

수신
(경유)
제목

발 신 명 의 [직인]

기안자 직위(직급) 서명 검토자 직위(직급) 서명 결재권자 직위(직급) 서명
협조자
시행 처리과명-연도별 일련번호(시행일) 접수 처리과명-연도별 일련번호(접수일)
우 도로명주소 / 홈페이지 주소
전화번호( ) 팩스번호( ) / 공무원의 전자우편주소 / 공개 구분

210㎜×297㎜(백상지 80g/㎡)

비고(이 난은 서식에 포함하지 아니한다)
- 문서를 작성할 때 "행정기관명", "발신명", "기안자", "검토자", "결재권자", "직위(직급) 서명", "처리과명-연도별 일련번호(시행일)", "도로명주소", "홈페이지 주소", "공무원의 전자우편주소", "공개 구분"의 용어는 표시하지 아니하고 그 내용을 적는다.

■ 행정업무의 효율적 운영에 관한 규정 시행규칙 [별지 제2호서식]

생산등록번호	
등록일	
결재일	
공개 구분	

협조자			

(제　목)

※ 필요한 경우 보고근거 및 보고내용을 요약하여 적을 수 있음

○○○○부(처 · 청 또는 위원회 등)
○○○○국

또는

○○○○부(처 · 청 또는 위원회 등)
○○○○과

210㎜×297㎜(백상지 80g/㎡)

비고(이 난은 서식에 포함하지 아니한다)
– 결재란의 크기 및 결재란 수는 필요에 따라 조정하여 사용할 수 있다.

■ 행정업무의 효율적 운영에 관한 규정 시행규칙 [별지 제3호서식]

행정기관명

우	도로명주소	/전화번호( )	/팩스번호( )

<table>
<tr><td>생산등록번호</td><td colspan="2"></td><td colspan="2"></td><td>대통령</td></tr>
<tr><td>등록일</td><td colspan="2"></td><td></td><td>국무총리</td><td rowspan="3"></td></tr>
<tr><td>결재일</td><td colspan="2"></td><td rowspan="2"></td><td rowspan="2"></td></tr>
<tr><td>시행일</td><td colspan="2"></td></tr>
<tr><td colspan="2">관련기관 협조여부</td><td colspan="3"></td><td>공개 구분</td></tr>
<tr><td rowspan="2">검토</td><td></td><td></td><td></td><td></td><td rowspan="2"></td></tr>
<tr><td></td><td></td><td></td><td></td></tr>
<tr><td>수신</td><td colspan="2"></td><td>발신</td><td colspan="2">[인]</td></tr>
<tr><td>제목</td><td colspan="5"></td></tr>
<tr><td colspan="6"></td></tr>
</table>

210mm×297mm(백상지 80g/㎡)

비고(이 난은 서식에 포함하지 아니한다)

1. 결재란의 수와 크기는 필요에 따라 조정하여 사용하되, 국무총리의 결재를 받는 문서에는 그 결재 절차에 맞게 직위/직급을 변경하여 표시한다.
2. "수신"은 "받는 자"로, "발신"은 "보내는 자"로 변경하여 사용할 수 있다.

■ 행정업무의 효율적 운영에 관한 규정 시행규칙 [별지 제4호서식]

○○ 비서관	대통령실장

○○ 장관	국무총리	대통령

생산등록번호	
등록일	
결재일	
공개 구분	

협조자	

(제 목)

※ 필요한 경우 보고근거 및 보고내용을 요약하여 적을 수 있음

○ ○ ○ 부 (처 · 청 · 위원회 등)

210mm×297mm(백상지 80g/㎡)

비고(이 난은 서식에 포함하지 아니한다)

1. 결재란의 수와 크기는 필요에 따라 조정하여 사용하되, 국무총리의 결재를 받는 문서에는 그 결재 절차에 맞게 직위/직급을 변경하여 표시한다.
2. "ㅇㅇ비서관" 및 "대통령실장"의 용어는 「대통령실과 그 소속기관 직제」에서 정하는 명칭을 사용하되, 국무총리의 결재를 받는 문서에는 해당란을 생략할 수 있다.

■ 행정업무의 효율적 운영에 관한 규정 시행규칙 [별지 제5호서식]

관인인쇄용지 관리대장

인쇄문서명			
관인명		인쇄관인규격	

일자	인쇄량(매)	사용량(매)	사용명세	잔여량(매)	확인(서명)

210mm×297mm(백상지 150g/㎡)

■ 행정업무의 효율적 운영에 관한 규정 시행규칙 [별지 제6호서식]

ㅁ 문서관리카드

ㅇ 문서정보

[제목]

[과제카드명]

[관련정보]

[문서요지]

[본문]

[붙임]

ㅇ 보고경로

[구분] [직위/성명] [의견/지시] [서명] [처리결과] [이력]

ㅇ 시행정보

[발신기관명] [발신명의]

[생산등록번호]

[공개여부]

[수신]

[(경유)]

ㅇ 관리정보

[열람범위] [열람제한]

[온-나라 지식나라]

비고(이 난은 서식에 포함하지 아니한다.)

1. [제목]란에는 그 문서의 내용을 쉽게 알 수 있도록 제목을 간단하고 명확하게 적는다.
2. [과제카드명]란에는 그 문서가 속하는 고유한 단위과제 · 관리과제의 이름을 적는다. 다만, 관리과제가 없는 경우에는 그러하지 아니하다.
3. [관련정보]란에는 각종 지시사항이나 문서를 만들게 된 계기 등을 적는다.
4. [문서요지]란에는 문서 작성 계기, 근거, 주요 내용, 기대효과 그 밖에 보고를 위하여 필요한 내용을 적는다.
5. [본문]란에는 내용을 직접 작성하거나 첨부할 수 있다.
6. [붙임]란에는 다양한 종류의 붙임 파일을 첨부할 수 있다.
7. [구분]란에는 '기안', '검토', '협조', '전결', '대결' 또는 '결재'로 적는다.
8. [직위/성명]란에는 기안자 · 검토자 · 협조자 및 결재권자의 직위 또는 직급과 성명을 표시한다.
9. [의견/지시]란에는 기안 · 검토 · 협조 및 결재시의 의견을 적는다.
10. [서명]란에는 서명, 전자이미지서명 또는 전자문자서명을 표시한다.
11. [처리결과]란에는 문서에 대하여 기안 · 검토 · 협조 또는 결재한 날짜와 시간을 표시한다.
12. [이력]란에는 기안한 문서와 검토 · 결재 과정에서 문서를 수정한 경우 수정전의 문서를 표시한다.
13. [발신기관명]란에는 행정기관 또는 보조기관이나 보좌기관의 명칭을 표시한다.
14. [발신명의]란에는 행정기관의 장 또는 보조기관이나 보좌기관을 표시한다.
15. [생산등록번호]란에는 "처리과명-연도별 일련번호"의 형태로 표시한다.
16. [공개여부]란에는 대국민공개, 부분공개, 비공개로 구분하여 표시하되, 부분공개 또는 비공개인 경우에는 「공공기관의 정보공개에 관한 법률」 제9조제1항 각 호의 번호 중 해당 번호를 표시한다.
17. [수신]란에는 수신자 명을 표시한다.
18. [(경유)]란에는 경유기관에 관한 내용을 표시한다.
19. [열람범위]란에는 기관, 실 · 국, 부서, 열람불가 등 문서를 열람할 수 있는 범위를 표시한다.
20. [열람제한]란에는 문서를 열람할 수 있는 시기를 표시한다.
21. [온-나라 지식나라]란에는 행정지식관리시스템 또는 정부통합지식행정시스템을 통한 지식공유 여부를 표시한다.

1. 수신 공문서 예시

"전기 절약! 대한민국을 뛰게 합니다."

○○○ 도교육청

수신자 수신자 참조
(경유)
제목 **2014학년도 4월 1일자 고등학교 현황자료 제출**

---

1. 2014학년도 4월 1일자 고등학교 현황을 조사하오니 붙임 서식에 의거 2014.4.3.(목)까지 제출하여 주시기 바랍니다.

2. 제출 자료는 추후 교육통계는 물론 2015학년도 고등학교 학급배정과도 연계되오니 신중하게 작성하시기 바랍니다.

붙임. 1. 학교별 학급편성 현황 1부
2. 신입생 출신중학교 지역별 현황 1부
3. 학급편성 관련 의견서 1부. 끝.

○○○ 도교육감

수신자

★주무관 사무관 과장
협조자
시행 ( )접수 ( )
우 / http://
전화 /전송 / /공개

2. 발신 공문서 예시

"전기 절약! 대한민국을 뛰게 합니다."

○ ○ 고등학교

수신자
(경유)
제목 **2014학년도 4월 1일자 고등학교 현황 자료 제출**

---

1. 관련: ㅇㅇ과-ㅇㅇㅇ(2014.03.01.)
2. 2014학년도 4월 1일자 고등학교 현황 자료를 붙임과 같이 제출합니다.

붙임 2014학년도 4월 1일자 고등학교 현황 자료 1부. 끝.

○ ○ 고등학교장

★교사 부장 교감 교장
협조자
시행 ( ) 접수 ( )
우 /
전화 /전송 / /공개

3. 내부결재 문서 예시

"전기 절약! 대한민국을 뛰게 합니다."

○ ○ 고등학교

수신자 내부결재
(경유)
제목 **2014학년도 학교교육과정 설명회 개최**

학교교육과정에 대한 학부모의 이해를 증진시키고 학부모의 학교교육 참여를 촉진하기 위하여 2014학년도 학교교육과정 설명회를 아래와 같이 실시하고자 합니다.

1. 일시: 2014. 3. 11(화) 19:00 ~ 21:30
2. 장소: 본교 강당
3. 대상: 본교 학부모
4. 시정: 붙임 계획 참조

붙임 학교교육과정 설명회 계획(안) 1부. 끝.

★부장 교감 교장
협조자
시행 ( )접수 ( )
우 /
전화 /전송 / /공개

Chapter | 12

교원복지

1. 교원보수제도 | 2. 신분 및 권익보장 | 3. 학교안전공제회 | 4. 교직단체

Chapter 12

교원복지

| 개요 |

교원의 전문성을 높이기 위해서는 우선 우수한 교원을 확보해야 하며 우수 교원을 확보하기 위해서는 교원의 신분보장, 근무조건의 개선 및 교원처우를 획기적으로 개선해야 한다. 특히 교원들에게 경제적 보상, 즉 보수체계는 교원들의 신분보장과 관련하여 중요하게 취급되어야 할 대상으로 간주되고 있다. 따라서 본 장에서는 교원보수제도, 신분 및 권익보장, 교원안전망, 학교안전공제회, 교직단체 등에 관하여 기술하고자 한다.

1. 교원보수제도

1) 보수의 정의

보수(Compensation or pay)란 공무원의 근무에 대한 정부가 금전으로 지급하는 재정적 보상을 말한다. 보수는 근무관계 또는 고용관계의 대가이며, 동시에 생활유지의 수단이 되는 공무원의 소득인 것이다. 보수는 공무원으로 정부조직에 참여하는 것, 그리고 나아가서 자발적 · 창의적으로 정부조직의 목적에 헌신하는 것을 유도하기 위한 보상체제의 일부이다(강경석 외, 2011).

보수의 개념을 파악하기 위하여 공무원 보수규정 제4조에 명시된 용어 중 교육공무원과 관련된 용어의 정의는 다음과 같다.

(1) "보수"라 함은 봉급과 그 밖의 각종 수당을 합산한 금액을 말한다. 다만, 연봉제적용대상공무원은 연봉과 기타 각종 수당을 합산한 금액을 말한다.

(2) "봉급"이라 함은 직무의 곤란성 및 책임의 정도에 따라 직책별로 지급되는 기본급여 또는 직무의 곤란성 및 책임의 정도와 재직기간 등에 따라 계급(직무등급 또는 직위를 포함한다. 이하 같다.)별, 호봉별로 지급되는 기본급여를 말한다.

(3) "수당"이라 함은 직무여건 및 생활여건 등에 따라 지급되는 부가급여를 말한다.

(4) "승급"이라 함은 일정한 재직기간의 경과 기타 법령의 규정에 의하여 현재의 호봉보다 높은 호봉을 부여하는 것을 말한다.

(5) "보수의 일할계산"이란 그 달의 보수를 그 달의 일수로 나누어 계산하는 것을 말한다.

2) 교원의 보수 체계

(1) 원칙

① 교육공무원의 보수는 단일호봉제로 동등한 학력과 자격 및 경력을 가진 교원은 학교급별, 성별 등의 조건에 관계없이 동일한 보수를 지급하는 것을 원칙으로 한다. 또한 교사가 교감이나 교장으로 승진하여도 적용되는 보수표에는 변함이 없다.

② 교원의 보수체계에서는 경력과 학력을 동일시하고 있어, 고등학교 졸업자가

4년간 근무하면 대학졸업 신규교사와 동일한 호봉을 받는다.

③ 교육공무원에 관한 보수는 '공무원보수규정'과 '공무원수당 등에 관한규정'에 의하여 결정된다.

(2) 교육공무원의 봉급

① 교육공무원의 봉급월액은 공무원별 봉급표 구분표에 따라 해당 봉급표에 명시된 금액으로 한다(공무원보수규정 제5조).

② 유치원 · 초등학교 · 중학교 · 고등학교의 기간제 교원에게는 제8조에 따라 산정된 호봉의 봉급을 지급하되 고정급으로 한다. 다만 교육공무원법 제13조 제1항 제4호에 따른 기간제 교원의 봉급은 14호봉을 넘지 못하며, 교육공무원임용령 제13조 제2항에 따라 시간제로 근무하는 기간제 교원으로 임용된 사람에게 지급하는 월봉급액은 해당 교원이 정상근무 시 받을 봉급액을 기준으로 하여 근무시간에 비례하여 지급한다.

(3) 각종 수당

공무원 수당 등에 관한 규정(대통령령 제25072호 2014. 1. 8) 중 교육공무원에 해당되는 수당은 정근수당, 가계보전수당, 특수지근무수당, 특수근무수당, 시간 외 근무수당, 실비변상 등이 있다.

① 정근수당: 예산의 범위에서 근무연수에 따라 매년 1월과 7월의 보수지급일에 지급한다(제9조).

② 가계보전수당: 공무원으로서 부양가족이 있는 사람에게는 예산의 범위에서 가족수당을 지급한다(제10조). 초등학교, 중학교(초 · 중학교에 대해서는 재외 공무원의 경우에만 적용)또는 고등학교에 다니고 있는 자녀가 있는 공무원에게는 예산의 범위 에서 자녀학비 보조수당을 지급한다(제11조). 국가공무원법 제71

조 제2항 제4호에 따른 사유로 30일 이상 휴직한 공무원의 육아휴직 수당은 육아휴직 개시일을 기준으로 월 봉급액의 40%에 해당하는 금액으로 한다(제11조의 3).

③ 특수지근무수당: 교통이 불편하고 문화교육시설이 거의 없는 지역이나 근무환경이 특 수한 기관에 근무하는 공무원에게는 예산의 범위에서 특수지근무수당(교육공무원에게는 도서벽지수당)을 지급한다.

④ 특수근무수당: 특수업무수당 공무원(교육전문직원)으로서 특수한 업무에 종사하는 사람에게는 예산의 범위에서 특수업무수당을 지급한다(제14조).

⑤ 성과상여금: 교육공무원 중 별표 2의2에 해당자 중 근무성적, 업무실적 등이 우수한 사람에게는 예산의 범위에서 성과상여금을 지급한다(제7조의2).

⑥ 시간 외 근무수당: 월간 근무일수가 15일 이상인 자에 대하여는 별도의 초과근무 명령이나 승인 없이 월 10시간 분의 시간외근무수당을 정액으로 지급한다.

⑦ 실비변상: 예산의 범위 안에서 월 13만 원을 정액급식비로 지급한다. 예산의 범위 안에서 교장 월 20만 원, 교감 월 14만 원, 교사 월 13만 원을 교통 보조비로 지급한다. 설 · 추석 연 2회 명절휴가비를 지급하며, 지급기준일 현재 봉급액의 60%를 지급한다. 가계지원비를 월 봉급액의 16.7%를 지급한다.

3) 호봉 및 승급

(1) 호봉획정

① 초임호봉의 획정(공무원보수규정 제8조 별표15)은 신규채용되는 교육공무원을 대상으로 하며 신규채용일을 기준으로 한다.

② 방법: 가감연수 = (학령−16)+가산연수

확정호봉 = (기산호봉+가감연수+환산경력연수)

③ 가산연수: 수학연한 2년 이상인 사범계 학교 졸업자는 +1년, 특수교사 자격증 소지자가 특수학교에 근무하거나, 일반학교의 특수학급을 담당할 경우에 사대 졸업자는 +2년, 비사대 졸업자는 +1년

(2) 교육공무원의 기산호봉표

교육공무원으로 신규 임용되었을 때 자격변동으로 인한 호봉 재획정시 소지 자격별로 기산호봉을 아래 표와 같이 부여하게 된다.

표 12-1 | 교육공무원의 기산호봉표(공무원보수규정 별표25)

자격별	기산호봉	자격별	기산호봉	비고
1급 정교사	9	사서교사	8	교장, 원장, 교감, 원감 교육장, 장학관, 교육연구관, 장학사 및 교육연구사에 대하여는 1급 정교사의 호봉 적용
2급 정교사	8	실기교사	5	
준교사	5	1급 보건교사	9	
전문상담교사	9	2급 보건교사	8	

출처: 법제처국가법령정보센터.

(3) 교육공무원 등의 경력 환산율표

공무원이 신규임용이나 자격변동시 호봉획정을 하게 되는데 아래의 경력환산율표에 의해 호봉을 재획정하게 된다.

■ 표 12-2 | 경력 환산율표(공무원보수규정 별표 22)

유별	환산율	경력
제1류	10할	1. 교원으로서의 경력 2. 대학(대학원 포함) 기타 교육부장관이 인정하는 연구기관에서 연구에 종사한 경력 3. 국가 또는 지방공무원(기능직 및 고용직공무원 제외)으로 근무한 경력 4. 대한민국 군인으로 근무한 경력(무관후보생 경력은 제외)
제2류	8할	1. 국가기관 또는 지방자치단체에 근무한 자로서 제1류 제3호에 해당하지 아니하는 경력
제3류	7할	1. 재야 법조인으로 종사한 경력 2. 교육법에 의한 교육회에서 근무한 경력
제4류	6할	1. 종교단체의 교직자로서 근무한 경력
제5류	5할	1. 공공단체에서 근무한 경력 2. 법령에 의하여 설립된 법인에서 근무한 경력 3. 제3류 제2호 교육회 이외의 교육문화단체에서 근무한 경력
제6류	4할	1. 제5류 제2호 및 제3호를 제외한 각종 회사에서 근무한 경력(외판원, 점원 제외)
제7류	3할	1. 기타 직업에 종사한 경력

* 비고: 1. 제1류에 해당하지 아니하는 자라도 전력이 채용될 직종과 상통하는 직인 경우는 10할까지의 율 적용 가능
2. 동등 정도의 2개 이상의 학교 졸업자는 1학교 외의 수학연수는 8할의 율을 적용
3. 학력과 경력이 중복되는 경우는 그중 1개만 삽입

출처: 법제처국가법령정보센터.

4) 승급

(1) 공무원의 호봉 간 승급에 필요한 기간은 1년이다.

(2) 정기승급일은 1년에 4회(1월, 4월, 7월, 10월 1일자)이며 단, 승급제한 중인 자는 제한 기간이 만료된 다음 달 1일이 승급일이다.

(3) 승급의 제한(공무원보수규정 제14조)

① 징계처분, 직위해제 또는 휴직 중인 자(공무상 질병휴직 제외)

② 징계처분 집행 종료일로부터 정직 18월, 감봉 12월, 견책 6월의 기간이 경과되지 아니한 자

③ 근무성적평정점이 최하등급에 해당되는 자로서 정기승급 예정일로부터 6월이 경과되지 아니한 자

④ 승급 제한 기간 중 다시 징계처분이나 기타 사유로 승급을 제한받는 경우의 승급 제한 기간은 현 승급 제한이 만료된 날부터 기산하여 승급 제한

⑤ 징계처분을 받은 후 훈 · 포장 및 국무총리 이상의 표창, 모범공무원 포상, 제안 채택 포상 수상자는 제한기간의 1/2 단축 가능

2. 신분 및 권익보장

1) 임용

(1) 임용의 원칙

공무원의 임용은 시험성적 · 근무성적, 그밖의 능력의 실증에 따라 행한다(국가공무원법 제26조). 교육공무원의 임용은 그 자격이나 재교육성적, 근무성적 기타 능력의 실증에 의하여 임용하며 교원으로서 자격을 갖추고 임용을 언하는 모든 자에 대하여 능력에 따라 균등한 임용의 기회가 보장되어야 한다(교육공무원법 제10조).

(2) 결원 보충 방법

국가기관의 결원은 신규채용 · 승진임용 · 강임 · 전직 또는 전보의 방법으로 보충한다(국가공무원법 제27조).

(3) 교사의 신규채용(국가공무원법 제28조, 교육공무원법 제11조, 교육공무원임용령 제9조 및 제11조의3)

① 방법: 공개전형에 의하여 선발하며, 필기시험, 실기 및 면접시험 등의 방법에 의함.

② 응시연령: 제한 없음.

③ 응시자격: 채용예정직에 해당하는 교사자격증 취득자(또는 교사자격증을 취득할 당학년도 졸업예정자)

④ 교사임용후보자명부: 교육공무원임용령 제10조, 12조, 교사임용후보자명부 작성규칙 제3~8조에서 규정함.

⑤ 임용후보자의 부활: 결격사유가 소멸된 것을 입증할 경우, 신체검사 불합격자가 치유된 것으로 판정된 경우, 부활의 순위는 명부의 최하위 순위

⑥ 임용의 연기신청: 병역법에 의한 병역의무의 복무 만료 시 명부의 최상 순위자보다 상위에 등재

2) 휴가

(1) 원칙

휴가의 종류에는 연가, 병가, 공가, 특별휴가로 구분한다(국가공무원복무규정 제14조). 휴가의 실시원칙은 소속 공무원이 원하는 시기에 법정 일수 보장 및 휴가로 인한 업무공백을 방지하는 데 있다. 또한 연가와 장기근속휴가는 학생들의 수업 등을 고려하여 특별한 경우(부모 위독 등) 외에는 학교교육활동에 지장이 없는 기간에 실시한다. 휴가는 미리 신청하여 허가를 받아야 하며, 병가, 특별휴가 등 불가피한 경우에는 당일 오전 수업 종료 시까지 필요한 절차를 취하여야 한다.

(2) 연가

연가는 학생수업 등을 고려하여 특정한 계절에 치우치지 않도록 하기, 동기 및 학기말의 휴업일에 실시하며, 재직기간별 연가일수는 〈표 12-3〉과 같다.

표 12-3 | 재직기간별 연가일수(제15조제1항 관련)

재직기간	연가일수	재직기간	연가일수
3월 이상 ~ 6월 미만	3일	3년 이상 ~ 4년 미만	14일
6월 이상 ~ 1년 미만	6일	4년 이상 ~ 5년 미만	17일
1년 이상 ~ 2년 미만	9일	5년 이상 ~ 6년 미만	20일
2년 이상 ~ 3년 미만	12일	6년 이상	21일

출처: 법제처국가법령정보센터.

(3) 병가

공무원복무규정 제18조에 명시된 병가의 종류에는 일반병가와 공무상 병가가 있다. 일반병가는 질병 또는 부상으로 직무를 수행할 수 없을 때, 감염병에 걸려 그 공무원의 출근이 다른 공무원의 건강에 영향을 미칠 우려가 있을 때, 연 60일의 범위 안에서 허가하며, 이 경우 질병이나 부상으로 인한 지각, 조퇴, 및 외출은 누계 8시간을 병가 1일로 계산한다.

공무상 질병 또는 부상으로 직무를 수행할 수 없거나 요양이 필요한 경우에는 연 180일의 범위에서 병가를 허가할 수 있다. 병가일수가 7일 이상일 경우에는 의사의 진단서를 첨부하여야 한다.

(4) 공가

공무원이 다음 각 호의 어느 하나에 해당하는 경우에는 이에 직접 필요한 기간을 공가로 허가하여야 한다(공무원복무규정 제19조).

① 병역법이나 그 밖의 다른 법령에 따른 징병검사 · 소집 · 검열점호 등에 응하

거나 동원 또는 훈련에 참가할 때

② 공무와 관련하여 국회, 법원, 검찰 또는 그 밖의 국가기관에 소환되었을 때

③ 법률에 따라 투표에 참가할 때

④ 승진시험 · 전직시험에 응시할 때

⑤ 원격지로 전보 발령을 받고 부임할 때

⑥ 산업안전보건법 제43조에 따른 건강진단 또는 국민건강보험법 제52조에 따른 건강검진을 받을 때

⑦ 혈액관리법에 따라 헌혈에 참가할 때

⑧ 공무원 교육훈련법 시행령 제32조 제5호에 따른 외국어능력에 관한 시험에 응시할 때

⑨ 올림픽, 전국체전 등 국가적인 행사에 참가할 때

⑩ 천재지변, 교통 차단 또는 그 밖의 사유로 출근이 불가능할 때

⑪ 공무원의 노동조합 설립 및 운영 등에 관한 법률 제9조에 따른 교섭위원으로 선임되어 단체교섭 및 단체협약 체결에 참석할 때

(5) 특별휴가

특별휴가는 본인이 결혼하거나 그 밖의 경조사가 있을 경우와 기타 특별휴가가 있다. 경조사별 휴가일수는 국가공무원복무규정 제20조 제1항 별표 2의 기준에 따른다(〈표 12-4〉 참조). 기타 특별휴가는 〈표 12-5〉와 같다.

■ 표 12-4 | 경조사별 휴가일수표(제20조제1항 관련)

구분	대상	일수
결혼	본인	5
	자녀	1
출산	배우자	5
입양	본인	20
사망	배우자, 본인 및 배우자의 부모	5
	본인 및 배우자의 조부모 · 외조부모	2
	자녀와 그 자녀의 배우자	2
	본인 및 배우자의 형제자매	1

* 비고: 입양은 입양촉진 및 절차에 관한 특례법에 따른 입양으로 한정하며, 입양 외의 경조사휴가를 실시할 때 원격지일 경우에는 실제 왕복에 필요한 일수를 더할 수 있다.

출처: 법제처국가법령정보센터.

■ 표 12-5 | 기타 특별휴가(제20조제2항 관련)

종류	대상	시기	일수
출산휴가	• 임신중의 여자공무원	• 출산 전후	90일
여성보건 휴가	• 여자공무원	• 매 생리기(무급)와 임신한 경우 검진(유급)	1일
육아휴가	• 여자공무원	• 자녀가 생후 1년 미만의 유아	1일 1시간
수업휴가	• 방송통신대학교 재학 공무원으로 연가일수를 초과하는 출석수업을 받는 공무원	• 출석수업시간	연가일수 초과 출석 수업시간
재해구호 휴가	• 재해 · 재난피해 공무원 • 재해 · 재난발생지역에서 자원봉사활동을 희망하는 공무원	• 재해복구상 필요시	5일 이내

출처: 법제처국가법령정보센터.

3) 교원안전망

(1) 의의

① 학교 교육활동 중 안전사고가 발생했을 때 피해학생이 충분한 보상을 받도록 지원하되 관련 교원의 경제적 · 법률적 애로사항을 지원한다.

② 학교 내 · 외에서 발생하는 교권침해 사례를 예방하는 한편, 학부모와 교원 간에 갈등 · 분쟁이 생길 경우, 학교 내에서 자율적 · 교육적으로 문제를 해결한다.

③ 학생이 보호되고 교원이 존중되는 학교, 교원들이 안심하고 교직에 전념할 수 있는 교육환경을 만들기 위한 제도이다.

(2) 사업 내용

① 예방적 안전망

- 학교교육분쟁조정위원회 설치 · 운영(교원예우에 관한 규정 제6조)
  - 교원과 학부모(학생) 간에 교육활동과 관련하여 일어날 수 있는 갈등과 분쟁을 중립적인 입장에서 심의 · 조정하여 단위학교 차원에서 자율적으로 문제를 해결하기 위해 설치한다.
  - 모든 유치원 · 초 · 중 · 고등학교에 설치되며, 학교장 참여하에 당해 학교 운영위원회의 교원 · 학부모 · 지역위원 각 1인과 법률 · 행정 분야의 전문지식이 있는 자 등 5인 내외로 구성한다.
  - 위원회는 교원과 학부모(학생) 간에 발생하는 교육활동 관련 분쟁을 심의 · 조정하고, 조치가 필요한 사항은 학교장에게 권고하는 기능을 가진다.

    예) 합의금 등의 학교안전공제회 지원신청 · 해당 교원 인사 내신 · 교권침해사안에 대한 관계기관 고발 등
- 긴급전보 제도

- 분쟁사안과 관련하여 교권을 침해당한 교원 본인이 원하는 경우 학교장이 인사 내신을 하여 학기 중이라도 다른 학교로 전보가 가능하도록 하는 제도이다(지금까지는 정기 전보, 1년 이내에는 전보가 제한됨).

• 사법기관과 협조 강화
- 교육공무원법은 교권의 존중과 학원에서의 불체포특권을 규정하고 있으나 사법경찰권(체포, 수색 등)과 관련하여 교권보호가 미흡한 실정인바, 동 규정의 실효성이 확보될 수 있도록 검찰청 및 경찰청과의 협조 체제를 강화한다.
- 교원에 대한 무고, 폭행, 협박, 명예훼손 등 교권 침해 사범에 대해서는 엄정 조사하여 처리하도록 사법 당국에 요청한다(교육공무원법 제43조, 제48조, 교원 예우에관한규정 제7조).

② 보전적 안전망

• 학생 안전사고에 대한 보상 확대
- 교육활동 중에 학생 안전사고가 발생한 경우 학생의 피해에 대한 학교안전공제회의 보상범위 및 보상한도를 확대하여 실질적인 보상이 되도록 한다.
- 그간 교직원이 부담하여 온 합의금 등의 비용도 학교안전공제회의 결정이나 소송결과에 따라 지원한다(고의나 중과실에 의한 경우는 제외).
- 학교안전공제회 미가입 학교의 가입을 권장한다(특수 · 유 · 초 · 중 · 고등학교).

• 교직원에 대한 소송 · 법률 지원
- 교육활동과 관련한 법률상의 쟁송 발생 시 고문변호사를 통하여 지원한다.
- 학생체벌 시비로 교원이 형사 소추되었을 경우 소송을 수행한다.
- 학생안전사고로 교직원 개인을 당사자로 소송이 제기된 경우 소송을 수행한다.

– 기타 가압류, 가처분 등에 대한 공탁금 납부 · 변론 등 제반 사항을 지원한다.

③ **부가적 안전망**

- 전세금 · 자녀 결혼자금 저리 대여
  - 경제사정이 곤란한 교원을 위해 저리로 생활자금을 대여해 준다.
  - 대여사업은 대한교원공제회를 통하여 개발 · 시행하며, 저리대여로 인한 이자차액은 시 · 도별로 교육비특별회계에서 지원한다.
- 장기 별거 교원 시 · 도 간 인사교류 확대
  - 시 · 도를 달리하여 근무하는 장기 별거 교원의 고충 해소를 위해 인사교류 우선 순위에 장기 별거 교원 우대방안 적극 도입한다.
  - 전출희망 수요를 홈페이지에 게시하는 등 교원인사정보를 공개한다.

3. 학교안전공제회

1) 설립 목적 및 자격

학교 교육활동 중의 사고로 인하여 입은 학생의 손해를 학교장을 대신하여 보상하며 안전사고를 미연에 방지하도록 노력하여 학생과 교직원 및 학교를 보호하고 안정된 교육분위기를 조성하는 데 기여함을 목적으로 설립되었다.

학교안전사고 예방 및 보상에 관한 법률 제12조 규정에 의거 유치원, 초등학교, 중학교, 고등학교, 특수학교, 평생교육시설학교, 기타 재외 한국학교의 장이 학교안전공제의 가입자가 되며 이들 학교에 재학 · 재직 중인 학생, 교직원, 교육활동참여자가 피공제자가 된다. 외국인 학교장은 학교안전공제회의 승인을 얻어 가입할 수 있다.

2) 사업의 범위(법제29조)

(1) 공제가입자에 대한 공제료의 부과 및 징수

(2) 공제급여의 지급 및 이에 관련된 업무

(3) 학교안전사고의 예방과 관련된 사업

(4) 학교안전사고와 관련된 공제가입자 또는 교직원 등의 지원에 관한 사업

(5) 학교 교육활동 중 발생하는 인적손해에 대한 공제급부

(6) 학생 및 교직원 복리후생 증진을 위한 지원

(7) 학교안전교육 등에 관한 제반 조사 연구 · 교육 및 홍보

(8) 기금조성을 위한 수익사업

(9) 설립목적을 달성하기 위한 사업

3) 보상 내용

(1) 보상 대상

① 학교교육과정에 의한 수업 또는 특별활동 중 사고

② 학교교육계획에 의한 교내 · 외 활동 중 사고로 인한 신체상 손해

③ 사고로 인한 교직원의 경제적 손해, 분쟁사안에 대한 지원

(2) 보상이 되지 않는 경우(법제43조)

① 자살 · 자해 등의 경우

② 천재지변으로 발생하는 경우

③ 가해자 등으로부터 손해의 배상을 받을 수 있는 경우

④ 동일한 손해로 다른 곳으로부터 보상 받을 수 있는 경우

⑤ 정당한 사유 없이 요양기관의 지시를 따르지 아니하여 피공제자의 부상 · 질병 또는 장애의 상태가 악화되었거나 요양기관의 치료를 방해한 것이 명백한 경우

⑥ 위탁급식학교의 식품 위해 사고의 경우

⑦ 외국에서 치료를 받는 경우 다만, 외국에서 교육활동 중 사고와 국내에서 치료가 어려웠던 경우는 예외

⑧ 자동차로 인한 사고의 경우(자동차손해배상보장법의 규정에 따른 손해배상을 받은 경우)

⑨ 교사 또는 원사의 화재로 인한 사고의 경우

⑩ 위탁교육 중 발생하는 사고

(3) 보상의 종류 및 범위

① 요양급여: 학교안전사고로 인하여 피공제자가 부상을 당하거나 질병에 걸린 경우에 학생 또는 그 보호자에게 지급하며, 의료보험 가입자에 대하여는 본인부담금의 실비를, 의료보험 미가입자에 대하여는 치료실비를 지급한다(법제36조).

② 장해급여: 상해학생이 완치 후 신체에 장해가 있을 때에는 장해정도에 따른 보상과 위자료를 학생 또는 그 보호자 등에게 지급한다(법제37조).

③ 장의비: 학생이 사망한 경우에 평균임금의 100일분을 그 장의를 행하는 자에게 지급한다(법제40조).

④ 위로금: 학생이 교육활동 중에 학교안전사고 이외의 원인을 알 수 없는 사유로 사망 경우에는 위로금을 지급한다(법제40조의2).

⑤ 지원금: 사고로 인한 교직원의 경제적 손해 및 분쟁사안에 대한 소송비용, 판결금, 법원공탁금, 합의금 등 지원

(4) 보상의 기준

① 보상액은 국가배상 기준을 준용

② 요양에 대하여는 치료실비

③ 1인 1사고 1억 5천만 원까지 보상

(5) 교원안전망과 관련

① 합의금 등 교원 부담비용 지원

② 소송대행 및 소송비용 지원

(6) 구상

고의나 중대한 과실로 인한 손해의 경우에는 그 정도에 따라 이사회의 의결을 거쳐 시설관리책임자 또는 교육활동 수행자에게 구상 청구

4) 회원의 권리 의무

(1) 회원의 구분

① 보통회원: 각 교육청의 관할하에 있는 각급 학교장으로 법인의 목적에 찬성하고 소정의 가입신청을 한 자

② 특별회원: 각 교육청 교육지원국장 · 교육정책국장 및 지역교육청의 교육장

(2) 회원의 권리와 의무

① 회원은 공제회 규정에 의한 보상 및 지원을 받게 할 수 있는 권리를 가짐.

② 회원은 회비를 납부할 의무가 있음(특별회원은 예외).

(3) 회비 납부

총회에서 승인 책정된 금액을 매년 4월 1일 학생 수를 기준하여 납부

5) 공제급여 신청 시 유의사항

(1) 학생안전사고 발생 7일 이내에 통보하고, 청구를 받은 공제회는 공제급여를 청구받은 날부터 14일 이내에 공제급여의 지급 여부를 결정하여야 한다.

(2) 학교안전사고 예방 및 보상에 관한 법률 제41조 규정에 의거 공제급여 청구를 하려면 치료가 완치된 후 신청하여야 한다. 그러나 장기간 치료를 요하는 경우는 중간에 신청하여도 된다.

(3) 동법 제65조에 의거하여 사고발생일로부터 3년 이내에 행사하지 아니하면 소멸된다.

(4) 공제급여 신청 시 영수증 원본을 제출하여야 하며 신청금액이 50만 원 이상인 경우에는 진단서를 첨부하여야 한다.

(5) 사고내용을 구체적으로 작성하여야 하며 가해자의 고의적 행동에 의한 사고는 보상하지 아니하므로 가해자, 피해자란 표현을 신중하게 사용한다.

(6) 전국체육대회 중에 발생한 사고는 보상이 되지 않으며, 전국소년체전 중에 발생한 사고는 보상이 된다.

(7) 식중독사고에 대하여 자체급식시 조리 및 배식과정에 원인이 된 경우에는 보상이 된다.

4. 교직단체

1) 교직단체의 설립 개요

우리나라 교직단체는 '교육기본법'에 따른 전문직 교원단체와 '교원의 노동조합 설립 및 운영 등에 관한 법률'에 따른 교원노조가 있다. 이러한 법률에 근거하여 현재 교원단체로 한국교총과 교원노조로서 전국교직원노동조합, 한국교원노동조합, 자유교원조합, 대한민국교원조합 등이 설립되어 활동하고 있다.

(1) 한국교원단체총연합(한국교총)

① 연혁

- 1947년 11월 23일 '조선교육연합회'로 출범
- 1948년 8월 '대한교육연합회'로 명칭 변경
- 1989년 11월 '한국교원단체총연합회'로 개칭

② 법적근거: 헌법 제31조(교원지위 법정주의, 교육의 자주성 · 전문성 · 중립성의 법적 보장 정신), 교육기본법 제15조(교원단체), 민법 제32조(비영리법인의 설립과 허가)

③ 설립목적(정관 제2조): "회원 상호 간의 강력한 단결을 통하여 교원의 사회적 · 경제적 지위 향상과 교직의 전문성 확립을 기함으로써 교육의 진흥과 문화의 창달에 기여함"을 목적으로 한다.

④ 사업(정관 제4조)

- 회원의 상호간 협동 · 단결에 관한 일
- 교원의 처우 및 복지증진과 근무조건의 개선에 관한 일
- 교권의 옹호확대에 관한 일

- 교직의 전문성 확립과 교육의 민주적 발전에 관한 일
- 국제교육, 문화교류에 관한 일
- 청소년복지 및 문화증진에 관한 일
- 교육도서 간행에 관한 일
- 다른 단체와의 연락 · 제휴에 관한 일
- 한국교육신문사의 설치 · 운영
- 교육전문지 및 교육도서 발행
- 회관의 임대

⑤ 회원 자격: 유 · 초등 · 중등 · 대학교원 및 교육기관 · 교육행정기관 · 교육연구기관의 교육 전문직

⑥ 조직

– 16개 시 · 도교원단체총연합회

– 27개설립별 단체, 전공별 단체

⑦ 회원 수: 2010년 기준 약 18만 명

(2) 전국교직원노동조합

① 연혁

- 1998년 11월 23일 '교원의노동조합설립및운영등에관한법률'안을 국무회의에서 의결
- 1999년 1월 29일 '교원의노동조합설립및운영등에관한법률'을 국회에서 제정 공포
- 1999년 7월 1일 전국교직원노동조합 설립 신고

② 목적(전교조 규약 제2조)

- 교육노동자로서의 기본 권익을 저극 옹호하고 민주교육의 발전에 기여함을

목적

③ 사업

- 근로조건의 개선 및 교직원의 사회경제적 지위 향상
- 교육환경 및 교육제도의 개선을 위한 사업
- 교육의 민주화와 자주성 확립을 위한 사업
- 노동 3권의 완전보장 등 교육관계법의 개정을 통한 교직원의 민주적 제 권리확보 사업
- 민족, 민주, 인간화 교육을 위한 각종 연구 및 실천사업
- 산하조직 및 조합원에 대한 교육, 교권옹호, 복지후생, 문화 및 선진홍보 사업
- 노동운동단체와의 제휴 및 노동운동의 국제적 연대활동에 관한 사업
- 민족 통일과 민주화를 촉진하기 위한 사업

④ 조합원 자격: 유 · 초등 · 중등교사(사용자를 위해 일하는 자 제외)

⑤ 조직: 지부(시 · 도 단위), 지회(구 · 시 · 군 단위), 분회(학교단위)

⑥ 조합원 수: 2010년 기준 약 6만 명(조전혁, 2010)

(3) 한국교원노동조합

① 연혁: 1999년 7월 1일 전국교직원노동조합 설립 신고

② 목적(한교조 규약 제2조)

- 노동기본권 보장과 교육환경 개선 및 푸른교육의 실천
- 교원운동의 자주성과 민주성 확보
- 모든 사람이 평등하게 교육을 받을 수 있는 민주복지사회 건설과 인간중심의 참된 민주환경 실현
- 국내외 노동 사회운동 및 국제교원운동과 연대 강화를 통하여 평화적 민족

통일과 세계평화의 달성

③ 조합원 자격: 유 · 초등 · 중등 교사(사용자를 위해 일하는 자 제외)

④ 조직: 중앙위원회(중앙조직), 16개 시도별 본부(시도 조직)

⑤ 조합원 수: 2010년 기준 277명(조전혁, 2010)

(4) 자유교원조합

① 연혁: 2006년 4월 22일 대한민국 헌법에 기초한 자유민주주의 이념을 교육운동으로 실천하기 위해 설립함.

② 목적(강령 2조)

- 교원의 사회 · 경제적 지위향상 및 권리의 획득
- 학생과 학부모의 권리를 존중하고 이들의 교육여건 개선 매진
- 학생에게 학교 선택권을 학교에게 학생선발권을 부여하는 자율과 책임의 교육혁신 추구
- 과격한 투쟁위주의 적대적 노동조합운동이 아닌 합리적 평화적 상생의 노동조합운동 전개

③ 조합원의 자격: 유 · 초등 · 중등 교사(사용자를 위해 일하는 자 제외)

④ 조직: 중앙집행부(중앙), 6개 시도별 본부

⑤ 조합원 수: 2010년 기준 431명(조전혁, 2010)

(5) 대한민국교원조합

① 연혁: 2008년 12월 5일 자유민주주의적 시대정신에 기반한 교육실천운동을 실현하기 위해 설립

② 목적

- 교원주체의 화해와 협력을 높여내는 새로운 교단문화의 창출

• 교육선진화를 위한 합리적 논의와 합의를 지향하는 교원노조 활동

• 자유민주주의적 가치를 기반으로 한 글로벌 교육경쟁력의 회복

③ 조합원 자격: 유 · 초등 · 중등 교사(사용자를 위해 일하는 자 제외)

④ 조직: 중앙위원회(중앙) 16개 시도별 지부

⑤ 조합원 수: 2010년 기준 218명(조전혁, 2010)

2) 단체교섭

교직단체의 단체교섭은 교원지위향상을 위한 특별법과 교원의 노동조합 설립 및 운영 등에 관한 법률을 중심으로 교섭당사자, 단체교섭의 범위, 단체교섭의 과정, 단체협약의 효력, 조정 및 중재기구 등으로 살펴보기로 한다.

(1) 교섭당사자

교섭당사자는 교육기본법 제15조에 의한 교직단체인 한국교총과 교원노조법 제4조에 의한 교원노동조합인 전교조, 한교조, 자유교원조합, 대한민국교원조합 등이 있다. 사용자측 교섭 당사자는 교육부장과 및 시 · 도교육감, 사립학교를 설립 · 경영하는 자로 하고 있다. 교육기본법상의 한국교총은 교육부장관과 시 · 도교육감과 교섭하도록 규정하고 있다.

교원노조법상의 전교조와 한교조 등은 사용자측 교섭담당자로는 교육부장관, 시 · 도교육감, 그리고 사립학교를 설립 · 경영하는 자와 교섭하고 단체협약을 체결할 권한을 가진다. 이 경우 사립학교는 사립학교 설립 · 경영자가 전국 또는 시 · 도 단위로 연합하여 교섭에 응하여야 한다. 아울러 조직대상을 같이하는 둘 이상의 노동조합이 설립되어 있는 경우에 노동조합은 교섭창구를 단일화하여 단체교섭을 요구하여야 한다(교원노조법 제6조).

한국교총과 교원노조의 단체교섭은 중앙 및 시 · 도 단위에서만 가능토록 되어 있고, 시 · 군 · 구 단위 및 학교단위에서의 교섭은 불허하고 있다.

(2) 단체교섭의 범위

교원지위법 제12조에 의한 교섭 · 협의 사항은 교원의 처우개선, 근무조건 및 복지후생과 전문성 신장에 관한 사항을 그 대상으로 한다. 다만 교육과정과 교육기관 및 교육행정 기관의 관리 · 운영에 관한 사항은 교섭 · 협의의 대상이 될 수 없다고 규정하고 있다.

특히 교원지위향상을위한교섭 · 협의에관한규정 제3조에는 교섭 · 협의사항의 범위가 상세하게 제시되었는데, 봉급 및 수당체계의 개선에 관한 사항, 근무시간 · 휴게 · 휴무 및 휴가등에 관한 사항, 여교원의 보호에 관한 사항, 안전 · 보건에 관한 사항, 교권 신장에 관한 사항, 복지 · 후생에 관한 사항, 연구활동 육성 및 지원에 관한 사항, 전문성 신장과 연수등에 관한 사항, 기타 근무조건에 관한 사항 등이다.

한편 교원노조법 제6조에 의한 교섭범위는 조합원의 임금, 근무조건, 후생복지 등 경제적 · 사회적 지위향상에 관한 사항으로 규정하고 있다. 다만, 교육과정운영과 교육기관의 관리 · 운영에 관한 사항은 제외하고 있다.

(3) 단체교섭의 과정

교원지위법상의 교섭절차는 교원지위향상을위한교섭 · 합의에관한규정 제4조에 구체적으로 명시하고 있다. 즉, 교육회는 교섭 · 협의요구를 하고자 하는 때에는 교섭 · 협의 개시예정일 20일 전까지 교섭 · 협의내용을 상대방에게 서면으로 통보하여야 한다. 다만, 긴급한 사안이 있는 때에는 7일 전까지 통보하도록 하고 있다. 또 교섭 · 협의요구가 있는 때에는 당해 당사자는 그 소속 직원 중에서 지명한 자로 하여금 교섭 · 협의 내용의 범위, 교섭 · 협의 대표, 교섭 · 협의의 일시 및 장소 기타 교섭 · 협의에 필요한 사항에 관하여 미리 실무협의를 하도록 하고 그 결과를 서면으로 작성하도록 규정하고 있다. 그리고 동 규정 제5조에 의하면 교섭 · 협의는 매년 1월과 7월에 행하되, 특별한 사안이 있는 때에는 당사자가 협의하여 그 때마다 행할 수 있다고 규정하고 있다.

한편, 교원노조법상의 절차는 교원노조법 시행령 제3조에서 규정하고 있는데 그 교섭 절차는 노동조합의 대표자는 상대방과 단체교섭을 하려는 경우에는 교섭 시작 예정일 30일 전까지 상대방에게 서면으로 알려야 한다고 되어 있으며, 노동조합으로부터 교섭 통보가 있는 경우 노동관계 당사자는 그 소속원 중에서 지명한 사람으로 하여금 교섭 시작 예정일 전까지 교섭 내용, 교섭 위원 수, 교섭 일시 및 장소, 그 밖에 교섭에 필요한 사항에 관하여 협의하도록 규정하고 있다.

(4) 단체협약의 효력

교원지위법 제11조에서는 교육감이나 교육부장관은 교섭 · 협의에 성실히 응하여야 하며, 합의된 사항을 시행하기 위하여 노력하여야 한다고 규정하고 있다.

교원노조법 제7조에 의하면 조합원의 임금, 근무 조건, 후생복지 등 경제적 · 사회적 지위 향상에 관하여 당사자와 교섭하여 체결된 단체협약의 내용 중 법령 · 조례 및 예산에 의하여 규정되는 내용과 법령 또는 조례에 의하여 위임을 받아 규정되는 내용은 단체협약으로서의 효력을 가지지 아니한다고 규정하고 있다. 이에 대하여 교육부장관 시 · 도교육감 및 사립학교 설립 · 경영자는 위 전술한 사항에 따라 단체협약으로서의 효력을 가지지 아니하는 내용에 대하여는 그 내용이 이행될 수 있도록 성실하게 노력하도록 규정하고 있다. 또 동법 제8조에서는 노동조합과 그 조합원은 파업, 태업 또는 그 밖에 업무의 정상적인 운영을 방해하는 일체의 쟁의행위를 하여서는 아니 된다라고 규정하고 있다.

교원지위법상의 단체교섭에서 합의된 사항에 대하여는 합의된 사항의 시행에 노력해야 하는 책임으로 규정하고 있어, 합의사항에 대한 강제이행 장치가 없으며 성실의무 노력만 부과하고 있다. 교원노조법상 단체협약에서도 법령 · 조례 및 예산에 의하여 규정되는 내용과 법령 · 조례의 위임에 의해 규정되는 내용은 단체협약으로서 효력이 없다고 하여 단체교섭의 효력을 제한하고 있다. 이는 균등한 교육기회 보장을 위한 조건정비적 차원에서 교육에 괸한 많은 내용이 국회의 입법사항이나 예산사항의 결정에 의하도록 되어있는 현실을 반영한 입법이라 볼 수 있다. 즉 대상조치로서 사용자측의 성실한 이행노력의 의무를 부여한 의미를 갖는다(강경석 외, 2011).

(5) 조정 및 중재기구

교원지위법상의 조정 · 중재기구로는 법 13조에 따라서 교원지위향상심의회를 설치하여 교원단체와 교육부장관, 시 · 도교육감과의 교섭 · 협의 과정에서 요청이 있으면 이를 심의하여야 한다고 규정하고 있다. 심의위원의 구성은 교육부는 7명 이내, 시 · 도는 5명 이내의 위원으로 구성하고, 위원장을 제외한 위원의 1/2은 교원단체가 추천한 자로 한다고 되어 있다. 교육부 위원 7명은 국무총리가 임명 또는 위촉하며 시 · 도 위원 5명은 교육부장관이 임명 또는 위촉한다.

교원노조법 제9조에서는 단체교섭이 결렬된 경우에는 당사자들은 중앙노동위원회에 조정을 신청할 수 있으며, 당사자 어느 한쪽 또는 양쪽이 조정을 신청하면 중앙노동위원회는 지체 없이 조정을 시작하여야 하며 당사자 양쪽은 조정에 성실하게 임하여야 한다. 조정은 신청을 받은 날부터 30일 이내에 마쳐야 한다. 동법 11조에는 교원의 노동쟁의를 조정 · 중재하기 위하여 중앙노동위원회에 교원 노동관계 조정위원회를 두고 위원회는 중앙노동위원회 위원장이 지명하는 3인으로 구성하며, 동법 12조에 의하면 중재재정이 확정되면 관계 당사자는 이에 따라야 한다고 규정하고 있다.

이상으로 교원지위법과 교원노조법의 주요 내용을 정리하면 〈표 12-6〉과 같다.

표 12-6 | 교원지위법과 교원노조법의 주요내용 비교

구분	교원지위법	교원노조법
법적근거	• 교육기본법(제15조) • 교원지위향상을위한특별법 • 교원지위향상을위한교섭 · 협의에 관한규정	• 교원의노동조합설립및운영등에관한법률 • 교원의노동조합설립및운영등에관한법률 시행령 • 교원의노동조합설립및운영등에관한법률 시행규칙
설립단위	• 전국 및 시 · 도	• 전국 및 시 · 도
가입대상	• 전 교원 – 교사 · 교감 · 교장 · 교육전문직 · 교수	• 교사에 한정 • 교사 · 교감 · 교장 · 교육전문직 · 교수 배제
교섭 대상자	• 중앙: 교육부장관 • 시 · 도: 교육감	• 중앙: 교육부장관 • 시 · 도: 교육감 – 사학의 경우: 전국/시 · 도단위사학법인연합회 (학교단위 교섭불가)
교섭창구	• 규정 없음	• 교섭창구 단일화 – 자율협상에 의해 교섭대표단 구성 – 자율구성 불가능 경우 비례대표제 도입
교섭사항	• 교원의 처우개선, 근무조건 및 복지후생 • 교원의 전문성 신장에 관한 사항	• 임금, 근무조건, 후생복지 등 경제적 · 사회적 지위 향상에 관한 사항
교섭시기	• 1년 2회(1월, 7월) • 특별히 필요하다고 판단되는 때	• 최소 2년에 1회
교섭 · 협약의 효력	• 합의된 사항 성실히 이행	• 단체협약 체결권 인정 – 단, 법령 · 조례 및 예산에서 규정한 사항과 법령 · 조례에 의해 위임된 사항을 규정하는 내용은 제외 • 합의된 사항 성실히 이행
중재기구	• 중앙과 시 · 도에 교원지위향상심의회 설치 • 교원지위향상심의회 구성 – 중앙: 7인 – 시 · 도: 5인	• 교원노동관계조정위원회 설치 • 교원노동관계조정위원회 구성 – 중앙노동위원장이 지명하는 공익위원 3인으로 구성 – 시 · 도는 별도 구성하지 않고 중앙에 조직되는 위원회에서 통합 관장

출처: 강경석 외(2011).

참고문헌

강경석 외 (2011). 중등교직실무. 서울: 교육과학사.

강영삼 외 (1995). 장학론. 한국교육행정학회.

교육과학기술부, 시 · 도교육청, 한국교육학술정보원 (2013). 학교업무관리시스템.

교육과학기술부 (2014). 교육과학기술부 훈령 제282호.

교육법전편찬회 (2014). 교육법전. 서울: 교학사.

교육부 (2000). 교원안정망은 이런 제도입니다.

교육부 (2007). 고등학교 교육과정. 대한교과서주식회사.

교육부 (2013). 학교폭력예방및대책에관한법률, 제111690호.

교육평가연구회 편 (1995). 교육 측정 · 평가 · 연구 · 통계 용어 사전. 중앙교육진흥연구소.

권낙원, 최화숙 (2010). 현장교사를 위한 수업모형. 서울: 동문사.

권대훈 (2005). 교육평가. 서울: 학지사.

권덕원 (2007). 음악교과수업 컨설팅 연구. 학교컨설팅과 수업컨설팅의 과제와 전망. 경인 교육대학교 산학협력단 · 서울대학교 학교컨설팅 연구회 공동세미나 자료집.

권순달 (1997). 교사교육프로그램 평가모형 개발 연구. 고려대학교 대학원 박사학위 논문.

권순달 (2002). 교육연구의 이해. 서울: 양서원.

권순달 (2004). 교사평가를 위한 360 feedback 모형. 한국교육학연구, 10(2), 155-176.

권순달 (2004). 평가에 대한 인식의 대전환. 경기교육, 겨울호. 경기도교육청.

김달효 (2011). 교육행정 및 교육경영. 서울: 학지사.

김명수 외 (2010). 교직실무. 서울: 학지사.

김세기 (1991). 학교 · 학급 경영의 현대화론. 서울: 교육출판사.

김영화, 허경철, 김정래, 성기선 (1998). 학교교육 효과 분석 연구. 한국교육개발원 연구보고서.

김윤태 (1986, 1996). 교육행정 · 경영신론. 서울: 배영사.

김이종 (1999). 학교교육계획서론. 서울: 교육과학사.

김정원 (2006). 초등학교 학교교육 계획서에 대한 교사들의 인식 활용 및 활성화 방안에 관한 지각, 세명대학교 교육대학원 석사학위논문.

김정한 (2002). 장학론. 서울: 학지사.

김종서, 김영찬 (1983). 수업형태분석법. 서울: 교육과학사.

김종철 (1990). 교육계획론, 서울: 교육출판사.

김종철 (1991). 교육행정의 이론과 실천. 서울: 교육과학사.

김종철, 진동섭, 허병기 (1991). 학교 · 학급경영론. 서울: 한국방송통신대학.

김진한 (2013). 교사를 위한 교직실무(2판). 서울: 학지사

김창걸 (1991). 교육행정 및 교육경영. 파주: 교육과학사.

김창걸 (2005). 교육인사행정의 이론과 실제. 서울: 형성출판사.

남정걸 (1992, 1996). 교육행정 및 교육경영. 서울: 형설출판사.

남정걸 (2003). 교육행정 및 교육경영. 서울: 학지사.

박남기 (2008). 초등학급경영의 이론과 실제. 서울: 교육과학사.

박도순 (2001). 교육연구방법론. 서울: 문음사.

박도순 외 (2007). 교육평가. 서울: 교육과학사.

박도순, 홍후조 (2006). 교육과정과 교육평가. 서울: 문음사.

박병량, 주철안 (2005). 학교 · 학급경영(개정판). 서울: 학지사.

박병량, 주철안 (2012). 교육행정 및 교육경영. 서울: 학지사.

박세훈 (2012), 중등교직실무. 서울: 교육과학사.

박완성 (2012). 교직실무의 이론과 실제. 서울: 학지사.

배종근, 정태범 (1991). 교육행정 · 교육경영. 서울: 정민사.

배호순 (1999). 프로그램평가론. 서울: 원미사.

배호순 (1992). 수업평가. 서울: 양서원.

변영계, 김경헌 (2011). 수업장학과 수업분석. 서울: 학지사.

변영계, 이상수 (2010). 수업설계. 서울: 학지사.

사단법인 서울학교안전공제회 (2001). 학교안전공제회정관 및 보상금 지급규정.

서울대학교 교육연구소 (1995). 교육학용어사전. 서울: 하우동설.

서울대학교교육연구소 (2000). 교육학대백과사전. 서울: 하우동설.

서정화 (1995). 교육인사행정. 세영사.

서정화, 김세기, 김용숙 (1988). 학교경영. 서울: 갑을출판사.

설규주 (2007). 사회과수업 컨설팅 모형개발. 학교컨설팅과 수업컨설팅의 과제와 전망. 경인교육대학교 산학협력단 · 서울대학교 학교컨설팅 연구회 공동세미나 자료집.

설화고등학교 (2013). 2013 학교교육과정 운영계획.

성태제 (1998). 교육연구방법의 이해. 서울: 학지사.

성태제 (2002). 현대교육평가. 서울: 학지사.

성태제 (2007). 현대기초통계의 이해와 적용. 서울: 교육과학사.

성태제, 시기자 (2007). 연구방법론. 서울: 학지사.

손영환, 신수균 (2007). 교육행정 및 교육경영. 서울: 동문사.

송기창 외 (2010). 중등교육실무. 서울: 학지사.

송인섭 (1994). 통계학의 이해. 서울: 학지사.

송인섭 (2002). 신뢰도. 서울: 학지사.

윤정일 외 (2007). 교육행정학원론. 서울: 학지사.

윤정일, 송기창, 조동섭, 김병주 (2008). 교육행정학원론. 서울: 학지사.

이경언 외 (2006). 교과수업컨설팅 지원프로그램의 방향과 사례. 2006 KICE 수업컨설팅 지원프로그램 및 교과별 내용 교수법(PCK).

이경희 (2004). 교육실습의 이론과 실제. 서울: 양서원.

이영덕 (1975). 교육의 과정. 서울: 배영사.

이용숙 (2007). 수업컨설팅의 방향. 열린교육실행연구, 10, 3-30.

이용숙, 조영태 (1999). 수업방법. 서울: 배영사.

이윤식 (1999). 장학론. 서울: 교육과학사.

이화진, 오상철, 홍선주 (2006). 수업컨설팅 지원 및 활성화방안-문제점, 프로그램지원, 정책 제언을 중심으로. 열린교육실행연구, 10, 33-63.

정범모 (1996). 교육계획. 서울: 현대교육총서 출판사.

정재삼 (2004). 교육프로그램평가. 서울: 교육과학사.

정태범 (1978). 학교경영계획 모형, 서울: 교육출판사.

정태범 (2000). 학교경영론. 서울: 교육과학사.

주삼환 (1992). 장학론. 서울: 학연사.

주삼환 외 (2009). 교육행정 및 교육경영. 서울: 학지사.

진동섭, 홍창남, 김도기 (2011). 학교컨설팅과 수업컨설팅. 서울: 교육과학사.

천안오성고등학교 (2012). 2012 학교교육과정 운영계획.

최무산 (2006). 교원과 교직실무. 서울: 한국교육신문사.

충청남도교육청 (2012). 2013학년도 충청남도 공립 중등학교 교사 임용후보자 선정 경쟁 시험 시행계획 공고.

충청남도교육청 (2012). 2013학년도 충청남도 공립유치원 · 초등학교 · 특수학교(초등) 교사 임용후보자 선정경쟁 임용시험 시행공고.

충청남도교육청 (2012. 3). 초 · 중 · 고학업성적관리시행 지침.

충청남도교육청 (2013). 2013주요업무 추진계획.

한국교육개발원 (1977). 학교교육체제, 서울: 한국교육개발원.

한국교육평가학회 (2004). 교육평가용어사전. 서울: 학지사.

홍성열 (2004). 사회과학도를 위한 기초통계. 서울: 학지사.

Alfonso, R. J., & Goldsberry, L.(1987). *Collegueship in Supervision. EducationalSupervision*. Vol.2(ASED).

Alfonso, R. J., Firth, G. R., & Neville, R. F.(1975). *Instructional Supervision: Abehavior system*. Boston: Allyn & Bacon, Inc.

Beach, D. M., & Reinhartz, J. (2000). *Supervisory leadership: Focus on instruction*. Boston: Allyn & Bacon.

Bloom, B. S. (1956). The taxonomy of educational objectives, *Handbook I, Cognitive domain*. NY: David Mckay.

Bloom, B. S. (1976). *Human Characteristics and Shool Learning*. N. Y.: McGraw-Hill Book Co.

Briggs, L. J. (1970). *Handbook of Procedures for the Design of instruction*, Pitts: AIR.

Corey, S. M. (1971). *The nature of instruction*. Englewood Cliffs. NJ: Prentice-Hall.

Gage, N. L. (1976). A Factorially Designed Experiment on Teacher Structuring Soliciting, and Reacting. Journal of Teacher Education.

Gagné, R. M. (1977). 교수-학습의 본질. 류완영 역. 서울: 배영사.

Glatthorn, A. A. (1984). *Differentiated Supervision*. Alexandria. VA: Association for Supervision and Curricurum Development.

Haertel, E. (1992). Performance assessment. In: M. Alkin(Ed.), *Encyclopedia of Educational Reaearch(6th Edition)*. London: Macmillan Publishing.

Harris, B. H. (1975). *Supervision behavior in education*. N. J.: Prentice-Hall Inc.

Harris, B. M., Kenneth, E. McIntyer, V. L. jr. & Long, D. F. (1985). *Personnel Administration in Education*(2nd ed.). Boston: Allyn & Bacon Inc.

Hopkins, K. D., Stanley, J. C., & Hopkins, B. R. (1990). *Educational and Psychological Measurement and Evaluation*. Boston: Allyn & Bacon.

Linn, R. L., & Gronlund, N. E. (2000). *Measurement and assessment in teaching*. Prentice-Hall, Inc.

Mager, R. F. (1972). *Goal Analysis*. Calif: Lear Siegler Inc.

Moore, K. D. (2005), *Effective Instructional Strategies: From Theory in Practice*. California: Sage Publications, Inc.

Murray, H. A. (1938). *Explorations in personality*. NY: Oxford University Press.

Peterson, K. D. (2000). *Teacher valuation*. Calfornia: Sage Publicaiton.

Royse, D., Thyer, B. A., Padgett, D. K., & Logan, T. K. (2001). *Program Evaluation*. 3rd. ed. Wadsworth: Brooks/Cole.

Scriven, M. (1967). The methodology of evaluation. In Tyler, R. w., Gagne, R. M., & Scriven, M., *Perspectives of curriculum evaluation*. AERA monograph series on curriculum evaluation(pp.39-83). Chicago: Rand Monaly & Company.

Sergiovanni, T. J., & Starratt, R. J. (1993). *Supervision: Human Perspectives*(5th ed.), McGrow-Hill Bppk Co.

Stevens, S. S. (1946). *On the theory of scales of measurement. Science*, 103, 677-680.

Tuckman, B. W. (1976). Feedback and the change process. Phi Delta Kappan. 57(5).

Tyler, R. W. (1949). *Basic principles of curriculum and instruction*. Chicago:

University of Chicago press.

Tyler, R. W. (1970). *Basic Principles of Curriculum and Instruction*. Chicago: TheUniversity of Chicago Press.

Wiles, J., & Bondi, J. (2000). *Supervision: A guide to practice*(5th ed.). Upper SaddleRiver, NewJersey: Prentice Hall

Wiles, K., & Lovell, J. (1975). *Supervision for Better Schools*(4th ed.), Englwood Cliffs, N. J.: Prentice-Hall Inc.

Worthen, B. R., Sanders, J. R., & Fitzpatrick, J. L. (2004). *Program Evaluation*. 3rd. ed. NY: Pearson Education Inc..

찾아보기

[인명]

[내용]

{ ㄱ }

■ 저자 약력

송선희

고려대학교 대학원 졸업(문학석사)
고려대학교 대학원 졸업(교육학 박사)
전, 고려대학교 교육문제연구소 연구조교수
현, 호서대학교 교양교직학부 교수, 호서대학교 교육대학원 상담교육전공 주임교수

〈저서 및 논문〉
저서: 현대교수학습이 이해(공저, 2007), 교직실무(공저, 2011), 교육학개론(공저, 2011), 노인교육론(2011), 영재교육심리(공저, 2012), 노인심리(공저, 2013) 외
논문: 고등학생의 역기능적 진로사고, 정서지능, 학업몰입간의 관계모형(2011), 한국노인의 성공적 노후 개념에 대한 암시적 타당화(2011), 교원능력개발평가의 지표 개발에 관한 연구(2011) 외

김항중

연세대학교 교육대학원 졸업(교육행정학 석사)
호서대학교 대학원 졸업(행정학 박사)
전, 초등학교 교장, 호서대학교 사회과학연구소 연구위원
현, 호서대학교 교양교직학부 강사

〈논문〉
논문: 교원능력개발평가의 지표 개발에 관한 연구(2011)

최청송

인하대학교 대학원 졸업(이학석사)
중앙대학교 교육대학원 졸업(교육학 석사)
전, 교육부,국립교육평가원 교육연구관, 천안중앙고 교장, 충남교육청 교육국장
현, 호서대학교 교양교직학부 초빙교수

〈저서〉
저서: 교양과정인정시험평가분석연구(공저, 1991)

교사를 위한 교직실무

2014년 9월 5일 1판 1쇄 인쇄
2014년 9월 10일 1판 1쇄 발행

지 은 이 송선희 김항중 최청송
펴 낸 이 최용구
펴 낸 곳 도서출판 신정

주 소 (140-846) 서울시 용산구 원효로 89길 19 (원효로1가)
전 화 3211-4782 · 0266(영업부), 3211-4783(편집부), 3211-4784(팩스)
이 메 일 shinjeong72@naver.com
홈페이지 www.sjbook.co.kr
등 록 2001년 5월 11일 제13-702호

기획마케팅 최용구 장만동 송대용
책임편집 석기은 최윤정 황가연
본문편집 SUNNY
표지디자인 SDY

ISBN 978-89-5912-336-0 93370

정가 18,000원